기독교 에센스

# 기독교 에센스

한 홍

Original Sin

Salvation

Faith

God the Father

God the Son

God the Holy Spirit

Church

Meditation of God's Word

Spiritual Warfare

Eschatology

Mission

The Word and Holy Spirit Church

규장

✿❂✿
# 믿음의 기본기를 훈련하자

"목사님, 개신교와 가톨릭의 다른 점이 뭔가요?"

이것은 초신자가 던진 질문이 아닙니다. 어렸을 때부터 믿음생활을 해온 한 장로님이 오래전 제게 조심스럽게 다가와서 한 질문입니다. 이 외에도 목회 현장에서 다음과 같은 질문을 많이 받았습니다.

"왜 하나님은 선악과를 만드셨나요? 하나님이 선악과를 만들어 놓았기 때문에 아담과 하와가 죄를 지은 게 아닌가요?"

"십일조를 안 하면 구원을 잃어버린다는 말이 진짜인가요?"

"요한계시록에 나오는 666 짐승의 표는 베리칩을 말하는 건가요?"

"제가 진짜 구원을 받았는지 잘 모르겠어요. 어떻게 해야 구원의 확신을 가질 수 있지요?"

올해로 저는 목회생활 25년째에 접어드는데, 이 같은 기독교의 기본 교리에 관한 질문을 너무 많이 받았습니다. 그리고 이런 질문에 대해서, 저를 포함한 대부분의 목회자들이 명쾌하게 정리되어 있지 않다는 사실을 깨달았습니다. 물론 신학교에서 조직신학과 성경신학을 배우긴 했지만 성도들에게 쉽고 분명하게 설명해주지 않아서, 교회를 오래 다닌 성도들도 기독교의 기본 교리에 대해서 잘 모르고 있다는 사실이 그 증거가 아니겠습니까?

스포츠나 예술, 공부나 사업 등 다양한 분야에서 무슨 일을 하든지 간에 기본기를 확실히 다지는 것만큼 중요한 것이 없습니다. 입문하면서 돈을 아끼거나 귀찮다는 이유로 전문가에게서 기본기를 제대로 배우지 않으면, 난이도가 높아질수록 더 힘들어집니다. 부실공사를 피하기 위해서는 시간이 걸리더라도 기초공사를 튼튼히 한 후에 건물을 지어야 합니다. 이 세상에서 기본기의 중요성이 가장 요구되는 것은 바로 크리스천의 믿음생활입니다.

교회를 오래 다닌 분들 가운데서 의외로 기독교의 기본 교리에 대해 무지한 분들이 많습니다. 하지만 본인은 성경책을 들고 교회를 오래 다녔으므로 믿음이 좋다고 착각합니다. 이것은 마치 축구 선수가 유니폼을 입고 축구장에 오래 드나들면서 다른 선수들이 축구하는 것을 보았다고 해서, 본인도 축구를 잘한다고 생각하는 것과 같은 치명적인 착각입니다. 종교 의식에 익숙해진 것을 믿음이 자랐다고 착각해서는 안 됩니다. 기독교의 기본 교리에 대해 확실히 모르면서도 체면 때문에 남한테 물어보지 못하고 대충대충 넘어가는 일들이 얼마나 많습니까.

교회 공동체 속에 적당히 묻어가면서 자신의 신앙 수준을 제대로 파악하지 못하고 있는 경우가 많습니다. 그러나 좋은 합창단이 전체의 하모니를 이뤄내기 위해서 반드시 필요한 것은 단원 한 사람 한 사람의 기본적 실력인 것처럼, 믿음생활도 마찬가지입니다. 좋은 믿음의 공동체로 함께 성장하기 위해서는 성도 한 사람 한 사람의 영적인 기본기가 확실하게 갖춰져 있어야 합니다.

무엇보다도 이 시대는 교회를 무너뜨리려는 영적인 공격과 이단의 미혹이 많기 때문에 목회자와 성도들이 올바른 신학과 신앙을 정립하는 것이 매우 중요합니다. 미국 재무부에서는 위조지폐를 가려내는 전문 요원들을 양성할 때, 위폐를 보여주기보다 먼저 진짜 화폐를 몇 년 동안 철저하게 분석하고 익히게 한다고 합니다. 진짜를 확실하게 알면 어떤 가짜가 와도 금방 식별해낼 수 있기 때문입니다. 말씀과 성령의 기본기가 확실히 잡힌 교회는 어떤 가짜 복음이나 이단의 공격을 받아도 능히 이겨낼 수 있습니다. 그런데 오히려 이단들은 자기 사람들에게 철저하게 이론 교육을 시키는 반면에, 정통 기독교 교회들은 성도들에게 기독교의 핵심 교리들을 분명하게 짚어주지 않는 경우가 많습니다.

그래서 부족하지만 제가 목회하는 교회 성도들부터 확실하게 기독교의 기본기를 다져줘야겠다고 결심하게 되었습니다. 3개월이 넘는 기간 동안 매 주일 강단에서 "기독교 에센스"라는 시리즈 설교를 통해 성도들에게 기독교의 기본기를 심어줬습니다. 그리고 성령님의 요청에 따라 그 내용을 기도하면서 책으로 정리하여 출간하게 되었습니다. 저는 이 책에서 '원죄, 구원, 믿음, 삼위일체 하나님, 말씀 묵상, 교회론, 종말론, 세상 속에서의 교회의 사명' 등과 같은 아주 기본적이면서도 가장 중요한 기독교의 핵심 교리들을 다루었습니다. 저 자신부터 다시금 배우는 심정으로 심혈을 기울여서 조심스럽게 한 장 한 장을 집필했습니다.

모태 신앙자들을 비롯해 장로, 집사 같은 직분자들도 기독교 기본 교리를 계속적으로 복습해야 합니다. 박지성 선수가 맨체스터 유나이티드에 있을 때 호날두 같은 세계적인 스타들이 개인 훈련하는 모습을 여러 번 보았는데, 전부 다 축구의 아주 기본적인 동작들을 수없이 반복하며 연습했다고 합니다. 영적인 세계도 마찬가지입니다.

영적인 기본기를 평생 확인하고 또 점검하며 복습해야 합니다. 기존에 성경공부를 많이 했거나, 신학교를 나왔다는 이유로 자신은 열외 대상이라고 생각하여 방심하면 안 됩니다. 지식이 문제가 아니라 삶이 받쳐줘야 하는데, 그것은 평생 수도 없이 복습하면서 전반적인 삶의 태도에 자연스럽게 묻어나도록 할 때만이 가능합니다. 그러므로 교회의 영적 지도자들도 함께 이 책을 참고하면 도움이 될 것입니다.

또 한 가지, 교단과 교파에 따라서 조금씩 신학적 해석이 다른 예민한 부분들이 있음을 밝힙니다. 특히 성령론과 종말론에서는 그런 부분이 많습니다. 하지만 미세한 신학적 차이들을 객관적으로 소개할 뿐, 어느 것이 옳고 그르다는 판단을 하지 않으려고 노력했습니다. 우리가 가진 믿음의 공통분모가 '순수한 복음'이라는 사실이 중요하지, 미세한 신학적 차이들로 인해 싸우고 분열되어서는 안 된다고 믿습니다. 하나님의 교회는 교단과 교파의 차이를 넘어서 하나가 되어야 합니다. 사랑으로 마무리하지 않는 교리나 신학은 주님의 교회에 덕을 세우지 못할 것입니다.

지금 시중에는 국내외의 탁월한 신학자들과 목회자들이 집필한 기독교의 기본 교리에 관한 책들이 많이 출간되어 있습니다. 믿음의 선배들이 집필한 귀한 자료들을 연구하고 도움을 받아서 이 책을 완성할 수 있었습니다. 여러 가지로 부족한 것이 많지만, 이 책이 기독교의 기본 진리를 정리하고 파악하기를 원하는 독자들에게 작은 도움이 되기를 간절히 바랍니다.

또한 이 책의 내용들을 성도들이 직접 일대일로 배우고 가르칠 수 있도록 돕는 기독교 에센스 교재 워크북도 곧 출간할 예정인데, 이 교재는 각 교회에서 훈련용으로 사용하면 유익할 것입니다. 전문 신학교육을 받지 않은 성도들을 배려하여 쉽고 간결하게 만들기 위해 정성을 기울였습니다. 특히 이 책과 앞으로 출간될 교재가 선교지에서 초신자들의 기본 훈련을 위한 도구가 되어 신앙의 기초를 튼튼히 세우는 데 쓰임받기를 기도합니다.

지금은 마지막 때입니다. 악한 세상과 대결하여 승리하기 위해서 주님의 교회는 정예화되어야 합니다. 부족한 글이 주님의 군대를 강하게 세우는 작은 도구가 되기를 소원합니다.

　이 책이 나올 수 있도록 정성을 다해 뜨거운 기도로 후원해준 여진구 대표님과 도서출판 규장 편집 팀 식구들의 노고에 다시 한번 깊은 감사를 드립니다. 이 책을 교회의 머리이신 예수 그리스도, 언제나 소망과 기쁨이 되시는 주님, 나의 생명을 다 바쳐서 사랑하고 섬겨도 부족할 보배로우신 주님께 헌정하고 싶습니다.


2014년 3월

한 홍

차례

Original Sin

Salvation

Faith

God the Father

God the Son

God the Holy Spirit

저자의 말

01 LESSON 원죄 ------------------------- 13

02 LESSON 구원 ------------------------- 49

03 LESSON 믿음 ------------------------- 77

04 LESSON 성부 하나님 ------------------ 105

05 LESSON 성자 하나님 ------------------ 131

06 LESSON 성령 하나님 ------------------ 157

**07** LESSON  교회   - - - - - - - - - - - - - - - - - - - -   181

**08** LESSON  말씀 묵상   - - - - - - - - - - - - - - -   211

**09** LESSON  영적 전쟁   - - - - - - - - - - - - - - -   239

**10** LESSON  종말론   - - - - - - - - - - - - - - - - - -   279

**11** LESSON  사명   - - - - - - - - - - - - - - - - - - - -   313

**12** LESSON  말씀과 성령의 교회   - - - - - - - - -   343

Church

Meditation of God's Word

Spiritual Warfare

Eschatology

Mission

The Word and Holy Spirit Church

# 원죄

ORIGINAL
SIN

여자가 그 나무를 본즉 먹음직도 하고 보암직도 하고
지혜롭게 할 만큼 탐스럽기도 한 나무인지라
여자가 그 열매를 따 먹고 자기와 함께 있는 남편에게도 주매 그도 먹은지라

창 세 기  3 장  6 절

# 원죄

"왜 교회에서는 자꾸 사람을 죄인이라고 합니까?"

이것은 예수를 안 믿는 사람들, 처음 기독교에 입문하는 사람들이 가장 먼저 던지는 질문 가운데 하나입니다.

"왜 교회에서는 기도할 때마다 '우리의 죄를 용서해달라'는 말을 그렇게 자주 합니까? 저는 지금까지 법을 어겨서 감옥에 간 적도 없고, 남한테 해코지하면서 살지도 않았습니다. 그런데 제가 왜 죄인이란 말입니까?"

기독교에서는 모든 인간이 죄성을 가지고 태어난다고 가르칩니다. 성경은 "기록된 바 의인은 없나니 하나도 없으며"(롬 3:10)라고 합니다. 모든 인간이 죄인이라는 사실은 논리적으로 증명할 필요도 없이 아이를 키워본 사람이라면 다 알 수 있습니다. 아이들이 "엄마, 아빠" 다음으로 많이 하는 말이 "싫어!" "안돼!" "미워!" "내 거야!" "우리 집이야!" "너희 집에 가!"입니다. 만약 서너 살짜리 어린아이가 "좋아요.

괜찮아요. 사랑해요. 미안해요. 고마워요. 저는 나중에 하지요"라고 말한다면 정신과 치료가 필요합니다. 거짓말하고 남을 미워하며 공격하는 일은 누가 가르쳐주지 않아도 너무 잘합니다. 인간 안에 있는 죄성 때문입니다.

사창가, 술집, 도박, 가출, 폭력, 사기, 절도, 음란 사이트. 이런 것들은 가만히 놔둬도 어느 나라, 어느 문화권에서든지 순식간에 퍼집니다. 법으로 못하게 막고 단속해도 기생충처럼 번집니다. 그러나 교통질서를 지키고 가난한 이웃을 돕는 선한 일들은 법을 만들고, 캠페인을 벌이고 상금을 주며 격려해도 잘 안 됩니다. 지옥길은 내리막길이라서 사람을 지옥에 가게 하려면 가만히 놔두면 된다는 말이 있습니다. 우리 안에 있는 죄성이 무의식적, 반자동장치로 죄를 짓게 만듭니다. 이것이 바로 인간이 타고난 죄인이라는 증거입니다.

인간의 죄성을 증명하는 가장 큰 증거는 '자기중심주의'입니다. 인간은 원래 하나님 중심으로 살도록 창조되었는데, 죄가 들어오면서부터 자기중심으로 살게 되었습니다. 사람은 아무리 힘든 상황에서도 자기가 먹을 것을 꼭 챙기게 되어 있습니다. 누구나 자기 자신에게는 한없이 관대하고, 남에게는 단호합니다. 남이 하면 스캔들이고, 내가 하면 로맨스입니다. 내가 끼어들기를 하면 다 이유가 있는 것이고, 남이 끼어들기를 하면 교통질서 파괴범이 되어버립니다. 이렇게 우리는 모든 것을 자기중심적으로 해석하기 때문에 다른 사람들과 충돌할 수밖에 없습니다. 세상에 다툼과 전쟁이 끊이지 않는 이유는 모두가 다 자기중심적인 사람들이 모여서 부딪치기 때문입니다. 인간 안에 무섭게 살아 있는 이기심은 '죄'에서 기인된 것입니다.

죄에는 '근본적인 죄'(sin)와 '지엽적인 죄'(transgression)가 있습니다. 지엽적인 죄는 물건을 훔치고, 거짓말하며, 남을 해코지하는 등 실제적으로 짓는 죄를 말합니다. 그러나 근본적인 죄는 인간 속에 있는 원죄(原罪)를 의미합니다. 자기 자신과 세상의 주인을 하나님으로 삼지 않고, 자기 자신이 직접 주인이 되려고 하는 마음입니다. 하나님의 말씀대로 순종하면서 살지 않고, 자기 욕심을 따라 마음대로 살아가려는 이기적인 마음입니다. 이 원죄로부터 모든 지엽적인 세상의 죄들이 쏟아져 나오게 되었습니다. 이 근본적인 죄, 원죄가 일만 악의 뿌리인 것입니다. 따라서 지엽적인 죄를 다루기 전에 먼저 이 원죄를 이해하고 해결해야 진정한 죄 문제가 해결됩니다.

## 죄의 시작

죄 문제는 바로 에덴동산의 아담과 하와가 지은 원죄에서부터 비롯되었습니다.

"그런데 뱀은 여호와 하나님이 지으신 들짐승 중에 가장 간교하니라 뱀이 여자에게 물어 이르되 하나님이 참으로 너희에게 동산 모든 나무의 열매를 먹지 말라 하시더냐 여자가 뱀에게 말하되 동산 나무의 열매를 우리가 먹을 수 있으나 동산 중앙에 있는 나무의 열매는 하나님의 말씀에 너희는 먹지도 말고 만지지도 말라 너희가 죽을까 하노라 하셨느니라 뱀이 여자에게 이르되 너희가 결코 죽지 아니하리라 너희가 그것을 먹는 날에는 너희 눈이 밝아져 하나님과 같이 되어 선악을 알 줄 하나님이 아심이니라 여자가 그 나무를 본즉 먹음직도 하고 보암직도 하고 지혜롭게 할 만큼 탐스럽기도 한 나무인지라 여자가 그 열매를 따 먹고 자기와 함께 있는 남편에게도 주매 그도 먹은지라"(창 3:1-6).

하나님은 사람에게 에덴동산의 모든 생물을 다스릴 권세를 주셨는데, 사람은 오히려 자기가 다스릴 존재에게 속아서 죄를 짓고, 파멸의 구렁텅이에 빠지고 말았습니다. 인간은 자기가 다스려야 할 존재로부터 오히려 농락당하고 말았습니다. 영적인 리더십이 붕괴된 것입니다. 이것은 바로 원죄에서부터 시작되었습니다. 하나님은 우리를 자유로운 하나님의 자녀로 지으셨는데, 죄가 인간을 사탄의 노예로 전락시켜버렸습니다. 따라서 이 원죄의 원인과 과정, 그리고 결과를 자세히 살펴볼 필요가 있습니다.

### 유혹자의 등장

먼저 유혹자(the Tempter), 곧 사탄의 대리인 뱀(Serpent)이 등장합니다. 사탄은 자기가 직접 나타날 수 없으므로, '뱀'을 대리인으로 사용했습니다. 창세 이후로 오늘날에 이르기까지 악의 세력이 활동하는 법칙은 같습니다. 뒤에서 조종하면서 앞잡이들을 내세웁니다. 범죄 집단들도 최고 보스는 뒤에 숨어 있고 앞에서 일을 수행하는 행동대장들이 있습니다. 뱀은 사탄의 행동대장이었습니다.

뱀이 하와에게 한 첫마디는 이것이었습니다.

"하나님이 참으로 너희에게 동산 모든 나무의 열매를 먹지 말라 하시더냐"(창 3:1).

이때는 지금처럼 정보홍수 시대라고 착각할 정도로 많은 정보가 난

무하던 시대가 아닙니다. 하나님이 인간에게 주신 아주 간단한 단 하나의 명령을 헷갈릴 이유가 전혀 없었습니다. 그런데도 뱀은 그 뚜렷한 명령을 두고, 과연 하나님이 진짜 그런 말씀을 하셨느냐고 질문합니다. 물어보는 뱀도, 대답하는 인간도 몰라서 물어보고 대답하는 게 아닙니다. 다 알지만 "진짜 그럴까?" 하고 한 번 찔러보는 것입니다. 즉, 사탄은 내심 이렇게 충동질한 것입니다. "너, 참 순진하다. 진짜 그 말을 곧이곧대로 믿는 건 아니지?"

이것은 인간으로 하여금 하나님의 선하시고 인자하신 성품을 의심하게 만들려는 사탄의 치밀한 작전이었습니다. "정말 하나님이 이렇게 아름다운 동산의 열매들 가운데 제일 탐스러워 보이는 열매를 너희에게 먹지 못하게 하셨다면, 사실은 그분이 너무 무정하고 심술궂은 게 아닐까?"

하나님의 인격에 대해 절묘하게 물음표를 달아버린 것입니다. 멀쩡한 음식도 "맛이 조금 변한 것 같은데 한번 먹어 봐"라고 말하면 먹기 싫고 꺼림칙한 게 사람의 마음입니다. 의심이란 그런 것입니다. 하나님은 항상 우리에게 최고의 것을 주시는 분인데, 사탄은 그 점을 의심하게 만듭니다.

초대 교회를 위협했던 주요 이단 중에 '영지주의'(Gnosticism)가 있었습니다. 이들은 하나님을 아는 어떤 은밀한 지식을 신봉했습니다. 그들은 성경 외에 하나님이 주신 비밀 메시지가 있는데, 그것은 교회 안에서도 아주 특수층들만 알고 있다고 주장했습니다. 이 사실을 모르면 2등급 크리스천이니, 영지주의로 와서 이 비밀을 깨우쳐야 한다고 유혹했습니다. 이 교묘한 이단의 공격을 받고, 많은 초대 교회 교인들이 교회를 떠나는 사태가 발생했습니다.

지금 하와를 유혹하는 사탄의 방법이 이와 같습니다. 하나님이 분명히 무엇인가를 더 갖고 계시는데 다 안 주셔서, 내가 손해를 보는 것 같은 느낌을 갖도록 만듭니다. 이미 충분하게 받은 복에 대해 감사하기보다는, 내가 아직 갖고 있지 않은 것에 눈을 돌리며 불평을 하게 만드는 것이 악한 자의 계교입니다.

하나님은 실수하지 않으십니다. 삶이 어렵고 힘든 때일수록 더욱 하나님의 선하심을 묵상해야 합니다. 어떤 상황에서도 하나님의 선하심을 의심해서는 안 됩니다. 그러나 하와는 사탄의 말 한 마디에 하나님의 선하심을 의심하기 시작했습니다.

### 하와의 과장된 반응

"동산 나무의 열매를 우리가 먹을 수 있으나 동산 중앙에 있는 나무의 열매는 하나님의 말씀에 너희는 먹지도 말고 만지지도 말라 너희가 죽을까 하노라 하셨느니라"(창 3:2,3).

여기서 하와는 말을 확대하고 있습니다. 하나님은 결코 "먹지도 말고 만지지도 말라"고 하신 적이 없습니다. 하나님은 "동산 각종 나무의 열매는 네가 임의로 먹되 선악을 알게 하는 나무의 열매는 먹지 말라 네가 먹는 날에는 반드시 죽으리라"(창 2:16,17)라고 하셨습니다.

여기서 "동산 각종 나무의 열매는 네가 임의로 먹되"(any tree in the garden)라는 말은 아무 열매나 먹을 수 있는 풍성한 축복을 의미합니다. 그런데 하와는 "동산 나무의 열매를 우리가 먹을 수 있으나"라는 표현을 함으로써, 하나님이 주신 축복을 극소화시키고 있습니다. 예를 들어서 우리 아이를 동네 마트에 데리고 가서 "이 큰 가게에 있는 모든 음식을 다 먹어도 돼. 그러나 이 과일 하나는 건드리지 마"라고 했다고 합시다. 그런데 마트 전체에 있는 엄청난 음식에 대해 만족하며 감사하는 대신에, 과일 하나를 금지했다고 화가 나 있다면 얼마나 어리석은 일입니까? 그런데 하와가 이렇게 행동하고 있는 것입니다.

또한 하와는 하나님이 경고한 메시지를 극대화시키면서 공포 분위기를 조성하고 있습니다. 하나님은 하와가 말한 것처럼 "먹지도 말고 만지지도 말라"고 하신 적이 없습니다. 그런데 이런 표현을 통해 하나님을 무서운 존재, 사람에게 굴레를 씌워서 묶어두는 존재로 전락시킨 것입니다. 인간관계에서도 이렇게 사람과 사람 사이를 이간질시키는 중상모략이 얼마나 무서운지 모릅니다. 예를 들어서 "마감 기한을 지켜주세요"라는 말을 "마감 기한까지 일을 못하면 해고한대"라고 전한다면 얼마나 느낌이 달라집니까? 말이란 같은 내용이라도 표현하는 것에 따라서 아주 다르게 들리는 법입니다. 사탄은 교묘하게 하와로 하여금 말을 다른 식으로 이해하도록 유도해나갔습니다. 하나님의 말씀을 비틀어서 하와의 마음을 흔들자, 서서히 사탄의 마수에 끌려들어갔습니다.

물론 악은 사탄으로부터 시작되었습니다. 그러나 인간에게도 사탄에게 반응한 책임이 있습니다. 사탄이 단 두 마디의 달콤하고 교활한 언어로 인간을 죄 짓게 만들었다는 것은 인간에게도 그 죄에 반응하고자 하는 욕심이 있었음을 보여주는 것입니다. 우리는 많은 경우에, 다른 사람이 나를 화나게 해서 반응했을 뿐이라고 변명합니다. 그러나 반응한 이유가 무엇일까요? 그것은 이미 내 안에 숨어 있던 분노를 상대방이 독한 언어로 건드렸기 때문에, 서로 연계되어 폭발하고, 드러난 것뿐입니다. 음식물 쓰레기가 있으니까 바퀴벌레가 모여들듯이, 하와의 마음에 어떤 빈틈이 있었기 때문에 뱀의 유혹이 순식간에 먹혀든 것입니다.


## 죄의 전염성

범죄한 하와가 처음 취한 행동은 무엇이었습니까? 바로 남편을 끌어들이는 것이었습니다.

"여자가 그 열매를 따 먹고 자기와 함께 있는 남편에게도 주매 그도 먹은지라"(창 3:6).

여자는 범죄를 저지르기가 무섭게 남편 아담을 범죄에 끌어들였습니다. 여기서 우리는 무서운 죄의 전염성을 볼 수 있습니다. 죄는 절대 본모습 그대로 머물러 있지 않습니다. 항상 공범을 찾습니다. 번식력이 강한 바이러스 같아서 끊임없이 핵분열을 일으키며 확산해나갑니다. 그래서 죄는 아무리 작은 것이라도 뿌리부터 끊어버려야 합니다. 전염병 환자들을 바로 격리시키듯이 죄에 물든 사람과는 교제를 단절해야 합니다. 그 죄를 이겨낼 거룩이 없으면 같이 전염되기 때문입니다.

재미있는 것은 하와가 먹고 남편에게 주니까 아담도 별 갈등 없이 그냥 먹었다는 사실입니다. 여기서 '아담'을 "자기와 함께 있는 남편"이라고 표현한 것을 주목하십시오. 부부는 인류 최초의 공동체로서 영적인 책임을 함께 져야 했습니다. 하와가 혼자 선악과를 먹었을 때까지만 해도 아직 자신이 저지른 죄의 결과를 깨닫지 못했습니다. 남편인 아담까지 먹고 나서야 비로소 그들의 눈이 '밝아졌다'는 사실을 주목하십시오.

창세기 3장 5절에서 뱀은 "너희가 그것을 먹는 날에는 너희 눈이 밝아져"라고 했습니다. 뱀도 그들이 죄를 지으면 함께 책임져야 하는 공범자가 될 것을 알고 있었던 것입니다. 아내의 죄가 남편의 죄가 되고, 부모의 죄가 자식의 죄로 번져나갑니다. 한 개인의 죄가 교회 전체를 상하게 합니다. 죄의 위력이 얼마나 무섭습니까?

죄를 지은 결과, 서로의 관계에 즉시 금이 가기 시작합니다. 아무리 사이좋은 형제들도 부모님이 돌아가시면 좋은 관계를 유지하기가 힘들 듯이, 하나님이 없는 인간관계는 전쟁과도 같습니다. 인간이 서로를 사랑할 수 있는 것은 하나님을 통해서만 가능합니다. 하나님을 빼버리고 인간끼리 마주 보기 시작하면 추해 보이고, 더러워 보이며, 원수 같아 보이게 됩니다. 선악과 사건 이후, 금슬이 좋던 아담과 하와의 관계가 급속도로 나빠졌고, 그 자식인 가인이 동생 아벨을 죽이는 끔찍한 형제 관계가 형성되었습니다. 더 나아가 민족과 민족, 인종과 인종이 다투고 대립하는 슬픈 역사가 시작되었습니다.

하나님과 같이 되려고 열매를 먹었는데 뜻밖의 사건이 발생합니다. 자유를 찾아 하나님을 떠나 도망쳤는데, 무서운 고통이 기다리고 있었던 것입니다. 하나님을 떠나면 자유와 기쁨으로 가득 찬 유토피아가 기다리고 있을 줄 알았는데 환상이 순식간에 깨져버렸습니다.

"이에 그들의 눈이 밝아져 자기들이 벗은 줄을 알고 무화과나무 잎을 엮어 치마로 삼았더라"(창 3:7).

인간은 열매를 먹으면 선악을 아는 지혜가 생겨서 하나님과 같이 되는 줄로 착각했습니다. 그래서 열매를 먹을 때까지만 해도, 자기가 얼마나 엄청난 일을 벌였는지 몰랐습니다. 하나님이 심술이 많아서서 인간에게 선악과를 먹지 못하게 한 것이 아닙니다. 그것은 아직 인간이 감당하지 못할 일이었기 때문에 먹지 못하게 한 것입니다. 전능하지 못한 존재가 전지하려고 할 때, 죽을 수밖에 없다는 사실을 아셨기 때문입니다.

예를 들어, 세 살도 안 된 어린 아들이 가스불을 켜고 밥을 해먹는다고 하면 그것을 허락할 부모는 없습니다. 그 아이를 사랑하지 않거나 질투해서가 아니라 아이가 감당할 능력이 없다는 사실을 알고 있기 때문입니다. 그렇다고 해서 아직 과학을 이해하기엔 너무 어린 아들에게 왜 가스불이 위험한지를 설명해줄 수도 없습니다. 그때는 그저 단호하게 "안 돼!"라고 말하는 것이 사랑입니다. 아이는 당장 이해할 수 없어도 "안 돼!"라는 말에 담긴 부모의 사랑을 믿어야 합니다.

사탄에게 속아서 인간의 눈이 밝아진 결과 하나님과 같이 된 것이 아니라, '자신들의 벗은 몸'을 보고 수치심을 느꼈습니다. 단순히 서로가 육체적으로 벌거벗은 상태를 인식하게 되어 부끄러움을 느낀 게 아닙니다. 거룩은 사람을 당당하게 하지만, 죄는 사람을 수치스럽게 만들고, 떳떳하지 못하게 만듭니다. 처음에 아담과 하와는 거룩한 존재로서 하나님과 떳떳하게 교제하며 하나님이 주신 영적 권위로 세상 모든 만물 앞에서 당당했습니다.

그러나 죄가 들어오면서 순식간에 기가 팍 죽어버렸습니다. 거룩이 사라지면 영적 권위와 당당함도 사라져버립니다. 영적으로 충만할 때는 사자를 만나도 당당하지만, 그렇지 못할 때는 여우를 만나도 움츠러들게 됩니다. 권위와 능력을 잃어버리고, 영적으로 기가 팍 꺾이기 때문입니다. 죄는 그렇게 무서운 것입니다. 하나님이 주신 만물의 왕으로서의 권위를 순식간에 잃어버리게 만들고, 나뭇잎으로 몸을 가리며 남의 눈치를 보면서 살아야 하는 비참한 존재로 추락하게 만듭니다. 하나님을 아는 지식에 만족하지 못하고 세상이 주는 매력에 자신을 던지면 이렇게 비참해지는 것입니다.

## 죄에 대한 하나님의 심판

"여호와 하나님이 아담을 부르시며 그에게 이르시되 네가 어디 있느냐"(창 3:9).

이제 하나님은 심판을 시작하십니다. 먼저 문제의 책임을 남자에게 물으셨습니다. 분명히 여자가 먼저 범죄했고, 그 후 여자가 남자를 공범으로 끌어들였는데도, 하나님은 범죄의 책임을 여자가 아닌 남자에게 물으셨습니다. 성경은 아담의 죄로 인해 모든 사람이 죄인이 되었다고 말하지, 여자 때문에 세상에 죄가 들어왔다고 말하지 않습니다. 아담의 입장에서는 억울할 수밖에 없습니다. 그러나 하나님이 아담에게 책임을 물으신 이유는 간단합니다.

하나님이 처음에 선악과를 먹지 말라고 말씀하신 대상이 바로 아담이었기 때문입니다. 그 명령을 아담에게 주셨을 때 여자는 아직 창조되지도 않았습니다. 아담은 하나님의 말씀을 받은 최초의 인간이었습니다. 이것은 엄청난 특권이면서 큰 책임이었습니다. 그는 하나님의 말씀을 받은 사람답게, 여자에게 그 말씀을 잘 가르쳐서 지키게 할 책임을 다해야 했습니다. 그러나 그가 자신의 책임을 소홀히 했기에 하나님은 당연히 여자가 아닌 아담에게 범죄의 책임을 물으신 것입니다.

"누가 너의 벗었음을 네게 알렸느냐"(창 3:11).

보이지는 않지만 죄에는 강력한 영적 배후 세력이 있습니다. 주기도문에 나오는 '악에서 구하시옵소서'를 정확히 번역하면 '악한 자로부터 구해주시옵소서'라는 뜻입니다. 단순한 악이 아니라, 악한 어떤 인격체가 이 세상을 장악하고 있다는 것입니다. 생각이 있고, 감정이 있는 인격체 말입니다.

그 악한 인격체의 특성은 갈라디아서 5장에 나오는 하나님의 성품, 즉 성령의 열매들과 정반대되는 어둠의 성품들을 가지고 있습니다. 그것은 "음행과 더러운 것과 호색과 우상 숭배와 주술과 원수 맺는 것과 분쟁과 시기와 분냄과 당 짓는 것과 분열함과 이단과 투기와 술 취함과 방탕함"(갈 5:19-21) 등입니다. 이러한 사탄의 성품들이 사람을 통해 그대로 이 세상에 쏟아져 나와서 세상이 죄로 물들게 되었습니다.

인간이 하나님께 거역한 것이 완전히 자신의 의지대로 된 것이라고 생각합니까? 그렇지 않습니다. 배후에 사탄의 유혹이 있었습니다. 동물의 세계를 예로 들면, 세렝게티 초원에서 맹수들은 어미에게서 떨어진 새끼를 사정없이 공격합니다. 마찬가지로 하나님으로부터 분리된 순간부터 인간은 사탄의 사슬에 걸려들게 되어 있습니다. 완전한 독립은 없습니다. 영적인 회색지대도 없습니다. 하나님을 버리면 사탄의 노예가 될 수밖에 없습니다.

"내가 네게 먹지 말라 명한 그 나무 열매를 네가 먹었느냐"(창 3:11).

죄는 하나님의 뜻에 어긋나는 생각과 결정과 가치관과 행위입니다. 하나님 아버지의 말씀에 불순종하는 것은 죄입니다. 사람은 상대적인 가치관을 가지고 있기 때문에 세상의 법과 기준에 맞다면, 자신이 올바르게 살고 있다고 착각합니다.

문제는 인간의 법과 기준이 상대적이라는 사실입니다. 예를 들어서, 미국이나 일본에는 간통법이 없으니까 불륜이 죄가 아닙니다. 그러나 하나님의 법으로 볼 때 간음하는 것은 죄이므로 어느 나라에 살고 있든 아무도 불륜을 저지르면 안 됩니다. 우리는 하나님의 법에 의해 다스림을 받기 때문입니다. 아무리 세상이 용납하는 문제일지라도 우리는 하나님의 말씀을 기준으로 점검하며 살아야 합니다.

하나님은 분명히 아담에게 절대로 선악과를 먹지 말라고 하시면서 먹는 날에는 반드시 죽을 것이라고 말씀하셨습니다. 아담은 어떤 경우에도 그 말씀을 믿고 따라야 했습니다. 사람을 믿는다면 무엇보다도 그 사람의 말을 믿어야 합니다. 하나님을 믿는다고 하면서 하나님의 말씀을 믿지 않으면 그 믿음은 가짜입니다.

자동차는 기름을 넣어줘야 움직이도록 만들어졌지, 콜라를 넣고 움직이도록 만들어지지 않았습니다. 마찬가지로 인간은 하나님의 말씀을 믿고 순종하며 살도록 만들어졌지 세상의 말을 들으며 살도록 만들어지지 않았습니다. 말씀을 어기는 그때부터 인간은 자신이 창조된 목적을 벗어나는 것입니다. 이것이 죄입니다. 죄가 들어오면 기름 대신

콜라를 넣은 자동차처럼 우리의 인생은 고장나기 시작합니다.

인간의 모든 문제가 이 죄에서 파생했습니다. 죽음, 전쟁, 고통, 갈등과 미움, 환경 파괴 등 인간의 모든 문제가 죄로부터 시작됐습니다. 죄는 인간을 추하게 만들고 결국에는 파괴시킵니다. 죄는 우리가 가진 모든 것을 빼앗아갑니다. 죄가 있는 곳에는 항상 하나님의 진노가 임합니다.

"주께서는 눈이 정결하시므로 악을 차마 보지 못하시며"(합 1:13).

거룩하신 하나님은 죄와 양립하실 수 없습니다. 이 죄의 심각성에 대해서 확실히 인식해야 우리의 죄를 씻어주신 예수 그리스도의 십자가의 은혜가 얼마나 큰 것인지를 알 수 있습니다.


## 선악과의 매력

어떤 사람은 "그 과일 한쪽 먹고 싶은 것을 못 참아서 사탄의 유혹에 어이없이 무너졌나"라고 말할 수도 있지만, 그렇게 간단한 문제가 아닙니다. 하와가 뱀의 말을 들으면서 영적으로 흐려진 눈으로 선악과를 보았을 때 단순히 맛있게 생긴 '대구 사과 한 알'을 본 것이 아닙니다.

"여자가 그 나무를 본즉 먹음직도 하고 보암직도 하고 지혜롭게 할 만큼 탐스럽기도 한 나무인지라 여자가 그 열매를 따 먹고 자기와 함께 있는 남편에게도 주매 그도 먹은지라"(창 3:6).

이 말씀을 신약성경에 나오는 말씀과 함께 묶어서 생각해보면 더 명확하게 이해할 수 있습니다.

"이는 세상에 있는 모든 것이 육신의 정욕과 안목의 정욕과 이생의 자랑이니 다 아버지께로부터 온 것이 아니요 세상으로부터 온 것이라" (요일 2:16).

이 두 말씀 속에는 세상의 특징 세 가지가 공통적으로 등장합니다. 여기서 말하는 "세상"이란 죄에 물든 인간이 만들어낸 정부와 사회 체제, 문화, 가치관을 의미합니다. 하나님께 반역한 사탄이 조종하는 악한 힘이 배후에 존재하고 있습니다.

첫 번째로 "먹음직도 하고"에서 우리는 "육신의 정욕"(the cravings of sinful man)의 실체를 보게 됩니다. 이것은 인간의 죄성에서부터 비롯된 모든 타락한 욕망의 열매들을 가리키는 것으로서, 우리가 느끼고 만지며, 맛보고 냄새 맡는 모든 것과 관계가 있습니다. 하나님이 허락하신 정상적인 욕구를 사탄이 바이러스를 주입하여 타락시킨 산물입니다. 가령 정상적인 식욕은 건강에 좋지만 식탐은 건강에 치명적입니다. 정상적인 성욕은 결혼을 통한 부부관계 속에서는 축복이 되지만, 타락하면 불륜과 음란물 중독, 동성애로 이어져서 사람을 망가뜨립니다. 이런 식으로 정상적인 욕구를 사탄이 오염시켜서 인간을 파괴하는 것들에는 '간음, 술수, 분쟁, 대립, 투기, 살인, 술취함, 방탕' 등이 있습니다.

두 번째로 "보암직도 하고"에서 우리는 "안목의 정욕"(the lust of his eyes)의 실체를 보게 됩니다. 안목의 정욕은 보기에 아주 매력적인 것을 말합니다. 눈에 보이는 모든 것들을 취하고 싶은 이글거리는 욕심입니다. 노출이 심한 여배우들이 나오는 영상물을 보며 성적 욕구를 느끼고, 다른 사람들이 가진 좋은 옷이나 집, 차 등을 보며 자신도 그것을 소유하고 싶어하는 것이 바로 안목의 정욕입니다. 세상의 수많은 광고나 정치, 마케팅 전략, 범죄 등이 바로 이렇게 눈에 보이는 것들에 대한 인간의 욕심을 이용한 것입니다.

사탄은 자신의 추악한 실체를 숨기기 위해서 아주 매력적인 존재로 위장해서 접근합니다. 하와에게 선악과를 먹게끔 유혹한 뱀은 에덴동산에서 가장 아름답고 매혹적인 존재였습니다. 이것은 뒤에서 뱀을 조종한 사탄이 아름다운 존재였기 때문입니다.

"주 여호와의 말씀에 너는 완전한 도장이었고 지혜가 충족하며 온전히 아름다웠도다"(겔 28:12).

사탄은 지금도 사람들이 눈에 보이는 것에 미혹되어 보이지 않는 영원한 영적 세계에 관심을 갖지 못하도록 최선을 다하고 있을 것입니다.

세 번째로 "지혜롭게 할 만큼 탐스럽기도 한"에서 우리는 "이생의 자랑"(boasting of what he has & does)의 실체를 보게 됩니다. 선악과는 지혜롭게 할 만큼 탐스러웠습니다. 이것을 정확하게 번역하면 자기가 가진 것과 하는 일에 대한 과시욕입니다. 자신의 외모, 학벌, 권력, 지위, 돈 등을 통해 사람들의 시선을 끄는 것을 즐기는 것을 말합니다. 자기 자랑이 너무 심한 사람은 아직 죄에 물든 옛사람이 덜 죽은 사람입니다.

뱀이 "가장 간교(crafty)하니라"(창 3:1)에서 '간교'하다는 말은 한국어 번역이 의미하는 것과는 달리, 성경에서 부정적인 뜻으로만 사용된 것이 아닙니다. 잠언에서는 이 단어가 '지혜'(wisdom)와 '능숙함'(adroitness)을 의미하는 뜻으로 자주 사용되었습니다. 하나님 정도의 수준은 아니지만, 세상적인 기준으로는 최고 수준의 지혜를 가리킬 때 사용되는 말이었습니다. 인간이 세상에서 경험과 연구로 취할 수 있는 최고의 처세술과 지적 탁월함을 가진 존재가 바로 사탄의 대리인 뱀의 수준이었습니다. 인간의 타락과 인간 나름대로의 지혜를 향한 추구 사이에는 밀접한 연관관계가 있습니다.

헬라인들은 각종 철학을 추구함으로써 교만해진 마음으로 "인간이 세상의 중심이다"라고 외치며 신이 되려고 했습니다. 그것이 바로 서구의 철학과 인문학의 근원인 헬라의 휴머니즘입니다. 16세기, 유럽에서 헬라의 휴머니즘을 부활시킨 것이 바로 계몽주의와 르네상스입니다. 이를 통해서 유럽인들은 교육과 지식의 중요성을 강조하면서 인간이 신적 존재임을 증명하려고 했습니다. 그래서 하나님이 중심에 없는 공부를 하면 교만해지고 결국에는 허무함을 느끼게 되어 있습니다.

사탄은 그 어떤 인간보다도 똑똑합니다. 하나님의 영으로 무장하지 않고 사탄과 맞서면 결코 당해내지 못한다는 사실을 잊어서는 안 됩니다. 인간의 지혜, 지식이라는 것은 결국 이생의 자랑, 정확히 번역하면 자기가 가진 것과 하는 일에 대한 과시라고 보면 됩니다. 명예와 직분, 권력에 대한 야심도 다 여기에 포함됩니다.

결론적으로 '먹음직도 하고, 보암직도 하고, 지혜롭게 할 만큼 탐스러운 것'은 바로 '육신의 정욕, 안목의 정욕, 이생의 자랑'입니다. 복잡한 것 같지만 우리가 사는 세상의 본질은 간단하게 이 세 가지로 요약될 수 있습니다. 세상이 말하는 '성공'과 '잘되는 것'도 마찬가지입니다. 이 모든 것들이 세상의 정치, 경제, 문화, 패션, 연예, 교육, 사회 전반을 이끌고 가는 힘의 실체입니다. 우리는 24시간 세상 속에서 이런 것들에 익숙해지도록, 이런 것들을 성공의 척도로 보는 데 길들여져 있습니다.

하와는 영과 육의 눈으로 '육신의 정욕과 안목의 정욕과 이생의 자랑'이 총집결된 세상적인 매력의 집약체를 본 것입니다. 세계 최고의 매력적인 꽃미남과 세계 최고의 패션 스토어들의 화려함과 세계 최고의 인기와 명예의 환호 소리가 그 선악과의 유혹을 통해 몰려왔을 것입니다. 그것은 몇 백 억짜리 로또가 당첨되는 것보다 더 큰 매력이었을 것입니다. 그런 유혹을 단호하게 물리칠 수 있는 사람이 누가 있겠습니까? 아담과 하와를 욕하기 전에 내 안에 지금도 꿈틀거리는 세상적인 욕망, 그보다 훨씬 못한 작은 유혹에도 쉽게 넘어가는 자신의 죄성부터 회개해야 할 것입니다.

훗날 사도 요한은 이에 대해 단호하게 말했습니다.

"다 아버지께로부터 온 것이 아니요 세상으로부터 온 것이라"(요일 2:16).

즉, 그것들은 다 천국산(made in heaven)이 아니라는 것입니다. "세상으로부터 온 것이라"는 말은 눈에 보이는 세상의 권세를 잡은 자, 사탄으로부터 흘러나온 힘이라는 것입니다. 아무리 화려해 보여도 그것들은 가시를 품은 장미요, 독을 품은 성배입니다. 성령충만한 사람은 그 화려함 뒤에 감춰진 무서운 독성을 감지할 수 있습니다. "엄마의 손으로 만들지 않은 모든 음식은 완전히 믿을 수 없다"라는 말이 있습니다. 요한은 '하늘 아버지의 손에서 나온 것들'이 아니라고 선포함으로써, 우리의 정신을 번쩍 차리게 해줍니다. 우리가 세상을 살면서 영적으로 강하게 준비되어 있지 않으면 이것들에 의해서 정복당하고, 영적 리더십이 마비되어버립니다.

하나님은 찬양을 담당하던 천사장 루시퍼에게 모든 것을 주셨고 아름답게 만드셨습니다. 그러나 루시퍼는 능력을 주신 하나님께 감사하고 그분의 일을 하는 것이 아니라, 교만한 마음이 가득 차서 자신도 하나님같이 되려고 했습니다. 그 때문에 하나님의 무서운 심판을 받았습니다.

"네가 아름다우므로 마음이 교만하였으며 네가 영화로우므로 네 지혜를 더럽혔음이여 내가 너를 땅에 던져 왕들 앞에 두어 그들의 구경거리가 되게 하였도다"(겔 28:17).

하나님의 심판을 받아 영원한 지옥에 던져지게 된 루시퍼는 인간에게도 똑같은 운명을 걸게 하려고 하와를 꼬드긴 것입니다. 같이 죽자는 것입니다. 그때부터 지금까지 사탄은 자신과 같이 멸망당할 사람들을 찾고 있습니다.

아담과 하와가 하나님과 활발한 교제를 하고 있었을 때는 전혀 몰랐다가 사탄의 말을 듣고 난 후에 선악과를 보니까, 매력적으로 보이기 시작했습니다. 문제가 발생하는 것은 세상이 악해서가 아니라 내가 하나님을 열심히 바라보지 않았기 때문입니다.

사탄은 자신을 아주 아름답게 위장해서 사람들에게 접근합니다. 죄가 처음부터 더럽고 무섭다면 사람들이 쉽게 빠지지 않을 것입니다. 그래서 항상 죄의 유혹은 처음엔 뼈를 녹일 정도로 매력적입니다. 사람들은 항상 높아지고 싶어 하고, 빠르고 효율적으로 일하려고 하며, 편하게 살고 싶어 합니다. 사탄은 이러한 욕망들을 아주 기가 막히게 이용합니다.

사탄의 하수인들은 교회 안에서도 이런 매혹적인 가면을 쓰고 교묘한 방법으로 침투해서 들어옵니다. "하나님의 일을 하라. 하지만 효율적이고 자기중심적이며, 빠르고 크게 멋있는 방법으로 편하게 하라"고 유혹합니다. 이단들도 처음에는 전혀 눈치채지 못할 정도로 열심히, 아주 그럴듯한 논리로 위장합니다. 선교사님의 간증을 듣자고 하고, 전도하자고 하며, 원어로 된 성경공부를 하자고 합니다. 그리고 나중에 가서 본색을 드러냅니다.

"이것은 이상한 일이 아니니라 사탄도 자기를 광명의 천사로 가장하나니 그러므로 사탄의 일꾼들도 자기를 의의 일꾼으로 가장하는 것이 또한 대단한 일이 아니니라 그들의 마지막은 그 행위대로 되리라"(고후 11:14,15).

세상을 통해 세상을 보면 세상의 노예가 됩니다. 하나님을 통해 세상을 봐야 세상을 다스릴 수 있는 리더의 길을 걸어갈 수 있습니다.


## 선악과 사건에 대한 의문들

선악과 사건을 이야기할 때 많은 사람이 공통적으로 제기하는 질문이 있습니다. "하나님은 왜 선악과를 만들어서 에덴동산에 놓아두셨는가" 하는 것입니다. 선악과를 만든 이유를 이해하려면 먼저 '자유의지'(free will)에 대해 알아야 합니다. 선악과는 자유의지의 문제이기 때문입니다. 능력과 자유가 합쳐지면 가공할 만한 위력을 발휘합니다. 이 힘이 선하게 쓰이면 엄청난 축복이 되지만, 나쁘게 쓰이면 재앙이 됩니다.

〈브루스 올마이티〉라는 영화가 있습니다. 주인공은 자기가 하나님이 되면 훨씬 더 나은 세상을 만들 수 있다고 주장합니다. 그러자 하나님은 일정 기간 동안 자신의 능력을 빌려줍니다. 신바람이 난 주인공은 그릇 속의 수프를 홍해 가르듯이 갈라보고, 아내를 위해 달을 끌어당기다가 지구촌 곳곳에 해일이 일어나는 등 세상이 난장판이 되는 경험을 하게 됩니다. 하나님은 무한한 능력과 완벽한 자유를 가지고 있으면서도 그것을 함부로 휘두르는 분이 아니십니다. 하나님은 자제(self-control)하시는 분입니다.

동산 중앙의 선악과는 자제하시는 하나님의 성품을 보여줍니다. 하나님은 인간을 만물의 영장으로 세워 천지만물을 다스리게 하셨습니다. 그리고 인간에게도 다스리는 자로서의 '자제'를 요구하셨습니다. 선악과는 선악을 알게 하는 나무인데, 사탄은 "먹으면 선악을 알게 된다"고 속입니다. '먹는다'는 것은 자제를 포기하는 것이고, 자제를 포기한다는 것은 욕심의 노예가 된다는 것이며, 이것은 곧 사탄의 노예가 되는 것을 의미합니다.

하나님이 사람에게 주신 가장 위험한 선물은 아마도 자유의지, 즉 선택할 수 있는 권리가 아니었을까요? 그것은 하나님을 거역할 수 있는 선택권을 준 것이기 때문입니다. 동물과 식물은 하나님을 거부하거나 대적하지 않습니다. 정확하게 말하면 대적할 수 없습니다. 하나님이 자유의지를 주지 않았기 때문입니다. 그러나 하나님은 사람을 인격체로 만드시며 스스로 선택할 수 있는 의지를 주셨습니다.

그런데 인간은 이 자유의지를 하나님을 거역하는 데 사용했습니다. 인간에게 주어진 몫을 넘어 하나님의 자리를 넘보았습니다. 이것은 하나님이 사람을 만드신 목적에서 완전히 벗어난 것입니다. 그래서 헬라어 원어로 '죄'는 '목표에서 벗어난 것'이라는 의미를 갖고 있습니다.

여기서 확장시켜서 하나님이 선악을 알게 하는 나무를 에덴동산에 두신 것에 대한 의문을 살펴보겠습니다.

"하나님은 인간이 자유의지를 가지고 하나님을 거역할 것을 미리 아시지 않았는가? 인간이 선악과를 먹고 죄를 범할 것을 알면서 왜 에덴동산 중앙에 놔두었는가? 인간에게 자유의지를 주고, 선악과를 만들어놓았으니까, 인간이 죄를 지은 것이 아닌가?"

언뜻 생각하기에 예리한 질문 같지만, 하나님의 입장에서 보면 황당한, 적반하장의 논리입니다. 이것은 마치 왜 내 앞에 고급 외제차를 놔둬서 나로 하여금 그것을 훔치게 만들었느냐고 따지는 것과 같습니다.

하나님이 엄청난 위험부담을 감수하고 인간에게 자유의지를 주신 까닭은 인간을 사랑하시기 때문입니다. 사랑하면 상대에게 자유를 줍니다. 상대를 통제하고 감시하며 속박하는 것은 사랑이 아닙니다. 하나님은 사람을 사랑하시기에 자유를 선물로 주셨습니다. 인간이 강압이 아닌 순수한 자신의 의지로 하나님을 사랑하기 원하셨기 때문입니다.

또한 사랑은 믿어주는 것입니다. 하나님은 우리 인간을 믿어주셨습니다. 하나님이 주신 자유 의지를 선하게 쓸 것이라고 말입니다. 자제력을 발휘하여 욕망을 통제하고, 하나님을 섬기는 길을 선택할 것을 믿으셨기에 선악과도 맡기신 것입니다.

하나님이 사람에게 자유의지를 주신 것은 사람을 인격체로 대우하셨기 때문입니다. 인격체는 자유의지를 갖고 있습니다. 인간은 하나님의 조종에 따라 반응만 하는 로봇이 아닙니다. 오래전 한 대학생이 제게 흥분해서 이런 질문을 한 적이 있습니다.

"하나님이 왜 우리에게 자유의지를 주셔가지고 선악과를 택하게 만들었습니까?"

그래서 제가 물었습니다.

"지금 학생이 하나님이 왜 내게 자유의지를 주셨냐고 대들 수 있는 자유의지도 하나님이 주신 것이 맞습니까?"

그는 머뭇거리더니 그렇다고 대답했습니다. 저는 또 물었습니다.

"그럼 학생은 하나님이 이렇게 하나님도 반대할 수 있는 자유의지를 학생에게 주신 것이 좋습니까, 아니면 어떤 일이 있어도 하나님에게 고개만 끄덕거리는 로봇같이 대해주시는 것이 좋습니까?"

"그야 물론…."

그는 말을 끝까지 잇지 못하고 깊은 생각에 잠기는 듯하다가 조용히 자리에 앉았습니다.

자유란 엄청난 위험부담을 감수하는 것이지만 자유가 없는 것보다는 백배 낫습니다. 감히 절대자이신 창조주 하나님도 반대할 수 있는 자유를 하나님이 우리 인간에게 주신 것입니다. 하나님은 그것이 잘못 사용되면 어떻게 될지를 아시면서 그토록 파격적인 믿음과 사랑을 인간에게 주셨던 것입니다. 그렇다면 그 선물을 잘못 사용한 사람이 잘못한 것입니까, 아니면 그것을 주신 하나님이 잘못한 것입니까? 우리는 가슴에 손을 얹고 정직하게 말해야 합니다.

에덴동산에 선악을 알게 하는 나무가 없었다면 사람이 죄를 안 지었을까요? 죄를 안 짓는 게 아니라 못 지었을 것입니다. 인간은 기회가 되면 얼마든지 죄를 지을 수 있는 잠재적 죄인입니다. 만약 아내가 될 사람을 다른 남자들은 한 명도 못 만나게 차단하고 평생 자기 자신만 보게 한 후에 결혼하면 그게 사랑하는 것입니까? 진짜 사랑한다면 그럴 수 없습니다. 자유롭게 수많은 남자들을 관찰하고 만나보게 한 후에 최종적으로 나를 선택할 때 결혼하는 것이 진짜 사랑입니다. 하나님은 우리가 기회가 없어서 죄를 못 짓는 사람이 아니라, 하나님을 사랑해서 자기 의지로 죄를 안 짓는 사람이 되길 원하셨습니다.

인간은 욕심 때문에 자신을 향한 하나님의 믿음을 저버리고, 자유의지를 타락시켰습니다. 에덴동산의 아담에게 주어진 권리는 피조물로서 에덴을 관리하는 자리였습니다. 그러나 피조물인 아담이 뱀의 거짓말에 속아 창조주 하나님의 자리를 넘보게 됩니다. 이 욕심이 아담을 망하게 한 것입니다. 밥알이 밥그릇에 소복이 담겨 있으면 아름답지만, 사람 이마에 붙어 있으면 추해 보입니다. 인간이 피조물의 자리를 떠나 창조주의 자리에 앉으려고 하니 추해진 것입니다.

에덴동산 중앙에 선악을 알게 하는 나무를 두어 아담에게 먹지 말라고 하신 것은 창조주 하나님과 피조물인 인간의 경계를 구분하기 위해서였습니다. 선악과 옆에는 생명나무가 있었습니다. 그 생명나무 열매는 먹을 수 있었습니다. 그래서 에덴동산에서 인간은 불사(不死)의 존재였습니다. 더 나아가 하나님은 날마다 에덴동산에서 인간과 함께 거니시며 친구처럼, 연인처럼 교제해주셨습니다.

인간을 향한 하나님의 사랑이 너무 커서, 피조물과 창조주의 구분이 모호해졌습니다. 누가 다스리는 자이고 누가 다스림을 받는 자인지,

리더십의 구분이 모호해진 것입니다. 이러한 창조주와 피조물의 경계를 구분하는 유일한 장치, 최소한의 장치가 바로 선악과였습니다. 그것은 "너는 피조물이고 나는 창조주"임을 알려주는 주제파악의 나무였던 것입니다. 동산 중앙에 있었기 때문에 항상 바라볼 수 있는 선악과 나무는 아담으로 하여금 에덴동산과 자기 인생의 주인은 자신이 아니라, 창조주 하나님이심을 확인하게 하는 확실한 시청각 교육 자료였던 것입니다.

하나님이 너무나 많은 권위와 능력을 주셨기 때문에 인간은 자기가 왕이라고 착각하기 쉽지만, 실은 만왕의 왕은 하나님이심을 기억하고 선포하는 것이 바로 선악과 나무였습니다. 이렇게 선악과의 의미를 확실하게 인지할 때 인간은 하나님과 자신의 차이를 인정하게 됩니다. 그때 비로소 하나님을 하나님으로 모시게 됩니다.

하나님은 친구처럼 가까운 존재이시지만, 결코 우리가 함부로 대할 수 있는 분이 아니라는 사실을 알아야 합니다. 그때 우리는 하나님을 우리 인생의 리더로 제대로 섬기게 됩니다. 그것은 굴종의 삶이 아니라 행복한 순종의 삶입니다.

만약 아담이 욕심을 부리지 않고 자신의 자리를 지켰다면 그는 에덴동산에서 영원히 살 수 있었을 것입니다. 그러나 "욕심이 잉태한즉 죄를 낳고 죄가 장성한즉 사망을"(약 1:15) 낳는 결과를 맞이했습니다.

"그러므로 한 사람으로 말미암아 죄가 세상에 들어오고 죄로 말미암아 사망이 들어왔나니 이와 같이 모든 사람이 죄를 지었으므로 사망이 모든 사람에게 이르렀느니라"(롬 5:12).

여기서 한 사람이란 아담을 가리킵니다. 아담 한 사람이 죄를 범한 결과, 그에게서 태어난 모든 인류가 죄인이 되었다는 것입니다. 참으로 억울한 말이 아닐 수 없습니다. 우리는 아담처럼 에덴동산에서 선악과를 따 먹은 적이 없습니다. 우리는 그때 태어나지도 않았습니다. 그 죄는 엄연히 아담이 지은 것입니다. 그런데 왜 우리가 덤터기를 쓰고 아담과 함께 다 같이 죄인이 되어야 한다는 말입니까?

"그러나 아담으로부터 모세까지 아담의 범죄와 같은 죄를 짓지 아니한 자들까지도 사망이 왕 노릇 하였나니 아담은 오실 자의 모형이라"(롬 5:14).

앞에서도 다룬 바 있듯이, 성경은 '근본적인 죄'와 '지엽적인 죄'를 구별합니다. 지엽적인 죄는 드러난 행위를 말하고, 근본적인 죄는 보이지 않는 본질적인 상태를 말합니다. 선악과를 따 먹은 것은 아담의 지엽적인 죄, 즉 범죄였습니다. 물론 우리는 그와 같은 범죄를 저지르지는 않았습니다. 그러나 최초의 인간인 아담이 저지른 그 지엽적인 죄는 인류 전체를 죄의 영향력 밑으로 끌고 들어간 근본적인 죄가 되었습니다. 그래서 아담의 후손인 우리는 근본적인 죄의 영향력, 죄의 잠재력에 물들어 있게 된 것입니다. 그러므로 우리가 평소에 하나님의 말씀을 어길 때마다, '나도 선악과를 따 먹은 아담과 똑같구나'라고 생각하면 됩니다. 우리 가운데 아담에게 돌을 던질 만한 사람은 아무도 없습니다.

한국 국가대표 축구 팀이 일본 대표 팀과 축구를 해서 지면 "한국선수 11명이 졌다"라고 하지 않고, "한국이 졌다"라고 합니다. 왜냐하면 국가대표 선수들은 우리나라에서 축구를 제일 잘해서 뽑힌 사람들이기 때문입니다. 그들이 다른 나라 선수와 시합해서 지면 우리 중에 누가 나가서 시합해도 지게 됩니다.

처음 창조되었을 때 아담은 완벽한 인간이었습니다. 완벽한 육체와 고결한 인품과 탁월한 지성을 갖춘 인물이었습니다. 그런데 자유의지를 주었을 때 그 아담이 범죄할 수밖에 없었다면 우리 중에 그 누구도 자신은 절대 범죄하지 않았을 거라고 자부할 사람이 없습니다. 우리 중에 그 누가 나가서 뛰어도 현재 국가대표 선수만큼 잘 뛰지는 못하듯이 말입니다. 아담은 인류의 대표선수였고, 그가 실패했으면 우리 모두 실패한 것입니다.


## 죄 문제를 해결하다

### 예수님의 십자가와 부활

죄 문제는 인간의 힘으로 결코 해결할 수 없습니다. 항상 인간은 저질러놓고 수습을 못합니다. 하나님이 수습해주셔야 합니다. 그런데 하나님도 수습하기 위해서는 큰 대가를 치러야만 했습니다. 죄는 죄의 세력을 멸망시켜야 해결이 됩니다. 복음주의 신학자들은 창세기 3장 15절을 하나님이 준비하신 최초의 복음이라고 말합니다.

"내가 너로 여자와 원수가 되게 하고 네 후손도 여자의 후손과 원수가 되게 하리니 여자의 후손은 네 머리를 상하게 할 것이요 너는 그의 발꿈치를 상하게 할 것이니라 하시고."

여자가 선악과를 먹었을 때부터 하나님은 그 아들 예수 그리스도를 여자의 후손으로 이 세상에 태어나게 하여 죄에 빠져 신음하는 인류를 구원할 계획을 세우셨던 것입니다.

이것은 '여자의 후손'(인간)과 사탄과의 원수 관계를 말하는데, 훗날 사탄의 머리를 상하게 할 여자의 후손은 예수 그리스도를 가리킵니다. 예수님은 그의 공생애를 사탄과의 전쟁으로 시작하셨습니다. '발꿈치를 상하게 한다'는 것은 십자가 사건을 통해 예수님을 못 박은 것을 의미합니다. 그러나 이것이 하나님의 계획에 결정적인 타격을 주지는 못합니다.

"여자의 후손은 네 머리를 상하게 할 것"이라는 표현이 영어성경에서는 "머리를 부순다"라고 되어 있습니다. 발꿈치는 상해도 치료하면 살지만, 머리가 부서지면 완전히 죽는 것입니다. 돌이킬 수 없는 치명타를 맞는 것입니다. 여자의 후손이 발꿈치를 상하게 된다는 것은 십자가에서의 죽음을 의미하고, 뱀이 머리를 상하게 된다는 것은 부활하신 주님이 사탄의 세력에게 치명타를 가한다는 말입니다.

이미 승패는 끝난 것입니다. 영적인 세계에서 예수님을 믿는 사람들의 인생은 결국 해피엔딩입니다. 아무리 힘들어도 우리의 인생은 결국 잘될 것입니다. 성경의 메시지는 어떻게 하나님이 인간이 저질러놓은 죄에도 불구하고 우리의 인생을 역전시키는지를 거듭해서 보여주고 있습니다.

하나님이 아담과 하와를 에덴동산에서 내보내시면서 '가죽옷'을 지어 입히셨습니다. 거룩하신 하나님이 어쩔 수 없이 공의의 심판을 내리시긴 했지만, 하나님의 마음은 찢어질 듯이 아팠습니다. 그래서 울면서 쫓겨나가는 아담과 하와에게 이것저것 챙겨주셨을 것입니다. 그 대표적인 것이 가죽옷입니다. 이 가죽옷이 가지는 영적 의미는 엄청나게 큽니다.

가죽옷은 짐승을 죽여서 만드는 것입니다. 이것은 짐승의 피를 흘려서 만든 은혜의 옷으로서, 후에 우리 죄를 대속해서 죽임 당하실 어린양의 희생을 상징합니다. 히브리어로 '구속'은 '덮는다'는 의미입니다. 죄를 지은 인간에게 가죽옷을 지어 입히시는 데에는 독생자인 예수 그리스도의 보혈로 인간의 죄를 덮어주겠다는 거룩한 하나님의 사랑이 담겨 있는 것입니다.

"한 사람의 범죄로 말미암아 사망이 그 한 사람을 통하여 왕 노릇 하였은즉 더욱 은혜와 의의 선물을 넘치게 받는 자들은 한 분 예수 그리스도를 통하여 생명 안에서 왕 노릇 하리로다"(롬 5:17).

아담과 하와는 자신들이 저지른 죄 때문에 그로부터 6천 년 뒤, 하나님의 아들 예수 그리스도가 이 땅에 오셔서 십자가에서 돌아가시게 된다는 사실을 몰랐을 것입니다. 예수님은 밤새 아무것도 못 드시고, 이리저리 끌려다니며 심문과 채찍질을 당하셨습니다. 그 후 무게가 70kg인 십자가를 지고, 예루살렘에서 가장 가파른 골고다 언덕길을 끌려 올라가 십자가에서 죽임을 당하십니다.

인류를 죄로부터 구원하기 위해 아들의 그 끔찍한 고통과 죽음을 지켜보셔야 했던 하늘 아버지의 마음이 어떠했을까요? 우리는 과연 그 사랑의 넓이와 높이와 깊이를 이해할 수 있을까요? 그걸 안다면, 그 은혜로 구원받은 사람이라면 남은 생애 동안 하나님 앞에서 감사 찬송 외에는 아무 말도 하지 못할 것입니다. 나를 위해 희생 당하신 주님을 위해 나의 전부를 드린들 아깝겠습니까?

### 에덴동산으로부터의 추방

하나님은 아담과 하와를 에덴동산에서 추방하십니다.

"여호와 하나님이 이르시되 보라 이 사람이 선악을 아는 일에 우리 중 하나같이 되었으니 그가 그의 손을 들어 생명나무 열매도 따 먹고 영생할까 하노라 하시고 여호와 하나님이 에덴 동산에서 그를 내보내어 그의 근원이 된 땅을 갈게 하시니라 이같이 하나님이 그 사람을 쫓아내시고 에덴 동산 동쪽에 그룹들과 두루 도는 불 칼을 두어 생명 나무의 길을 지키게 하시니라"(창 3:22-24).

이것은 하나님의 크신 사랑의 배려입니다. 왜냐하면 죄를 지은 존재가 영원히 사는 것은 곧 지옥이기 때문입니다. 화염검을 든 천사가 에덴동산의 동쪽을 지켜 생명나무로 가는 길을 지킵니다.

구약에서 '동쪽'은 죽음을 상징합니다. 영원한 생명으로 가는 길은 이제 누군가의 죽음을 통해서만 가능하다는 뜻입니다. 이것은 죄에 대한 하나님의 분노가 얼마나 큰지를 보여줍니다. 동시에 예수 그리스도의 십자가 죽음을 통해 하나님께로 가는, 즉 영원한 생명으로의 길이 열려 있다는 희망의 암시이기도 합니다.

첫 번째 아담의 죄로 인해 차단되었던 생명나무로 가는 길이 두 번째 아담인 예수 그리스도의 순종하심으로 인해 활짝 열려진 사실이 요한계시록에 나옵니다.

"또 그가 수정같이 맑은 생명수의 강을 내게 보이니 하나님과 및 어린양의 보좌로부터 나와서 길 가운데로 흐르더라 강 좌우에 생명나무가 있어 열두 가지 열매를 맺되 달마다 그 열매를 맺고 그 나무 잎사귀들은 만국을 치료하기 위하여 있더라"(계 22:1).

성경에서는 사람들, 특별히 하나님이 축복하는 사람, 기름 부은 사람, 열매 맺는 삶을 사는 사람을 자주 '나무'로 표현합니다. 시편 1편에서는 복 있는 사람은 시냇가에 심겨져 잎사귀가 마르지 않는 나무라고 했습니다. 예레미야서 17장에서는 "그는 물가에 심어진 나무가 그 뿌리를 강변에 뻗치고 더위가 올지라도 두려워하지 아니하며 그 잎이 청청하며 가무는 해에도 걱정이 없고 결실이 그치지 아니함 같으리라"(8절)라고 했습니다. 또한 요한복음 15장에서 예수님은 "나는 포도나무요 너희는 가지라"(5절)라고 하셨습니다. 예수 그리스도야말로 하나님의 영원한 생명나무로 가는 유일한 길이요, 그 나무 자체인 것입니다.

### 하나님의 사랑

하나님이 여자에게 '하와'라는 이름을 주셨는데, 그것은 '모든 산 자의 어머니'라는 뜻입니다. 여자의 후손 중에서 구세주 예수 그리스도가 날 것이며, 그로 인해서 모든 인류가 살게 된다는 희망의 약속이 담긴 이름을 받은 것입니다. 하나님은 아무리 상황이 악해도 우리에게 최후의 승리를 약속하는 아름다운 희망의 약속을 주십니다. 아무런 약속이 없는 캄캄한 절망의 구렁텅이로 몰아넣지 않으십니다. 아무리 상황이 어려워도 절망하지 마십시오. 상황이 어려운 걸로 치자면 에덴동산에서 쫓겨났던 것보다 더한 절망이 어디 있겠습니까? 그러나 그 가운데에서도 하나님은 구원의 약속을 주셨습니다.

하나님은 사랑의 추적자이십니다. 도망친 죄인인 우리를 따라와 은혜의 손길로 잡으셔서, 영원한 사랑과 생명이 있는 나라로 돌아오게 하십니다. 우리는 찬송가 가사대로 '고통의 멍에 벗으려고 예수께로

나가야' 합니다.

죄 문제는 시간이 지난다고 없어지는 게 아닙니다. 감추고 숨긴다고 해서 영원히 은폐될 수 있는 게 아닙니다. 선한 일을 하고, 헌금을 많이 한다고 죗값이 치러지는 것도 아닙니다. 죄는 오직 하나님만이 해결하실 수 있습니다. 하나님의 아들이신 그리스도의 십자가 죽음을 통해서만 해결될 수 있습니다.

당신은 정말로 예수님을 자신의 생의 구주로 영접하셨습니까? 그렇지 않다면 지금 이 시간 주님 앞에 무릎을 꿇고 그분을 영접하시기 바랍니다. 죄로 인해 죽을 수밖에 없었던 나를 살리신 예수 그리스도를 바라보십시오. 그 십자가의 사랑으로 우리는 다시 살아났습니다. 평생 그 은혜에 감사하면서 날마다 자기 십자가를 지며 세상의 유혹과 시험을 이기는 참된 그리스도인으로 사십시오. ✿

### 죄의 시작과 심판

기독교는 모든 사람이 '죄성'을 가지고 태어난다고 말합니다. 이 근본적인 죄 (원죄)의 시작은 인류의 대표선수인 아담으로부터 시작되었습니다. 사탄은 하나님의 말씀을 왜곡시키고 사람으로 하여금 하나님의 성품을 의심하게 만들었습니다. 인간은 죄를 향한 틈을 보였고 결국 하나님의 명령에 불순종하고 말았습니다. 인간은 원죄로 인해 실제 삶 속에서 지엽적인 죄를 지으며 더럽혀졌습니다. 그 결과 죄와 양립하실 수 없는 거룩하신 하나님과 함께할 수 없게 되었습니다. 이 죄의 심각성 때문에 예수님이 십자가를 지셔야 했습니다.

### 선악과 사건에 대한 의문

하나님은 왜 선악과를 만드셨을까요? 엄청난 위험부담을 감수하시고 선악과를 만드신 것은 인간에게 자유의지를 주기 위해서였습니다. 사랑하기 때문에 인격체로 대우하시며 구속하지 않고 자유를 주신 것입니다. 하나님은 인간이 순수한 자신의 의지로 하나님을 사랑하기 원하셨습니다. 또한 피조물과 창조주를 구별하는 최소한의 장치가 선악과였습니다. 하나님은 우리를 연인처럼 여겨주시지만 결코 인간이 함부로 대해서는 안 되는 우리 인생의 주인, 만왕의 왕이십니다.

### 죄 문제의 해결

죄 문제는 인간이 스스로 해결할 수 없습니다. 그래서 하나님이 큰 대가를 치르며 독생자 아들 예수 그리스도를 여자의 후손으로 이 세상에 태어나게 하여 죄에 빠져 신음하는 인류를 구원할 계획을 세우셨습니다(창 3:15 참조). 에덴동산에서 쫓겨나는 아담과 하와에게 하나님은 가죽옷을 입혀주시며 인간의 수치를 가려주셨습니다. 짐승의 피를 흘려야만 얻는 이 옷에는 훗날 예수 그리스도의 보혈로 인간의 죄를 덮어주시겠다는 하나님의 사랑이 담겨 있습니다.

원죄

# 구원

02
LESSON

SALVATION

너희 안에서 착한 일을 시작하신 이가
그리스도 예수의 날까지 이루실 줄을 우리는 확신하노라

빌립보서 1장 6절

# 구원

구원 문제는 기독교 신앙의 기본입니다. 그런데 교회를 오랫동안 다닌 사람들도 자신이 구원받았는지 못 받았는지에 대해서 확신하지 못하는 경우가 많습니다. 이런 경우를 '구원의 확신이 없다'고 합니다.

또한 구원의 확신이 있어도 구원받는다는 것이 정확하게 무엇을 의미하는지 설명해보라고 하면 난색을 표하는 경우가 대부분입니다. 이 장에서는 구원의 의미에 대해 살펴보도록 하겠습니다. 구원은 크게 세 가지로 나누어 정의할 수 있습니다. 칭의, 성화, 영화가 바로 그것입니다.

## 칭의(Justification)_ 구원을 받음

칭의란 우리가 '받은 구원'(Salvation Past)으로 하나님이 우리를 의롭다고 여기며 구원해주시는 것입니다.

"너희 안에서 착한 일을 시작하신 이가 그리스도 예수의 날까지 이루실 줄을 우리는 확신하노라"(빌 1:6).

여기서 말하는 "착한 일"이란 우리를 죄에서 구원하신 사건을 말합니다. 이 구원 사건을 주도하신 분은 하나님이십니다. 아담과 하와의 선악과 사건 이후, 모든 인간은 죄의 노예가 되어버렸습니다.

죄는 은폐한다고 해서 해결되거나 시간이 지난다고 해서 해결되지 않습니다. 환경을 탓할 일도 아니고, 남에게 책임전가를 한다고 해결될 일도 아닙니다. 죄는 확실한 값을 치러야만 없어집니다.

성경은 이러한 죄 용서를 '속량'이라는 단어로 표현합니다. '속량'(贖良, redemption)이란 말은 본래 노예들의 몸값을 지불하고 나서, 주인이 노예를 해방시키는 것을 뜻하던 말입니다. 옛날 노예들은 마치 짐승처럼 사고팔렸습니다. 누군가가 몸값을 치르고 노예를 사서 노예 문서를 찢고 해방을 선언해주지 않으면 평생을 노예로 살아야 했습니다.

우리는 죄의 노예가 되어 살았습니다. 꼼짝없이 그렇게 살다가 영원한 지옥으로 가게 될 운명이었습니다. 그런데 예수께서 죄인들을 위해 십자가에서 대신 죽으심으로, 우리의 죗값을 지불하신 것입니다. 우리는 흉악한 살인죄를 저지른 범인이 고작 징역 몇 년의 선고를 받으면 화를 냅니다. 저지른 죄에 비해 형벌이 너무 약하다고 생각하기 때문입니다. 죄의 크기에 합당한 죗값을 치러야 한다고 주장합니다.

사람이 아무리 좋은 일을 많이 하고, 큰돈을 기부한다고 해도 자신이 지은 죗값을 치르기엔 형편없이 모자랍니다. 우리 마음으로 저지른 죄까지 합치면 우리 힘으로는 결코 죗값을 제대로 다 치를 수 없습니다. 죄인이 지은 죄에 합당한 죗값을 치르지 않으면 정의가 제대로 시행되지 않았다고 해서 모두가 분노합니다.

아프가니스탄에 파병된 미군들 중에 가끔씩 마약을 먹고 정신이 이상한 상태로 그 지역의 십대 소녀를 강간하고 살인하는 경우가 있었습니다. 이때 미군 군사재판에 회부된 병사가 몇 개월 영창 정도의 선고를 받으면 지역 주민들은 불같이 분노합니다. 죗값이 제대로 치러지지 않았다고 느끼기 때문입니다. 그런데 만약 미국의 오바마 대통령이 자기 목숨으로 그 병사의 죗값을 치르겠다고 하고, 실제로 자기 목숨을 내놓는다면 어떻게 될까요? 지역 주민들 전체가 충격을 받고 감동해서 아무 말도 하지 못할 것입니다. 하지만 이런 일은 영화에서도 있을 수 없는 설정입니다.

나의 죄를 위해 십자가에서 흘린 예수님의 보혈이 그렇게 말도 안 되도록 엄청난 것이었습니다. 하나님의 아들이 자신의 목숨으로 나의 죗값을 치른다면 세상에 그 누구도 거기에 대해서 형벌이 약하다고 할 사람은 없습니다. 그래서 예수 그리스도의 죽음만이 온 인류의 죄 문제를 해결하는 유일한 답인 것입니다.

우리의 죄를 회개하고 예수님을 구주로 영접할 때, 그 예수님의 보혈이 우리의 죗값을 치르게 됩니다. 그때 비로소 우리의 영혼은 자유함을 입었습니다. 그것이 구원입니다. 사람이 구원받았다는 것은 죄사함을 받았다는 것입니다. 이제는 죄의 노예가 아닙니다. 완전한 자유인, 영원한 자유인입니다. 죄의 노예가 순식간에 하나님의 자녀가 된 것입니다.

개신교 신학의 핵심은 "오직 의인은 믿음으로 말미암아 살리라"(롬 1:17)라는 말씀입니다. 십자가만이 인간의 죄를 없애고, 악의 권세에서 그를 구할 수 있습니다. 인간은 그리스도의 보혈의 공로를 믿는 믿음으로만 구원받을 수 있습니다. 이 많은 사람들 중에 하나님이 하필이면 우리처럼 부족한 사람들을 선택하셔서 복음을 들려주시면서 구원받으라고 하십니다. 우리가 착해서도 아니고 선한 행위를 많이 해서도 아닙니다. 백퍼센트 하나님의 은혜로 주신 축복입니다.

검정색 볼펜을 하얀 종이로 감싸면 보이지 않습니다. 마찬가지로 우리의 죄가 시커멓지만 예수님이 보혈로 감싸주시면 하나님은 우리가 죄 없다고 인정해주십니다. 이것을 칭의(稱義, justification)라고 합니다. 영원한 하늘나라 법으로 "무죄 선포!"를 해주시는 것입니다. 그 즉시, 아무리 추악한 죄도 예수님의 보혈 권세에 힘입어 완전히 용서가 됩니다. 다시는 사탄이 우리를 하나님 앞에서 고발하지 못하게 해주십니다.

따라서 우리는 그리스도의 의를 오직 믿음으로 받아들이기만 하면 됩니다. 믿음으로 하나님의 은혜를 받아들이는 즉시, 하나님으로부터 의롭다고 여기심을 받는 것을 구원이라고 합니다. 얼마나 믿기 어려운 은혜입니까? 이것이 바로 그 유명한 '이신득의'(以信得義, justification by faith), '믿음에 의한 의롭다 하심'의 교리입니다. 우리는 오직 믿음으로, 오직 은혜로 구원받는 것입니다.

이 구원은 즉각적이고 완전한 구원입니다. 어떤 사람은 자신이 구원받았다는 사실이 의심스러워서, 예수님을 영접할 사람은 일어서라고 할 때마다 일어서는 사람이 있습니다. 그렇게 불안해할 필요가 없습니다. 한 번 구원을 받았으면 그것으로 확실하게 구원받은 것입니다. 당신이 받은 구원은 완전한 것입니다. 어떤 사람은 이렇게 의심합니다.

"내가 과거에 지은 죄는 그렇게 용서받았다고 해도, 앞으로 살면서 짓는 죄는 어떻게 됩니까? 앞으로 죄를 지으면 구원을 잃어버리는 것이 아닙니까?"

만약 처음부터 구원의 조건이 나의 의로운 행위에 기초한 것이었으면 그 말이 맞습니다. 그러나 처음부터 나의 구원의 조건은 예수님의 보혈이었기 때문에, 아무리 내가 넘어지고 실수해도 하나님이 그것 때문에 내 구원을 빼앗아가지 않으십니다. 이 구원은 천국 가는 날까지 결코 뺏기지 않는 안전한 구원입니다.

그래서 하나님이 우리 구원을 보장한다는 뜻으로 성령으로 '인'(印, seal)을 쳐주셨습니다. 에베소서에서 바울은 다음과 같이 말했습니다.

"이는 우리 기업의 보증이 되사 그 얻으신 것을 속량하시고 그의 영광을 찬송하게 하려 하심이라" (엡 1:14).

내가 구원받은 순간부터 성령님은 구원의 보증수표와도 같습니다. 하나님은 한 번 구원하신 하나님의 자녀를 천국 가는 날까지 책임지시고 지켜주십니다. 중간에 몇 번 실수하고 넘어진다고, 실망하고 버리지 않으십니다. 한 번 주신 구원을 취소시키는 법이 없으십니다. 그 사실을 못 믿고 불안해할까 봐, 우리에게 성령을 주셔서 하나님이 절대로 버리지 않는다는 증표를 주신 것입니다.

사실 문제는 성령의 확인이 변질되는 것이 아니라 나의 믿음이 변질되는 것입니다. 성령의 인 치심이 변하는 것이 아니라, 사탄의 꼬드김을 받아서 내 마음에 자꾸 의심이 생기는 게 문제입니다.

로마 가톨릭 교회는 사람이 구원받는 데 있어서 믿음도 필요하지만 '선한 일'(good work)을 해야 한다고 주장합니다. 선한 일이란, 좋은 일들을 하는 것과 교회가 주는 교리를 받아들이는 것과 일곱 가지 성례에 성실하게 참여하는 일을 포함합니다. 가톨릭 교회는 전통적으로 일곱 개의 성례를 필수화했습니다. 세례(Baptism), 성만찬(The Lord's Supper), 견진성사(Confirmation), 고해성사(Penance), 종부성사(Extreme Unction, 임종 시의 기름 부음), 수도제도(Order), 혼인성사(Matrimony) 예식입니다. 이 일곱 가지 성례에 충실히 참여하는 것을 구원과 직결시켜서 모든 신자에게 의무화했습니다. 한 마디로 말해서, 요람에서 무덤까지 인간이 살아가면서 필수적인 모든 분야에서 교회가 영향력을 행사하겠다는 것입니다. 죽는 날까지 이 성례들에 잘 참여하고, 교회 권위에 복종하며, 선한 일을 하는 행위를 통해 구원받을 수 있을지의 여부가 결정된다는 것입니다. 죽어서 천국문 앞에 서 봐야 비로소 내가 구원받았는지, 그렇지 않은지를 확인할 수 있다고 주장하는 것입니다. 이 얼마나 불안한 구원입니까? 그러나 우리가 받은 구원은 그런 조건부 구원이 아닙니다. 오직 하나님의 은혜로 받는 무조건적인 구원입니다.

성도가 이 땅에서 구원을 확보하기 위해서는 일곱 가지 성례를 집례하는 사제와 교황의 중보가 절대적이었습니다. 그러므로 교회에서 출교당하는 것은 이 일곱 가지 성례에서 끊기는 것이고, 천국에서 쫓겨나는 것과 진배없다고 믿었습니다. 중세기 때 교황청의 출교권은 그야말로 하나님의 '대리인'으로서 이 땅에서 인간의 구원 여부를 결정하는 권한이었습니다. 그러니 그 앞에서 군주나 재력가라고 할지라도 벌벌 떨 수밖에 없었습니다. 가톨릭의 구원론은 중세기 유럽인들을 로마 교황청의 권위 아래 철저하게 묶어놓는 하나의 도구이기도 했습니다.

16세기 종교개혁의 선두주자 마르틴 루터는 바로 이 잘못을 지적하고 나섬으로써, 로마 가톨릭 교회의 뿌리를 흔들기 시작했습니다. 만약 '오직 믿음, 오직 은혜'로만 구원받을 수 있다면 로마 가톨릭 사제들의 중보는 필요가 없어집니다. 우리의 믿음이 오직 하나님의 말씀을 통해서 생기고 성장할 수 있다면, 사제나 미사 등 가톨릭 교회의 모든 관습들이 무의미해집니다. 인간과 하나님 사이의 유일한 다리라고 자부해온 로마 가톨릭 교회의 중보 사역이 뿌리부터 흔들리는 것입니다.

구원의 문제는 어떤 인간의 중보자도 개입되는 것이 아닌 나와 하나님 사이의 문제입니다. 누구든지 복음을 듣고 자신의 죄를 회개하며 예수님을 구주로 영접하면, 그 즉시 구원을 받습니다. 그 구원은 완전한 것이어서 우리가 과거에 지었던 죄가 아무리 추악하다고 해도 예수님의 보혈의 공로로 깨끗이 용서함을 받습니다. 이것은 죽는 날까지 결코 잃어버릴 수 없는 안전한 구원입니다. 그러므로 우리는 아무리 어려운 현실 앞에서도 항상 평안하고 담대하게 살 수 있습니다.

## 성화(Sanctification)_ 구원을 이루기

성화는 '누리는 구원'(Salvation Present)으로 구원을 이루어가는 과정입니다. 우리에게 주신 구원을 맥시멈(maximum)으로 누리는 것입니다.

"너희 안에서 착한 일을 시작하신 이가 그리스도 예수의 날까지 이루실 줄을 우리는 확신하노라"(빌 1:6).

여기서 "이루실 줄을"(carry it on)이라는 동사는 '계속해서 이루어간다'는 뜻을 담고 있습니다. 구원은 우리 과거의 죄 문제를 단번에 해결한 과거완료형이지만, 또한 앞으로 살아가면서 계속 이루어가야 할 현재진행형이기도 합니다.

가톨릭과 개신교의 가장 핵심적인 차이점 가운데 하나는 구원의 확신입니다. 가톨릭에서 주장하는 구원은 죽는 날까지 불확실한 것입니다. 그것은 교회가 정한 일곱 가지 성례에 얼마나 잘 참여하느냐와 자신의 여러 가지 선행에 달려 있습니다. 그래서인지 가톨릭은 사회의 정의 구현이나 소외된 계층을 돕는 일에 많이 앞장섭니다. 그러나 중세기 때는 이것이 나쁘게 이용되기도 하여, 교황청은 수많은 유럽의 군주들과 병사들을 중동의 전쟁터로 보내면서 이 '십자군전쟁'에 나가는 자는 지난날 지었던 수많은 죄를 용서받고, 동시에 천국에 엄청난 상급을 쌓게 될 것이라고 충동질했습니다. 호화로운 교황청 건립을 위한 헌금을 모을 때도 똑같은 논리를 적용했습니다. 그 모든 것들이 구원을 확실시하는 수단이 된 것입니다.

반면 개신교는 구원이 인간의 행위가 아닌 백퍼센트 하나님의 은혜로 된 것임을 강조합니다. 한 번 구원받고 나면 그 누구도 빼앗아갈 수 없다는 성경 말씀을 그대로 믿습니다. 그렇게 무조건 은혜로 구원받는다고 가르치다 보니까 죄를 짓고 함부로 살아도 천국을 간다고 생각해서인지, 세상 속에 들어가서 적극적으로 사회의 어두운 곳을 밝히는 역할을 감당하는 데는 미흡합니다. 하지만 빌립보서 말씀은 구원에 대한 다른 측면을 보여줍니다.

"그러므로 나의 사랑하는 자들아 너희가 나 있을 때뿐 아니라 더욱 지금 나 없을 때에도 항상 복종하여 두렵고 떨림으로 너희 구원을 이루라"(빌 2:12).

여기서 "구원을 이루라"는 말은 무슨 뜻일까요? 이 말을 잘못 해석하면 "구원을 얻기 위해 노력하라"는 말처럼 들릴 수도 있습니다. 불교나 가톨릭처럼 자신의 선행이나 기부금으로 업을 쌓아서 구원을 쟁취해내는 것처럼 오용됩니다. 그러나 우리의 노력으로는 구원을 얻을 수 없습니다. 또한 빌립보서의 서론에서 바울은 분명히 "성도들"(saints)에게 이 편지를 쓴다고 했습니다. '성도들'이란 예수 그리스도를 믿고 구원을 받은 사람들을 말합니다. 그러므로 이것은 불신자들에게 어떻게 하면 구원을 받을 수 있을지에 대해 이야기하는 것이 아닙니다. 이미 구원받은 성도들에게 자신들이 받은 구원을 어떻게 하면 극대화하여 누릴 수 있을지에 대해 말하는 것입니다.

"구원을 이루라"에서 '이룬다'라는 동사의 의미를 원어로 살펴보면 '광산에서 채취할 수 있는 모든 것을 다 캐다'라는 뜻을 담고 있습니다. 똑같은 광산에서 자신이 노력하고 기술을 개발하여 그 안에 있는 다이아몬드나 금 같은 광석들을 최대한 캐내는 사람이 있는 반면에, 게으르고 지혜롭지 못하여 조금밖에 캐내지 못하는 사람이 있습니다.

구원도 마찬가지입니다. 하나님이 선물로 주신 구원은 최고의 보물들이 담긴 광산과도 같습니다. 그 구원에서 최대한 많은 것을 캐내는 것은 개인에게 달려 있습니다. 모든 성도들이 똑같이 구원이라는 선물을 은혜로 받았지만, 각 개인이 어떻게 하느냐에 따라서 그 구원이라는 엄청난 선물을 누리는 양이 달라집니다. 따라서 "구원을 이루라"는 말은 "구원을 누리라"는 말로 대치할 수도 있습니다.

'이룬다'(누린다)라는 단어는 현재진행형 동사입니다. 즉, 중간에 멈추지 않고, 힘들다고 포기하지 않으며, 쉴 새 없이 구원이라는 축복의 광산에서 하늘의 다이아몬드를 캐내라는 것입니다. 자질구레한 부분들만 취하거나 적은 양으로 만족하지 말고 계속 파고 들어가라는 것입니다. "구원을 이루라"는 말을 영어 성경에서는 너의 구원을 "워크아웃하라"(work out)고 되어 있습니다. 여기서 워크아웃은 운동으로 몸을 단련시킨다는 의미로 쓰입니다. 운동은 하다가 중단하면 안 됩니다. 힘들더라도 성실하게 계속해야 효과를 볼 수 있습니다. 우리에게 주어진 구원도 이와 같아서 계속해서 단련해야만 합니다. 기도를 많이 하고, 말씀을 묵상하면서 계속 치열하게 훈련하지 않으면 안 됩니다. 그래야 구원의 광산에서 새롭고 풍성한 은혜를 계속 캐낼 수 있습니다. 이런 황홀한 구원은 활용하기에 따라서 각 개인과 가족과 회사와 민족을 구하며 변화시킬 수 있는 놀라운 축복의 열쇠가 될 수 있습니다.

바울은 "두렵고 떨림으로 너희 구원을 이루라"(빌 2:12)라고 했습니다. 인생은 장밋빛 환상이 아닙니다. 하나님의 자녀인 우리 앞에 온갖 시험과 고통, 상처와 비극, 배신과 갈등, 질병과 사고, 손실과 유혹, 부패와 죽음의 위협들이 기다리고 있습니다. 하늘나라에 갈 때까지 우리 모두는 그런 정글 같은 현실 속을 헤치고 살아야 할 것입니다. 산다는 것은 죽음의 순간까지 온갖 시련을 겪는 순례자의 길을 걷는 것입니다. 그래서 우리는 긴장을 늦추지 말고 '두렵고 떨림으로' 각오를 단단히 하고 구원을 이뤄가야 하는 것입니다. 우리는 넘어지지 않기 위해서 '두렵고 떨리는 마음'을 가져야 합니다. 또한 언젠가 심판대에서 이 땅에서의 삶을 심판하실 주님을 의식하며 '두렵고 떨리는 마음'으로 그분을 의식하며 살아야 합니다. 그렇다고 너무 경직될 필요는 없습니다. 하나님이 우리 안에서 일하시기 때문입니다.

"너희 안에서 행하시는 이는 하나님이시니 자기의 기쁘신 뜻을 위하여 너희에게 소원을 두고 행하게 하시나니"(빌 2:13).

우리의 힘으로만 구원을 이뤄가는 것은 불가능합니다. 감사한 것은 하나님이 우리 안에서 행하신다는 사실입니다. 주님은 우리에게 "구원을 이루어가라"고 말씀하시면서 "걱정하지 마. 구원을 이룰 수 있도록 내가 너를 도와줄게"라고 격려하십니다. 우리가 하나님의 일을 하기 전에, 하나님이 먼저 우리 안에서 일하십니다. 하나님이 우리의 영혼을 치유하시고, 성숙케 하시며, 힘을 주심으로써 우리는 하나님의 일을 할 수 있는 능력을 갖추게 되는 것입니다.


### 옛사람과 새사람

구원을 이루어가는 과정을 신학적인 용어로는 '성화'(聖化, sanctification)라고 부릅니다. 천국에 갈 때까지 우리가 점점 예수님의 형상을 닮아간다는 의미를 담고 있습니다. 성화되어간다는 것은 구체적으로 두 가지로 살펴볼 수 있는데, 옛사람을 버리는 일과 새사람을 입는 일입니다. 먼저 옛사람과의 결별을 살펴보겠습니다.

"너희는 유혹의 욕심을 따라 썩어져가는 구습을 따르는 옛 사람을 벗어버리고"(엡 4:22).

우리가 구원받을 때 하나님은 그리스도의 십자가 보혈의 능력으로,

기존에 우리를 지배하고 있던 죄의 능력을 부숴주십니다. 그리고 우리 안에 성령의 새사람이 살아서 역사하게 됩니다. 그러나 우리 안에 완전히 죽지 않은 옛사람의 잔재가 남아 있어서 꿈틀거립니다. 우리 안에서 예수 그리스도의 새사람과 옛사람의 잔재가 끊임없이 싸우며 전쟁을 하는 것입니다.

목사인 저도 아직까지 옛사람의 잔재가 많이 남아 있어서 날마다 몸부림치고 있습니다. 저는 은근히 욱하는 성격이 있습니다. 30대 때는 더했습니다. 한 10년 전쯤 가족들과 명절 연휴를 맞이하여 지방에 휴가를 갔을 때의 일입니다. 영하 15도를 오르내리는 추운 날씨였는데, 숙소인 콘도에서 체크아웃을 하려고 프런트에 갔습니다. 거기서 담당 여직원의 불친절하고 무지한 서비스로 인해서 프런트와 멀리 떨어진 중식당 카운터를 몇 번씩 왔다 갔다 해야 했습니다. 그것도 당시 아직 초등학생들인 아이들을 데리고 매서운 추위에 파랗게 떨면서 말입니다. 나중에 그 불친절한 여직원의 무지 때문에 이런 일이 발생한 것을 알고, 프런트로 돌아와서 매니저를 호출했습니다. 그 여직원은 이미 자기 잘못을 알고 어딘가로 숨어버린 상태였습니다. 저의 인내심은 바닥이 났고, 옛사람의 성미가 폭발해버렸습니다. 저는 최대한 무서운 표정을 하면서 준엄한(?) 목소리로 매니저에게 불같이 항의했고, 매니저와 직원들은 어쩔 줄 몰라하면서 정중히 사과했습니다.

간신히 화를 진정시키고 돌아서는데, 뒤에서 어떤 중년 남자와 얼굴이 딱 마주쳤습니다. 인자한 얼굴의 그분은 저를 보더니 반색을 하면서 인사를 했습니다.

"한홍 목사님, 안녕하세요? 저 양천 교구의 ○○집사입니다. 평소에 교회에서 목사님의 설교를 들으면서 은혜 많이 받고 있습니다."

그 순간 너무나 창피해서 쥐구멍에 들어가서 숨고 싶은 심정이었습니다. 항상 사랑하며 인내하라고 설교하는 목사도 이 정도밖에 안 됩니다. 우리 안에 꿈틀대는 옛사람이 얼마나 무서운지 모릅니다.

"내가 원하는 바 선은 행하지 아니하고 도리어 원하지 아니하는 바 악을 행하는도다 만일 내가 원하지 아니하는 그것을 하면 이를 행하는 자는 내가 아니요 내 속에 거하는 죄니라 그러므로 내가 한 법을 깨달았노니 곧 선을 행하기 원하는 나에게 악이 함께 있는 것이로다"(롬 7:19-21).

사도 바울 같은 믿음의 사람도 이것이 결코 쉽지 않은 싸움이라고 고백했습니다. 성화의 과정은 잠시도 긴장을 늦출 수 없는 영적 전쟁입니다. 영적 긴장감을 늦추지 마십시오. 아직도 우리 안에 남아 있는 옛사람의 잔재들을 사탄이 끊임없이 불붙여 일으킬 것입니다. 항상 옛사람의 습성, 세상적 습성으로 돌아가려는 유혹과 싸워서 이겨야 합니다. 사탄은 우리가 구원받는 것을 방해하다가, 우리가 구원을 받으면 무기력한 크리스천으로 만들기 위해 발악을 합니다.

남북전쟁이 끝난 뒤 링컨 대통령은 미국의 모든 흑인노예들을 해방한다는 선언문을 발표했습니다. 법적으로는 모두 자유인이 됐습니다. 그러나 교육을 받지 못한 흑인들이 그 사실을 만끽하고, 자유를 한껏 누리기까지는 실로 많은 세월이 걸렸습니다. 악한 몇몇 백인 농장주들이 의도적으로 한동안 그 사실을 무지한 흑인노예들에게 비밀로 하고 계속 부려먹기도 했습니다. 사탄도 그렇습니다. 아직도 우리가 죄에 무기력한 존재인 것처럼, 아직도 옛사람의 노예인 것처럼 속여서 세상적으로 생각하고 세상의 방법대로 행동하게 합니다.

하지만 겁먹을 필요는 없습니다. 일단은 우리가 훨씬 유리한 고지를 점령하고 있기 때문입니다. 주님은 십자가 보혈의 공로로, 우리가 더는 죄의 노예가 되지 않도록 확실한 영적 승리의 교두보를 마련해주셨습니다. 우리는 다만 그 사실을 날마다 인정하고, 주장하며, 주님이 주신 영적 능력을 사용하기만 하면 됩니다. 그렇기 때문에 앞에서 언급했듯이 주님과 끊임없이 교제해야 합니다. 성화의 과정에서는 주님의 지속적인 도우심이 결정적인 역할을 합니다.

"그러므로 우리는 긍휼하심을 받고 때를 따라 돕는 은혜를 얻기 위하여 은혜의 보좌 앞에 담대히 나아갈 것이니라"(히 4:16).

샤워를 하면 자연스럽게 때가 씻겨나가듯이, 주님의 생수의 강에 들어가면 자연스럽게 옛사람의 생각과 때가 씻겨나가게 됩니다. 이것에 대해서 좀 더 자세하게 살펴보도록 하겠습니다.

옛사람을 버리는 일과 함께 동시에 해야 할 일은 '새사람을 입는 일'입니다.

"오직 너희의 심령이 새롭게 되어 하나님을 따라 의와 진리의 거룩함으로 지으심을 받은 새사람을 입으라"(엡 4:23,24).

여기서 '새사람을 입는다'는 것은 먼저 생각을 새롭게 하는 일입니다. '심령이 새롭게 된다'는 말은 '생각하는 것이 달라진다'라는 말입니다. 생각이 곧 인생입니다. 사람들의 말과 행동이 더러운 것은 생각이 더럽기 때문입니다. 생각이 바뀌면 말과 행동이 바뀌고 인생이 바뀝니다. 그러므로 우리의 생각을 온전히 하나님이 지배하시게 해야 합니다. 하나님이 우리를 지배하시면 인생이 새로워집니다.

"육신을 따르는 자는 육신의 일을, 영을 따르는 자는 영의 일을 생각하나니 육신의 생각은 사망이요 영의 생각은 생명과 평안이니라"(롬 8:5,6).

'옛사람을 버리고 새사람을 입는다'는 단어는 둘 다 현재진행형 동사입니다. 우리는 끊임없이 옛사람을 버리고 새사람을 입어야 합니다. 주님이 은혜로 주신 구원의 축복을 매일매일 순간순간 우리의 의지적 결단으로 주장해야 하는 것입니다. 어떤 문제에 부딪쳤을 때 자꾸 옛사람의 방식대로 생각해서는 안 됩니다. 옛사람의 방식이 꼭 다른 사람을 죽이고 훔치는 등 눈에 띄게 악한 것이 아닐 수도 있습니다. 세상 속에서는 상당히 괜찮은 일일 수도 있지만, 하나님이 보시기에는 안 되는 일들이 있습니다. 성화란 힘들어도 이런 것들을 버리는 것입니다.

우리가 하나님을 믿기 전에 갖고 있던 나름대로의 인생철학들이 있습니다. 예를 들면 이런 것들입니다. "돈이 되는 것이라면 무엇이든지 한다." "잘나가는 사람들에게 항상 줄을 대놔야 한다." "내 사람을 많이 만들어야 한다." "어떻게든 내 자식에게 남들이 하는 것을 다 시켜야 한다." "다른 사람들은 어떻게 하고 있지? 남들은 뭐라고 말할까?" 이런 것들은 우리가 나름대로 세상을 살면서 경험으로 체득한 것들이고, 영리하고 괜찮은 생각처럼 보이지만, 다 옛사람의 생각입니다. 우리는 그리스도의 보혈로 거듭난 새사람입니다. 이제 새사람의 틀로 생각해야 합니다.

"주님이라면 어떻게 하실 것인가?" "어떻게 하는 것이 하나님을 기쁘시게 하는 일일까?" "하나님의 생각은 무엇일까?"

어떤 문제든지 먼저 이렇게 접근해야 합니다. 사탄의 지배를 받는 사람들은 어떻게 하면 창조적으로 죄를 잘 지을까를 계속 고민합니다. 그러나 우리는 어떻게 하면 죄의 확산을 막고 하나님의 나라를 확산시킬까를 계속 생각합니다.

또한 '새사람을 입는다'는 것은 하나님의 뜻에 순종하는 삶을 사는 것을 말합니다. 말씀으로 생각이 변한 사람은 행동이 변하게 되어 있습니다. 삶 속에서 말씀을 실천하는 것이 자연스럽습니다. 이제부터는 자신이 좋아하는 일이 아닌 하나님이 기뻐하시는 일, 자신에게 편한 일이 아닌 하나님이 명하시는 일을 합니다. 처음에는 조금 어색하고 어려워도 그렇게 살면 마음이 편하고, 알 수 없는 기쁨이 생깁니다.

오래전, 강남의 잘나가는 대형 룸살롱과 서울 근교에서 몇 군데 대형 술집을 운영하던 분이 예수님을 만났습니다. 그가 예수님을 믿게 된 후에도 계속 룸살롱을 잘 운영해서 그 돈으로 십일조를 내면서 살았을까요? 아닙니다. 그는 주님을 만난 뒤 갈등 없이 술집들을 정리하고, 보험 세일즈맨이 되었습니다. 룸살롱 주인으로 살던 시절과 비교할 때, 훨씬 더 고단하고 경제적인 수입도 비교가 되지 않는 일이었지만, 오히려 그의 얼굴에는 전에 없던 기쁨과 평안이 넘쳐흘렀습니다. 그는 이제 옛사람의 삶을 살 수 없었습니다. 힘들고 가난해도 주님의 뜻에 순종하는 삶을 사는 것이 진짜 축복받은 인생임을 알았기 때문입니다.

크리스천은 나쁜 일을 안 하려고 하는 사람이 아니라, 하나님의 일을 하려고 애쓰는 사람입니다. 내 시간과 돈을 하나님의 나라를 위해 촘촘하게 쓰면 나쁜 데 쓸 여력이 없습니다. 불교나 가톨릭에서는 선한 행동이 구원받기 위한 수단이지만, 우리에게 있어서 선한 행동은 이미 구원받은 사람에게서 나타나는 열매입니다.

하나님은 모든 구원받은 성도에게 이 땅에서 감당할 사명(mission)을 주셨습니다. 내가 아니면 전도할 수 없는 어떤 사람, 내가 하지 않으면 안 되는 특별한 사역이 있습니다. 주님과 날마다 교제하다 보면 나에게 주신 고유한 사명을 하나님이 조금씩 알려주십니다. 그 사명을 위해서 하나님은 죄 많은 이 세상에 우리를 놔두시는 것입니다. 여기에 관해서는 이 책 후반부에서 더 자세히 다루도록 하겠습니다.

마지막으로 '새사람을 입는다'는 것은 땅에 살면서도 천국을 누리는 것입니다. 기도는 하늘의 능력을 다운로드하는 방법입니다. 이전에는 내 힘으로 살거나 남에게 아쉬운 소리를 하면서 살아야 했는데, 이제는 기도해서 하나님의 개입을 구할 수 있습니다. 자기 힘으로 사는 게 아니라 하나님의 힘으로 삽니다. 그래서 절대 절망하지 않습니다. 항상 주님과 깊이 교제하는 사람은 하늘의 평화와 기쁨으로 충만합니다. 억울하고 힘든 일을 당해도 세상 사람들처럼 분노하지 않고 침착하며 평안한 마음을 갖습니다. 무서운 시련 앞에서도 이상하게 담대합니다. 마치 다른 세상에 사는 사람 같습니다. 그것이 구원을 누리는 삶이요, 성화되어가는 삶의 모습입니다.

### 성화의 핵심 열쇠

구체적으로 어떻게 하면 이 구원을 잘 이뤄갈 수 있을까요? 어떻게 하면 순간순간 옛사람을 버리고 새사람을 입을 수 있을까요? 가장 중요한 것은 하나님과 깊이, 자주 교제하는 것입니다. 예수님은 이렇게 말씀하셨습니다.

"누구든지 목마르거든 내게로 와서 마시라 나를 믿는 자는 성경에 이름과 같이 그 배에서 생수의 강이 흘러나오리라 하시니"(요 7:37,38).

여기서 "내게로 와서 마시라"의 헬라어 동사 '마시라'는 현재진행형 동사입니다. 한 번만 마시고 그치는 게 아니라 매일, 매 시간 와서 마시고 또 마시라는 것입니다.

물론 한 번 받은 구원은 영원합니다. 세상 그 어떤 것도 우리의 구원을 앗아갈 수 없습니다. 그러나 사탄이 우리로 죄를 짓게 해서 구원의 기쁨을 앗아갈 수는 있습니다. 구원과 함께 주어지는 하나님의 엄청난 능력과 깊은 교제의 즐거움을 앗아가는 것입니다. 그렇게 되면 간신히 나 혼자 천국에 턱걸이해서 들어가는 창피한 구원을 얻게 됩니다. 영적 챔피언이 되어야 할 우리가 '창피언'이 되어버리는 것입니다. 그러나 우리는 그런 미니멈 크리스천 라이프가 아니라 맥시멈 크리스천 라이프를 살아야 합니다. 전도하고 선교하며, 방언과 치유의 은사도 체험해야 합니다. 그러기 위해서 우리는 날마다 성령의 강가로 와서 은혜의 강물을 마셔야 하는 것입니다.

우리가 처음 하나님을 믿기 시작할 때, 아직 신앙이 어릴 때는 마치 발목 깊이에 물을 담근 것과 같습니다. 요한복음 3장 16절을 비롯한 기본적인 성경 구절 몇 개와 구원에 이르는 간단한 복음을 알고 있습니다. 쉬운 찬송가와 CCM송도 따라 부르고, 기도도 하며, 예배도 드립니다. 이때는 막 태어난 아기처럼 순진하고 열정적이며, 호기심으로 가득합니다. 그러나 슬프게도 많은 크리스천들이 그 수준에서 너무 오래 머뭅니다. 그리고 그게 예수님을 믿는 전부라고 생각합니다. 그것은 마치 하와이 해변가에서 얕은 바닷물에 겨우 발목을 담그고 장난치고서는 자기가 태평양 전체를 안다고 하는 것과 같습니다. 그러니까 크리스천의 삶이 지겹고 따분하다고 말하는 것입니다. 얕은 물가에만 머물러 있고 한 번도 깊은 바다로 뛰어들지 않으면 성장할 수가 없습니다.

허리 깊이의 물, 어깨 깊이의 물, 자기 키보다 더 깊은 데로 담대히 들어가봐야 합니다. 예를 들어서 어떤 이들은 그냥 일주일에 한 번 교회에 와서 주일 예배 설교를 듣고 가는 것만으로 끝내는 사람이 있습니다. 그러나 꾸준히 Q.T를 하고, 성경공부를 해보면 한 차원 높은 영적 세계가 보입니다. 더 깊은 은혜의 세계가 있음을 알게 됩니다. 그것을 갈망해야 합니다. 세상 것들은 욕심을 내지 않아도 크리스천은 더 큰 은혜를 사모하는 영적 욕심을 가지는 것이 좋습니다.

어떤 사람들은 사역에 대해서도 이런 답답한 태도를 취하며 물가에만 머물러 있습니다. 자신이 편하고 좋은 것, 익숙한 것만 계속하려는 것입니다. 그러나 한 번 과감하게 새로운 것을 시도해보고, 새로운 땅에 가보면 전혀 뜻밖의 세계가 열립니다. 하나님이 자신에게 주셨지만 미처 몰랐던 은사와 능력, 열정이 발견됩니다. 하늘의 능력이 다운로드되는 감동을 누리게 됩니다. 이렇게 성도들의 영성을 새로운 차원으로 계속 업그레이드시켜주는 곳이 바로 교회입니다.

우리가 구원받은 뒤부터 우리 안에 계신 성령은 언제든지 내가 원할 때마다 쓸 수 있는 하늘의 보물창고와도 같습니다. 주님도 우리가 우리 안에 있는 엄청난 성령의 능력을 알지 못하여 누리지 못하고 있는 현실을 안타까워하고 계십니다. 우리가 간절한 마음과 겸손한 마음으로 그분의 은혜의 강가에 와서 생수를 마시기를 원하고 계십니다. 채프만 박사는 이렇게 말했습니다.

"너무나 많은 크리스천들이 하나님을 위해 일하는 것과 하나님이 그들을 통해서 일하시게 하는 것의 차이를 모르고 있다. 그래서 그들은 사역에서 실패한다."

하나님의 엄청난 능력이 우리 안에 흘러들어오게 하기 위해서, 우리는 그분의 은혜의 강가에서 끝없이 마셔야 합니다. 틈만 나면 기도하고, 틈만 나면 말씀을 봐야 합니다. 교회에서 특별한 은혜의 자리가 생기면 꼭 참석해야 합니다. 성화란 내게 주신 황홀한 구원을 최대치로 누리는 것입니다.


## 영화(Glorification)_ 천국 지향적인 삶

이제 구원의 마지막 단계인 '영화'(榮化)로 왔습니다. 영화는 장차 받을 '완성될 구원'(Salvation Future)입니다.

"너희 안에서 착한 일을 시작하신 이가 그리스도 예수의 날까지 이루실 줄을 우리는 확신하노라"(빌 1:6).

여기서 "그리스도 예수의 날까지"라는 말은 우리가 천국 가는 날 혹은 주님이 재림하시는 날을 가리킵니다.

자랑스럽게도 우리 대한민국은 세계 경제 대국 10위권으로 도약해서 정말 잘사는 나라가 되었습니다. 반만년 역사 동안 우리나라가 이토록 잘 살았던 적은 없습니다. 옛날보다 잘살게 된 것은 참 좋은데 풍요로운 상황에 빠져 영원한 하늘나라에 대한 소망이 자꾸 약해지는 것 같아서 안타깝습니다. 천국도 좋지만 이 땅이 너무 편하고 재미있게 느껴지는 것입니다. 그러나 아무리 편하고 재미있어도 죄 많은 이 세상은 우리들의 영원한 집이 아닙니다.

우리가 세상에서 아무리 성공해도 항상 뭔가 불만족스럽고 공허한 느낌을 받는 것은 세상 것으로는 백퍼센트 만족하지 못하도록 만들어진 존재이기 때문입니다. 우리는 하늘나라가 고향인 '천국산'(Made in Heaven)입니다. 구원받았을 때 우리는 비로소 인생의 공허함의 이유를 알게 되었습니다. 우리는 영원한 하늘나라를 위해서 만들어진 존재이기 때문입니다. 우리는 이 땅의 체질이 아니기 때문에 세상 사는 것이 힘들고 불편한 게 당연합니다. 언젠가는 영원한 고향으로 돌아가야 합니다. 구원받는 그 순간부터 하나님은 우리의 미래, 영원한 천국에 우리의 자리를 마련하셨습니다.

이제 우리는 영원한 천국을 바라보며 살게 되었습니다. 그러니 이 땅에서 조금 가난하고, 억울한 일을 당하며, 힘들고 서러운 일이 있어도 견딜 수 있습니다. 이 땅의 나라 뉴스에 너무 일희일비(一喜一悲)할 필요가 없습니다. 우리에게는 하늘나라 시민권이 제일 중요하기 때문입니다. 우리에게는 영원한 천국이 있음을 잊지 말아야 합니다.

하나님의 사람은 천국에 대한 추상적인 그림이 아닌, 확실한 그림을 가지고 있어야 합니다. 그러기 위해서는 천국이 어떤 곳인지에 대한 성경적인 확신이 있어야 합니다. 천국은 어떤 곳입니까? 요한계시록 21장 1-7절을 보십시오.

**첫째로 천국은 죄와 아픔이 모두 없어지는 곳입니다.**

"모든 눈물을 그 눈에서 닦아주시니 다시는 사망이 없고 애통하는 것이나 곡하는 것이나 아픈 것이 다시 있지 아니하리니 처음 것들이

다 지나갔음이러라"(계 21:4).

이 땅에서의 삶은 고달픕니다. 성도들의 일터에 심방을 가보면 무슨 일이든지 쉬운 직업은 하나도 없습니다. 어느 가정이든지 문제없는 가정은 하나도 없습니다. 이 세상이 죄로 인해 병들었기 때문입니다. 피로회복제 광고처럼 "풀려라, 5천만!"이라고 외친다고 해서 인생의 피로가 풀리겠습니까? 경제적 수준과 교육 수준이 높아지면 윤택해지지만, 그렇다고 해서 세상이 천국이 되지는 않습니다. 아무리 잘사는 선진국에도 범죄가 있고 질병이 있으며 배신과 아픔, 음모와 고통이 가득합니다.

그러나 천국에 들어서는 그 순간 우리는 세상의 모든 고통으로부터 해방됩니다. 그래서 19세기 미국 남부의 노예들이 지은 흑인영가(黑人靈歌, negro spirituals)를 보면 천국에 대한 갈망이 강렬합니다. 아름다운 천국이 있기에 우리는 세상을 살면서 겪는 어느 정도의 불편함과 고통을 견뎌낼 수가 있습니다. 잠깐만 견디면 되기 때문입니다. "이 또한 지나가리라"는 격언은 영원을 목표로 사는 사람에게 해당되는 말이 아니겠습니까?

둘째로 천국은 하늘 아버지와 우리가 영원히 교제하는 곳입니다.

"하나님의 장막이 사람들과 함께 있으매 하나님이 그들과 함께 계시리니"(계 21:3).

천국은 흰옷 입은 천사들과 함께 하루 종일 하프를 연주하면서 지내야 하는 지루한 곳이 아닙니다. 에덴동산에서 아담과 하나님이 가졌던 활기차고 재미있는 하루하루의 교제를 상상해보십시오. 천국은 에덴의 회복입니다. 이 땅에서 우리가 제일 재미있다고 생각하는 익스

트림 스포츠와 영화와 관광과 예술과 모든 것들을 합치고 나서 거기에 곱하기 백만을 해보십시오. 그것이 바로 우리가 하루하루 천국에서 주님과 교제하면서 느끼는 기쁨일 것입니다. 매일매일이 새롭고 즐거운 놀람이요, 기쁨이요, 사랑이요, 평안일 것입니다. 천국은 정말 신나고 좋은 곳입니다. 세상에서 가장 창조적이고, 역동적이며, 사랑이 가득하신 주님이 다스리시는 곳이기 때문입니다. 정말 천국은 생각만 해도 행복해지는 곳입니다.

셋째로 천국은 하늘 아버지께서 우리에게 상을 주시는 곳입니다.

"이기는 자는 이것들을 상속으로 받으리라"(계 21:7).

우리가 하나님의 말씀에 순종하면서 살면 이 땅에서도 상을 받고 복을 받습니다. 그러나 그것은 전야제에 불과하고, 진짜 상급은 영원한 천국에 가서 받게 됩니다. 하나님이 주시는 상은 이 땅에서 인간이 주는 그 어떤 상보다도 더 멋진 상이 될 것입니다. 세상에서 가장 부자인 그분, 세상에서 가장 창조적이신 그분, 세상에서 나를 가장 사랑하는 주님이 나를 위해서 준비하신 상을 상상만 해도 가슴이 뜁니다.

하늘의 상급을 바라보면서 사는 사람은 세상의 상을 받지 못해도 별로 신경 쓰지 않습니다. 세상에서 조금 가난해도 기죽지 않습니다. 사람들이 알아주지 않아도 낙심하지 않고 평안한 마음으로 담대하게 삽니다. 하나님만 아시면 된다고 생각하며 자발적으로 기쁘게 주님을 섬깁니다. 천국 데이터베이스에 다 기록되고 있다는 사실을 알기 때문입니다.

구원받지 못한 사람들은 이 땅이 끝이라고 생각하니까, 조금이라도 더 손에 쥐려고 눈에 핏발을 세우고 욕심을 부리면서 서로 싸우는 것입니다. 그러나 영원한 천국의 상급을 바라보는 사람은 이 세상의 것을 얼마든지 양보할 수 있습니다. 우리는 그렇게 거룩한 여유가 있는 천국지향적인 인생을 삽시다. ✿

## 칭의

인간은 죄의 노예가 되어 꼼짝없이 영원한 지옥으로 가게 될 운명이었습니다. 그런데 예수님이 죄인들을 위해 십자가에서 대신 죽으심으로 죗값을 지불하셨습니다. 우리는 의롭지 않지만 예수 그리스도의 보혈로 덮어서 의롭다고 칭해주시는 것입니다. 이것을 믿음으로 받아들이는 즉시 하나님으로부터 의롭다 여기심을 얻는데 이것을 구원이라고 합니다. 이 구원은 즉각적이고 완전하며 결코 빼앗길 수 없는 안전한 것입니다.

## 성화

오직 은혜로 구원 받은 성도들은 자신이 받은 구원을 극대화하여 누려야 합니다. 이런 측면에서 구원은 과거의 죄가 해결되어버린 과거완료형이면서도, 또한 앞으로 살아가면서 계속 이루어가야 할 측면이 있음을 알려줍니다. 그것은 바로 천국에 갈 때까지 예수님을 닮아가는 것을 말합니다. 옛사람의 습관을 버리고 새사람을 입는 성화의 과정에서 중요한 것은 순간순간 하나님과 교제하는 것입니다.

## 영화

영화는 장차 완성될 구원을 가리킵니다. 구원받는 그 순간부터 하나님은 우리의 미래, 영원한 천국에 우리의 자리를 마련하셨습니다. 하나님의 사람은 천국에 대한 확실한 그림을 가지고 있어야 합니다. 그곳은 죄와 아픔이 없고, 주님과 영원히 교제하는 곳이며 하늘 아버지께서 우리에게 상을 주시는 곳입니다. 하늘의 상급을 바라보는 사람은 자발적으로 기쁘게 주님을 섬기며 세상에서 기죽지 않고 평안한 마음으로 담대하게 살 수 있습니다.

구원

믿음

FAITH

믿음이 없이는 하나님을 기쁘시게 하지 못하나니
하나님께 나아가는 자는 반드시 그가 계신 것과
또한 그가 자기를 찾는 자들에게 상 주시는 이심을 믿어야 할지니라

히브리서 11장 6절

# 믿음

LESSON 03

    사람들이 처음 교회에 와서 가장 많이 듣는 기독교 용어는 "할렐루야!"와 "아멘"일 것입니다. 그다음에 가장 많이 듣는 단어는 "믿…습니다!"일 것입니다. 정말 성도들은 "믿습니다"라는 말을 많이 합니다. 과연 무엇을 어떻게 믿는다는 것일까요?

    세상에서 말하는 믿음과 성경이 말하는 믿음은 완전히 다릅니다. 그런데 많은 크리스천이 세상적인 믿음과 성경적인 믿음을 별 구별없이 사용하고 있습니다. 무엇이 진짜 성경적인 믿음인가를 논하기 전에 무엇이 성경적인 믿음이 아닌가부터 정리해볼 필요가 있습니다. 성경적인 믿음이 아닌 것에는 어떤 것이 있을까요?

    첫째로 나를 믿는 것은 진정한 믿음이 아닙니다.

    "나는 뭐든지 할 수 있다. 나는 문제없어. 노력하면 안 되는 일이 없다. 나의 사전에 불가능이란 없다."

    이런 말은 자수성가한 분들이 많이 쓰는데, 이런 맹목적인 긍정적

사고방식은 대단히 위험합니다. 세상의 많은 문제들은 자기 한계를 모르고 날뛴 사람들이 만든 것입니다. 분명히 아무리 노력해도 안 되는 일이 있습니다. 아무리 잘하려고 해도 우리는 약점투성이, 실수투성이입니다. 어린아이 때는 "나는 슈퍼맨이다"라고 하면서 망토 하나 두르고 높은 데서 점프하다가 다리가 부러집니다. 그러나 어른이 되면 아무리 노력해도 자기가 슈퍼맨처럼 날 수 없다는 것을 알기 때문에 날아야 할 일이 있으면 비행기를 탑니다. 철이 든다는 것은 자기 힘으로 아무리 해도 안 되는 것이 있다는 사실을 깨닫는 것입니다. '내게 능력 주시는 하나님 안에서 모든 것을 할 수 있는 것'이지, 내 스스로의 힘으로 할 수 있는 게 아닙니다.

둘째로 요행을 바라는 것도 진정한 믿음이 아닙니다.

"어떻게든 되겠지, 뭐." "산 입에 거미줄을 치겠어?" "언젠가 내게도 쨍하고 해뜰 날이 오겠지." "설마 망하기라도 하겠어?"

'설마'가 사람 잡습니다. 이렇게 요행을 바라는 사람들이 복권을 사고, 도박을 합니다. 땀 흘리지 않고 한방에 인생역전하려는 허황된 꿈을 꾸다가 나중엔 쓸쓸히 주저앉게 됩니다.

셋째로 대책 없는 낙관주의도 믿음이 아닙니다.

"모든 건 시간이 해결해줄 거야." "다 잘될 거야."

이런 말들은 당장 듣기에는 좋으나 사실이 아닙니다. 가만히 놔두면 정말 다 잘되던가요? 사람과 사람이 서로 미워하는 것이 시간이 간다고 다 해결되던가요? 남북관계가 세월이 흐르면 다 잘될 거라고 믿는 대로 되던가요? 세상의 미래를 낙관적으로 보지 마십시오. 세상의 공중권세를 잡은 사탄이 악하고 사납기 때문에, 세상은 갈수록 사납고 악해질 것입니다. 예수님은 마지막 날이 될수록 도처에 환난과 기근과 전쟁의 소문이 가득할 것이며, 사람들이 더욱 무정해지고 사나워질 것이라고 하셨습니다. 우리가 전혀 예측하지 못했던 사건과 사고가 계속 일어날 것입니다. 우리는 세상에 대한 핑크빛 환상을 접고 영적 긴장감을 가지고 살아야 합니다.

## 구원의 열쇠로서의 믿음

성경이 말하는 믿음의 첫 번째 정의는 믿음은 구원의 열쇠라는 것입니다. 예수님은 이렇게 말씀하셨습니다.

"예수께서 이르시되 나는 부활이요 생명이니 나를 믿는 자는 죽어도 살겠고 무릇 살아서 나를 믿는 자는 영원히 죽지 아니하리니 이것을 네가 믿느냐"(요 11:25,26).

여기서 예수님을 '믿는다'는 것은 주님의 십자가 복음을 확실히 알고 믿는다는 뜻입니다. "나는 교회에 다니니까 천국에 갈 거야"라고 방심해서는 안 됩니다. 그건 마치 내가 서울대학교 캠퍼스에 매일 산책하러 갔으니까 서울대생이 될 거라고 믿는 것과 같습니다.

또 "그 사람은 착하게 살았으니까 천국에 갔을 거야"라고 속단해서도 안 됩니다. 구원의 열쇠로서의 믿음은 하나님이 계신 것을 믿는 것이요, 하나님의 아들 예수 그리스도가 십자가에 매달려 죽음으로써 나의 죗값을 대신 치르셨다는 것을 믿는 것입니다. 그리고 그렇게 믿었으면 그 예수님을 내 인생의 주인으로 영접하겠다고 결단해야 합니다. 그렇게 할 때, 비로소 구원받는 믿음이 되는 것입니다.

이러한 믿음은 어떻게 생깁니까? 믿음은 말씀을 들음으로써 시작됩니다. "그러므로 믿음은 들음에서 나며 들음은 그리스도의 말씀으로 말미암았느니라"(롬 10:17). 사람이 하나님의 말씀을 듣지 않으면 믿음이 생길 수도 없고, 거듭날 수도 없습니다. 교회를 오래 다녔어도 구원을 받지 못한 이들이 있습니다. 목사로서 그런 분을 만나면 안타깝고 영적으로 답답함을 느낍니다. 교회를 아무리 오래 다녀도 분명한 복음을 듣지 못하면 그렇게 됩니다. 그저 종교적으로 몸만 왔다 갔다 했을 뿐입니다. 해결책은 단 하나, 거듭나야 하는 것입니다. 그러기 위해서는 살아 있는 능력의 말씀, 복음을 제대로 들어야 합니다.

"너희가 거듭난 것은 썩어질 씨로 된 것이 아니요 썩지 아니할 씨로 된 것이니 살아 있고 항상 있는 하나님의 말씀으로 되었느니라"(벧전 1:23).

그래서 살아 있는 교회는 말씀을 선포하고 가르치는 데 총력을 기울입니다. 이 말씀을 통하여 하나님이 사람을 구원하시고, 변화시키기 때문입니다. 우리는 설교를 듣고, Q.T를 할 때 하나님의 말씀을 듣습니다. 교회에서는 어떻게 해서든지 은혜롭게 말씀을 듣는 분위기를 만들어야 합니다. 그것이 가장 중요한 일이기 때문입니다. 복음의 말씀을 들어야, 예수님을 믿지 않는 사람이 듣고 구원을 받게 됩니다.

말씀을 들은 다음에는 그 말씀을 믿어야 합니다. 그런데 그 말씀이 믿어지는 게 쉬운 일이 아닙니다. 사람의 이성이나 노력으로 되지 않습니다. 말씀의 씨앗이 우리 마음에 떨어지면, 성령에 의해서 부화되는 과정(incubation process)이 필요합니다. 아버지로부터 생명의 씨가 어머니 안으로 흘러들어가서 수정이 되고 나면, 태아가 어머니 배 속에서 일정 기간 자라나게 됩니다. 마찬가지로 우리 심령에 떨어진 하나님의 말씀이 자라나는 기간이 필요합니다.

이때 성령께서 역사하십니다. 우리의 외적 환경과 내적 환경을 통해서, 우리 주위의 사람들과 각종 사건들을 통해서 우리의 마음을 점점 부드럽게 하십니다. 그러면 우리의 마음이 점점 열려서 뿌려진 말씀에 반응하게 되고, 자기 자신의 죄를 인식하게 되며, 회개하게 됩니다. 이때 비로소 복음이 믿어지게 되면서 거듭나게 되는 것입니다. 거듭난다는 것은 다시 태어난다는 뜻으로서 구원을 받고 하나님의 자녀가 되는 것을 말합니다.

여기서 중요한 것은 성령께서 역사하셨다는 부분입니다. 그것은 말씀이 믿어지도록 하나님이 도와주시는 것입니다. 믿음이란 결국 하나님께 설득당하는 것입니다. 우리가 예수 믿는 사람이라고 할 때, 말씀을 통해서 예수 그리스도가 나를 위해 돌아가셨다는 것을 믿고 구원받은 사람을 말하는 것입니다.

"한 송이 국화꽃을 피우기 위해 봄부터 소쩍새는 그렇게 울었나보다"라는 시구처럼, 한 사람이 구원받는 믿음이 생기기 위해 얼마나 많은 수고가 있어야 하는지 모릅니다. 먼저 하나님은 수많은 사람들을 통해 전도하고 말씀의 씨를 뿌리게 하십니다. 그리고 뿌려진 말씀이 그 심령 안에서 잘 자랄 수 있도록 성령께서 부화시키시다가, 결정적인 순간에 어떤 사람이나 사건을 통해서 믿고 구원받게 하시는 것입니다. 이 모든 과정이 단 한 번에 일어날 수도 있고, 몇 년씩 걸리는 경우도 있습니다. 이 방법과 타이밍이 사람마다 다르니 하나님이 움직이시는 구원의 신비가 참으로 놀랍습니다.

중요한 것은 거듭나고 구원받는 것은 처음부터 끝까지 말씀의 역사라는 것입니다. 성령께서 말씀으로 씨를 심으시고, 자라게 하시며, 추수하게 하십니다. 이 과정에서 그 사람의 삶과 영혼 가운데 성령께서계속 역사하시며, 주위 성도들의 중보기도에 응답해주십니다. 그러니까 한 사람이 거듭나기 위해서 삼위일체 하나님과 주위 사람들의 기도와 정성, 모든 영적 자원들이 총동원된다고 보면 됩니다.

지금까지 우리는 구원에 이르는 믿음을 살펴보았습니다. 그러나 구원받은 사람도 천국에 갈 때까지 이 땅에서 살면서 계속 믿음을 업그레이드할 필요가 있습니다. 구원받은 사람이 이미 가지고 있는 믿음을 업그레이드한다는 것의 의미를 살펴보겠습니다.


## 믿음의 방향을 잡기

성도는 하나님을 믿는 사람입니다. 그러나 구체적으로 하나님의 무엇을 믿는가가 중요합니다. 단순히 믿는다고 되는 것이 아니고 방향을 제대로 잡아야 합니다. 아무리 엔진이 좋은 고급 스포츠카를 몰아도 방향을 잘못 잡고 가면 아무 소용이 없습니다. 믿음도 방향을 제대로 잡고 믿어야 합니다.

첫째로 하나님의 성품대로 믿어야 합니다. 아무리 하나님의 자녀라고 해도 감정이나 욕심에 사로잡혀서 하나님의 성품과 위배되는 것을구하면 절대 이뤄지지 않습니다. 예수님이 복음을 전하신 마을이 복음을 받아들이지 않자, 제자 요한이 격분하여 하늘에서 불을 내려서 이 마을을 심판하시라고 권했습니다. 그러나 예수님은 그를 꾸짖으셨습니다. 그것은 사랑의 하나님, 오래 참으시는 하나님의 성품과 위배되는 일이었기 때문입니다. 제자들이 "아무리 믿습니다"라고 기도해도 그런 기도는 이뤄지지 않습니다. 그들이 믿는 것은 그들의 감정과 욕심이지 하나님과는 상관이 없는 것입니다.

교회대항 축구대회를 하면서 양쪽 교회가 경기를 시작하기 전에 "주여, 승리를 주실 줄을 믿습니다!"라고 아무리 기도해도 소용이 없습니다. 구하여도 얻지 못하는 것은 정욕으로 쓰려고 잘못 구하기 때문이라고 했습니다. 하나님은 거룩한 분이기 때문에 욕심을 가지고 기도하면 들어주시지 않습니다. 평소에 학교 수업도 자주 빠지고 예습과 복습도 잘 안 하던 학생이 시험 전날 철야기도하고 "시험 잘볼 줄로 믿습니다"라고 하면 반드시 낙제하게 될 것입니다. 그것은 성실하신 하나님의 성품에 위배되는 믿음이기 때문입니다.

또 하나님은 사랑이시기 때문에 남을 비판하고 공격하는 기도를 들어주시지 않습니다. 하나님의 성품에 위배되는 기도는 아무리 기도해도 이뤄지지 않습니다. 목수가 대패질을 할 때도 나무결을 따라 밀어야 하듯이, 우리가 하나님을 믿고 기도할 때 하나님의 성품에 위배되지 않게 해야 합니다.

둘째로 우리가 하나님을 믿는다고 할 때는 하나님의 약속(말씀)대로 믿어야 합니다. 특히 말씀대로 믿으라는 것을 좀 더 자세히 말하면, 말씀의 맥을 잡아서 거기에 따라서 믿어야 한다는 것입니다. 왜냐하면 자기중심적인 우리 인간들이 말씀도 자기 필요에 따라 편집해서 사용하기 때문입니다. 예를 들어서 성경 말씀이 "무엇이든지 원하는 대로 구하라 그리하면 이루리라"고 했다고 주장하면서, 자기 욕심대로 마구 일을 벌여놓고 하나님이 반드시 도와주실 줄을 믿는다는 사람이 있었습니다. 저는 그분께 "지금 인용하신 말씀은 요한복음 15장 7절 말씀에서 온 것인데, 그 말씀 바로 앞에 '너희가 내 안에 거하고 내 말이 너희 안에 거하면'이라는 구절이 있습니다"라고 말씀드렸습니다. 그러니까 하나님의 말씀대로 순종하며 사는 사람, 하나님과 친밀하게 교제하면서 하나님의 뜻에 민감하게 반응하면서 사는 사람이 무엇이든지 구하면 주시겠다는 약속인 것입니다. 이렇게 말씀의 전체 콘텍스트 속에 흐르는 핵심 메시지를 말씀의 맥이라고 하는데, 이것을 제대로 알아야 합니다.

믿음의 사람은 말씀으로 충만해야 합니다. 무턱대고 추상적으로 "믿습니다"라고 하는 것이 아니라, 구체적으로 하나님의 말씀이 내 삶 속에 이뤄질 것을 인식하고 사는 것입니다. 믿음의 사람들은 미래를 설계할 때 미래학자들의 말이 아니라 하나님의 말씀을 듣습니다. 정보 분석과 시대 흐름을 이해하는 게 중요하지 않다는 게 아닙니다. 그것도 알아야 하지만 최후의 결정은 말씀을 붙잡고 해야 합니다. 인간적으로 할 수 있는 최대한의 준비와 노력을 하지만, 마지막에는 말씀을 붙잡고 발걸음을 떼야 합니다. 최선을 다하지만 천명(天命)을 기다리는 것입니다. 그러므로 나 자신, 나의 가족, 나의 교회, 나의 직장에서 믿음을 발휘하기 전에 항상 하나님으로부터 오는 말씀을 들어야 합니다.

하나님은 가나안 땅을 이스라엘 백성들에게 주시겠다고 약속하셨습니다. 그러나 이스라엘 백성은 전직 노예 출신의 전투 경험이 없는 사람들이었고, 가나안 땅 곳곳은 요새화되어 있었으며, 훈련된 사나운 민족들로 가득 차 있었습니다. 그러나 여호수아는 눈에 보이는 상황을 믿지 않고 하나님의 약속을 믿었습니다. 믿음의 사람은 세상 그 누구의 말도 믿지 않지만, 하나님의 말씀을 믿습니다. 상황이 아무리 힘들고 어려워도 하나님이 약속하신 것이라면 어떻게든 이뤄질 것이라고 믿고 나가는 것입니다. 만약 여호수아가 말씀이 아닌 상황만 분석했더라면 결코 가나안 땅으로 진격하지 못했을 것입니다.

하나님이 말씀으로 약속하신 것은 어려움이 있어도 믿고 나가면 하나님이 주십니다. 그러나 하나님이 약속하지 않으신 것, 하나님이 말씀으로 확증해주지 않은 것을 내가 나가서 건드리면 망하고 맙니다. 그리고 나서 괜히 혼자 시험에 들어서 소리칩니다.

"하나님이 어떻게 나한테 이럴 수 있지?"

스스로에게 물어보십시오. 과연 그것이 하나님이 말씀으로 약속하신 것이었습니까? 약속의 말씀을 받지 않고 자기 욕심대로 저지른 일은 하나님이 아니라 자기 자신을 믿은 것입니다. 그것은 자기 힘으로 해야 하고, 그 결과 또한 홀로 책임져야 합니다. 잘못된 믿음은 잘못된 결과를 낳습니다.


## 믿음의 크기

방향을 제대로 잡은 다음에는 믿음의 강도 혹은 믿음의 크기가 중요합니다. 믿음이라고 다 같은 믿음이 아닙니다. 믿음에도 큰 믿음과 작은 믿음이 있습니다. 예수님도 "네 믿음이 크도다"(마 15:28)라는 말을 하셨던 것을 기억하십니까? 또 "믿음이 작은 자여 왜 의심하였느냐"(마 14:31)라는 말씀도 하셨습니다.

희한하게도 예수님이 믿음이 크다고 칭찬하신 사람들은 가나안 여인이나 로마 백부장과 같은 이방인으로 당시 천대받던 사람들이었고, 예수님이 믿음이 작다고 꾸짖으신 사람은 주로 예수님 옆을 따라다니던 수제자 베드로 같은 사람이었습니다. 그러니까 교회에 오래 다녔고, 성경 지식이 많다고 해서 믿음이 크다고 하기는 어렵습니다. 하나님이 보시는 믿음의 기준은 우리가 생각하는 것과 조금 다릅니다.

그렇다면 큰 믿음이란 어떤 믿음일까요? 예수님이 큰 믿음을 가졌다고 칭찬하신 로마 백부장을 한번 살펴봅시다.

"예수께서 함께 가실새 이에 그 집이 멀지 아니하여 백부장이 벗들을 보내어 이르되 주여 수고하시지 마옵소서 내 집에 들어오심을 나는 감당하지 못하겠나이다 그러므로 내가 주께 나아가기도 감당하지 못할 줄을 알았나이다 말씀만 하사 내 하인을 낫게 하소서 나도 남의 수하에 든 사람이요 내 아래에도 병사가 있으니 이더러 가라 하면 가고 저더러 오라 하면 오고 내 종더러 이것을 하라 하면 하나이다"(눅 7:6-8).

이 백부장을 보면 큰 믿음의 시작은 겸손임을 알 수 있습니다. 백부장은 예수님이 자기 집에 오시는 것을 감당하지 못하겠다고 했습니다. 자신이 주님께 나아갈 자격도 없음을 알았다고 했습니다. 사실 백부장 정도면 (당시 식민지 점령군 사령관의 집으로서) 목에 힘을 주고 예수님을 맞아들일 수도 있었습니다. 그런데도 그는 세상적인 사고방식으로 생각하지 않았습니다. 자신이 왕 중의 왕이신 예수님을 모실 자격이 없는 죄인임을 인정했습니다. 감히 자신의 필요 때문에 예수님을 오라 가라 하기가 죄송스러웠던 것입니다. 그래서 말씀만 해달라고 청한 것입니다.

겸손은 단순히 자신을 낮추는 게 아니라, 예수님을 높이는 것입니다. 우리가 어떤 일을 비서에게 시키는 것과 보스에게 가지고 갈 때 자세가 다릅니다. 비서에게 일을 시킬 때는 언제까지 어떻게 하라고 때와 방법을 지시할 것입니다. 그러나 보스에게는 완전히 자세가 달라질 것입니다. "이런 문제가 있습니다. 어떻게 하면 좋겠습니까?"라고 질문하며 보스에게 해결방법과 타이밍까지 일임하고 맡길 것입니다.

큰 믿음은 하나님을 우리의 비서가 아닌 보스로 대하는 것입니다. 하나님은 우리가 필요할 때 마음대로 불렀다 보냈다 할 수 있는 요술 램프의 지니가 아닙니다. 그는 만왕의 왕이시고, 찬송과 존귀와 영광과 능력을 받기에 합당하신 분입니다. 그분 앞에 나올 때 우리는 겸손해야 합니다. 나의 소리를 죽이고, 선입관을 버리며, 자존심을 내려놓아야 합니다.

또한 큰 믿음은 말씀의 초자연적인 능력을 인정하는 것입니다. 백부장은 하인들이 자기 권위 밑에 있듯이 이 세상의 모든 것들이(병을 포함해서) 예수님의 권위 아래 있음을 믿었습니다. 예수님이 말씀만 하시면 병도 순종할 것을 알았습니다.

"말씀만 하사 내 하인을 낫게 하소서"(눅 7:7).

신앙의 세계에서는 완전 초보인 백부장이 놀랍게도 말씀의 능력을 이미 믿고 있었습니다. 그는 예수님이 천지만물을 다스리시는 하나님이심을 알아보았습니다. 예수님은 말씀이 성육신되신 분이셨습니다.

그러나 사람들의 믿음이 어렸기 때문에, 그때까지만 해도 모든 병자들을 직접 만지시며 고쳐주셨습니다. 당시 예수님 바로 옆에 있던 제자들이라고 해도, 직접 예수님을 물리적으로 보고, 만지며, 느껴야 하는 3차원적인 믿음을 갖고 있었던 것입니다.

그러나 백부장은 놀랍게도 예수님이 직접 가서 환자를 대면하여 치유해주시지 않아도 된다고 고백했습니다. 말씀만 하시면 그 말씀의 능력으로 시간과 공간을 초월해서 자기 종이 나을 것이라고 믿었습니다. 즉, 백부장은 이미 3차원적인 믿음을 뛰어넘어 4차원적인 믿음을 말하고 있는 것입니다. 복음서에서 예수님이 직접 만지시거나 가시지 않고 공간을 초월해서 말씀만으로 고쳐주신 사건은 몇 개 안 됩니다.

그러면서 백부장은 군인답게 군대에서 병사들이 장교의 권위에 복종하는 예를 들었습니다. 장교가 직접 가지 않아도 명령만 내리면 반드시 부하들에 의해 그 명령이 실행되듯이, 사람의 질병도 만왕의 왕 되신 예수님의 권위에 복종할 것이라고 말합니다. 자신의 부하들이 자기 권위 밑에 있듯이, 세상의 모든 문제도(질병도, 불경기도, 결혼도) 다 예수님의 권위 밑에 있다는 것입니다. 그러니 어떤 문제도 예수님의 말씀 한 마디면 다 끝난다는 것입니다.

참으로 놀라운 믿음입니다. 단순히 자신의 위급한 상황을 해결하는 주술사 같은 존재로 예수님을 보는 게 아닙니다. 백부장은 예수님을 천지를 오직 말씀으로 창조하신 전능자 하나님으로 믿고 있는 것입니다. 하나님 아버지께서 하늘과 땅의 모든 권세를 주신 분이 예수님이심을 인정하고 있는 것입니다. 집도 없고, 연고도 없이 불쌍하게 살던 고아가 임금님이 자기 아버지라는 사실을 알게 되면 인생의 모든 문제가 자연스럽게 해결됩니다. 하나님의 그 우주적인 통치를 믿으면 내 삶의 모든 크고 작은 문제들이 자연스럽게 해결됩니다.

오늘날 우리에게 바로 이런 4차원적인 믿음이 필요합니다. 우리는 예수님을 눈으로 보거나 만지지 못합니다. 그런데 우리는 연약해서 항상 눈에 보이는 어떤 현상을 원합니다. 예수님이 바로 곁에 '뿅' 하고 나타나주기를 바랍니다. 아니면 아주 유명한 목사님이 직접 와서 손을 얹고 기도해주면 더 좋아합니다. 하지만 주님은 4차원적인 분이십니다. 그분은 보이지 않지만 이미 성령으로 내 안에 계시며, 나와 함께하십니다. 이 사실을 믿는 사람은 하나님의 말씀을 의지하며 믿음으로 전진할 수 있습니다. 그러면 2천 년 전 그때나 지금이나 예수님은 능력으로 당신의 삶에 개입하십니다.

"믿음은 바라는 것들의 실상이요 보이지 않는 것들의 증거니"(히 11:1)라고 했습니다. 눈으로 확인할 수 있는 현상을 인정하는 것은 과학이지 믿음이 아닙니다. 예수님은 내가 믿고 선포하는 것만큼 내 삶에 역사하십니다. 하나님이 움직이시지 않는 게 아니라 나의 믿음이 약한 것입니다. 믿고 의지하십시오.

큰 믿음은 능력 있는 사역을 위한 필수조건입니다. 헨리 블랙가비는 다음과 같이 말했습니다. "하나님이 당신을 통해서 일하고 싶다고 말씀하실 때, 그 사명은 분명히 하나님만이 하실 수 있는 일일 것입니다."

그런데 우리는 사명이 내려오면 우리가 현재 가지고 있는 자원으로 그 일을 해야 한다고 생각합니다. "난 그것을 할 수 없어. 돈도 없고 재능도 없으며, 사람도 없고 건물도 없어. 불가능해." 이렇게 말하며 너무 쉽게 체념합니다. 하나님은 당신에게 어떤 사명을 주실 때 그것을 당신의 힘으로 하라고 하시지 않습니다. 하나님이 주시는 사명은 처음부터 사람의 힘으로는 할 수 없습니다. 주님이 한 번도 외국에 나가본 적이 없는 제자들에게 "땅 끝까지 가서 모든 민족을 제자로 삼으라"라는 명령을 하실 때, 그들의 인간적인 힘으로 가능한 일이라고 생각하셨을까요? 그렇지 않습니다.

하나님이 주시는 사명은 항상 하나님 크기의 것들입니다. 그러니 괜히 그것을 붙들고 자기 힘으로 해보려고 고민하면 점점 더 힘들어집니다. 사명을 주시는 하나님은 그것을 이룰 수 있는 자원과 능력을 우리에게 주시려고 결정하신 것입니다. 기도하고 기다리면 새로운 사명과 함께 새로운 능력이 올 텐데, 우리는 자신이 가진 능력이 없다고 평가하며 지레 포기해버립니다. 우리의 조급함과 불순종이 하늘의 축복과 능력이 오는 것을 막아버리는 것입니다. 큰 믿음은 하나님이 주신 큰 사명을 하나님이 주실 큰 능력으로 이루실 것을 믿는 것입니다. 그리고 그 심부름꾼이 된 우리는 과거와는 전혀 다른 높은 차원의 신앙으로 점프하게 될 것입니다. 믿음은 사명을 주신 하나님이 또한 그 사명을 성취할 힘을 공급해주실 것을 믿는 것입니다.

완전 초보신앙을 갖고 있는 백부장이었지만 믿음의 핵심을 정확히 붙잡고 있었습니다. 믿음은 하나님과 나의 수준 차이를 확실히 인정하는 것입니다.

"이는 내 생각이 너희의 생각과 다르며 내 길은 너희의 길과 다름이니라 여호와의 말씀이니라 이는 하늘이 땅보다 높음같이 내 길은 너희의 길보다 높으며 내 생각은 너희의 생각보다 높음이니라"(사 55:8,9).

백부장은 예수님이 자기와 전혀 다른 차원에 계신 분임을 믿고 그렇게 예수님을 대했습니다. 그래서 예수님이 3차원적으로 직접 오시지 않아도 말씀만으로 문제를 해결해주실 것을 믿었습니다. 그렇게 하나님을 간절히 찾을 때 하나님이 반드시 상 주심을(기도응답을 해주심을! 믿음대로 이뤄주심을! 자기 하인이 나을 것을) 믿었습니다. 그 믿음이 예수님을 놀라게 했고 기쁘게 했습니다. 그것으로 상황 끝이었습니다.


## 순수한 믿음


믿음은 순수해야 합니다. 순수한 믿음은 의심하지 않습니다. 의심은 기도응답을 막아버리는 축복 킬러입니다.

"오직 믿음으로 구하고 조금도 의심하지 말라 의심하는 자는 마치 바람에 밀려 요동하는 바다 물결 같으니 이런 사람은 무엇이든지 주께 얻기를 생각하지 말라 두 마음을 품어 모든 일에 정함이 없는 자로다"(약 1:6-8).

낙망은 기도의 가장 큰 적입니다. 의심하기 때문에 낙망하는 것입니다. '과연 기도가 응답될까?', '하나님이 내 기도를 듣고 계시기나 할까?' 하는 패배주의적인 생각을 버리십시오. '하나님이 정말 나를 사랑하실까'라고 의심하는 생각도 버리십시오. 그것은 다 마귀가 불어넣는 생각입니다. 믿음의 생각을 해야 기도 응답을 받습니다. 낙망을 극복한다면 기도는 반드시 응답될 것입니다.

세례 요한의 부모인 사가랴와 엘리사벳은 나이가 많도록 자식을 갖지 못했습니다. 그들은 오랜 세월 동안 아이를 갖게 해달라고 기도했습니다. 그런데 어느 날 하나님의 천사 가브리엘이 사가랴에게 와서 기도에 대한 응답으로 하나님이 아기를 갖게 해주실 것이라고 말했습니다. 그러자 사가랴는 "할렐루야! 감사합니다. 드디어 제 기도를 들어주셨군요"라고 하지 않았습니다. 오히려 어이가 없다는 표정으로 "그게 어떻게 가능하겠어요? 아내와 저는 아이를 갖기엔 너무 늙었습니다"라고 말했습니다. 인간이 정말 우습지 않습니까? 기도 따로, 행동 따로입니다. 불가능한 일을 이뤄달라고 기도해놓고, 정작 하나님이 응답해주신다고 하면 "과연 그게 되겠습니까?"라고 하는 것입니다. 많은 크리스천들이 기도를 하면서도 한편으로는 "기도는 하지만 설마 되겠어?"라는 철석같은 불신의 마음을 가지고 있습니다. 하나님이 얼마나 섭섭하실까요?

사가랴는 구약성경에 통달한 사람이었습니다. 90살이 넘어서 이삭을 가진 믿음의 조상 아브라함과 사라의 예를 그가 몰랐을 리가 없습니다. 그런데 정작 현실이 되면 그게 자기한테도 있을 수 있는 일이라고 생각하지 않습니다. 성경 속 기적을 믿으면서도 우리는 신화처럼, 전설처럼 믿습니다.

"설마, 아브라함한테는 몰라도 오늘 나한테 그런 일이 일어날 수 있겠어?"

성경에 나오는 수많은 사건은 다른 사람의 이야기가 아닙니다.

"믿음은 바라는 것들의 실상이요 보이지 않는 것들의 증거니 선진들이 이로써 증거를 얻었느니라"(히 11:1,2).

그냥 구경만 하라고 하나님이 믿음의 선배들 이야기를 성경에 담아서 우리에게 들려주신 게 아닙니다. 바로 우리가 그 믿음의 수혜자가 될 수 있다고 알려주시기 위해서 들려주시는 것입니다. 성경을 읽을 때 그렇게 읽어야 가슴이 뜨거워집니다. 아브라함의 하나님, 야곱의 하나님, 모세의 하나님, 여호수아의 하나님이 바로 나의 하나님이심을 믿기 바랍니다. 그들이 믿음으로 이뤄낸 수많은 기적과 축복들이 바로 당신의 이야기가 될 것임을 믿으십시오.

믿음을 가지면 축복을 받지만 불신앙의 태도를 가지면 징계를 받습니다. 400년의 침묵을 깨고 하나님의 기쁜 소식을 가져온 천사 가브리엘이 그 뜻하지 않은 사가랴의 불신앙에 얼마나 실망이 컸겠습니까? 그래서 하나님은 요한이 태어나기까지 9개월 동안 벙어리가 되게 하셨습니다. 신실한 하나님의 사람도 하나님을 불신하면 이런 징계를 받을 때가 있습니다. 그렇다고 이 징계가 우리를 죽이고 망하게 하는 벌이 아닙니다. 우리를 성숙하게 하고 영적으로 깊어지게 하는 영적훈련 과정이요, 안전장치인 것입니다. 하나님이 사가랴가 불신했다고 해서 아들을 주시겠다는 약속을 취소하시지 않았습니다. 다만 아들이 태어날 때까지 말만 못하게 하셨습니다.

우리가 불신의 모습을 보여도 은혜로우신 하나님은 우리에게 약속하신 것을 취소하지는 않으십니다. 다만 우리를 조금 징계하시고 연단하셔서 그 약속을 받을 만한 믿음의 그릇을 키우게 하십니다. 하나님은 9개월 동안, 즉 임신부터 출산까지, 하나님의 거룩한 비전이 이루어질 때까지 불신앙과 의심의 말을 못하게 하셨습니다. 자꾸 그런 방향으로 말을 하면 마음이 그렇게 믿게 되기 때문에 하나님이 아예 원천봉쇄를 해버리신 것입니다. 오늘부터 당신의 입에서 불신앙과 의심의 말이 사라지게 되기를 바랍니다.

# 믿음의 갈등

사실 세례 요한의 부모, 사가랴만 탓할 문제는 아닙니다. 인간은 모두 연약해서 사가랴와 같은 면이 있기 때문입니다. 하나님이 나를 통해서 무엇을 하시고 싶다고 말씀하실 때, 나는 믿음 안에서 갈등합니다. 하나님의 말씀을 믿고 가려고 해도 눈앞에 보이는 현실이 너무 힘들기 때문입니다. 75세의 나이에 하나님의 말씀만 믿고 고향땅을 떠나 낯선 곳으로 이민을 간 아브라함이 그랬습니다. 아들을 준다고 하셨는데, 실제로 주시기까지 25년이 걸렸습니다. 그동안 얼마나 많은 갈등과 의심을 했겠습니까? 저 같으면 5년만 지나도 갈등이 심했을 것 같습니다. 그런데 이 갈등 상황을 너무 힘들어하지 말아야 합니다.

부부가 결혼하고 나서 부부싸움을 할 때 처음에는 너무 괴롭습니다. '사랑해서 결혼했는데, 우리는 왜 이렇게 싸울까? 우리가 잘못 만난 게 아닐까?' 이런 생각을 계속합니다. 그러나 부부싸움도 부부가 서로 사랑을 굳혀가고 성숙해져가는 과정임을 알고, 담담하게 견뎌내야 합니다. 부드럽게 대화로 풀며 지혜롭게 잘 헤쳐나가면 됩니다. 믿음의 갈등도 마찬가지입니다. 하나님의 부르심은 항상 우리를 믿음의 갈등 상황으로 몰아넣습니다.

중요한 것은 믿음의 갈등 상황을 지혜롭고 은혜롭게 잘 견뎌내야 한다는 것입니다. 하나님이 이런 믿음의 갈등 상황을 통해서 우리 안에 모난 부분들을 다루시고 옛사람을 새롭게 하시기를 원하십니다. 이것을 견디지 못하고 조급해져서 인간적인 무리수를 두면 안 됩니다.

아브라함의 아내 사라가 무리수를 둔 사람 중에 하나입니다. 아기를 주신다고 하셨지, 반드시 엄마가 자기여야 한다는 법은 없지 않느냐고 생각한 것입니다. 그래서 자기 여종 하갈을 남편과 동침시켜 아이를 낳게 한 것입니다. 그렇게 해서 태어난 이스마엘은 훗날 이삭과 사사건건 대립하고 갈등하면서 집안에 큰 고통을 줍니다. 오늘날까지도 내려오는 이스라엘과 아랍 민족간의 갈등이 그렇게 시작된 것입니다. 믿음의 갈등 상황을 만날 때 우리는 기도하면서 말씀을 붙잡고 묵상해서 성령님의 인도를 받으며 나아가야지, 인간적인 요령을 부리면 반드시 자기 꾀에 자기가 당하게 됩니다.

하나님의 사람은 믿음의 갈등을 필연적으로 겪게 되어 있습니다. 갈등(crisis)이라는 단어는 결단(decision)을 의미하는 단어에서 파생되었다고 합니다. 믿음의 갈등은 우리가 어떤 결단을 내려야만 하는 하나의 전환점입니다. 이 전환점에서 어떤 반응을 보이느냐가 우리가 하나님의 위대한 일에 쓰임받는 일꾼이 되느냐, 아니면 살던 대로 계속 가면서 하나님의 일과는 상관없는 사람이 되느냐를 결정짓습니다.

모든 것이 안정적이던 중년의 나이에 고향과 친척을 떠나 약속의 땅으로 가라는 하나님 말씀에 아브라함은 바로 순종하고 떠났습니다. 아브라함은 하나님의 말씀을 듣고 "좋은 말씀입니다. 은혜 받았습니다"라고 고개만 끄덕인 게 아닙니다. 실제로 짐을 싸서 가족과 함께 떠났습니다. 내 몸이 지금 순종하고 있어야 그게 진짜 믿는 것입니다. 내가 지금 인생을 어떻게 사느냐가 바로 내가 하나님께 대해 무엇을 믿고 있느냐의 간증입니다.

## 순종의 복

민음의 갈등 상황 속에서도 몸을 움직여서 순종해야 합니다. 하나님을 믿는다는 것은 하나님이 다 해주실 것이니까 나는 아무것도 안하고 무책임하게 팔짱 끼고 가만히 있는 게 아닙니다. 내가 손에 쟁기를 들고 땀을 흘려야 합니다. 교회가 성장할 것을 믿지만, 목사로서 저는 부지런히 제가 할 일을 해야 합니다. 성령충만한 설교를 준비하고, 성실하게 심방하며, 양육 프로그램을 만들고, 재정을 지혜롭게 관리하는 일들을 성실하게 해야 합니다. 믿음은 응답을 가져오는데, 그것은 순종이라는 바구니에 담겨서 옵니다. 그런데 이 순종이 정말 쉽지 않은 경우가 많습니다.

아브라함은 100세에 어렵게 얻은 아들 이삭을 모리아 산으로 가서 바치라는 하나님의 명령을 듣고 밤새 잠을 못 이뤘을 것입니다. 그러나 그는 바로 다음 날 새벽에 일어나 아들을 데리고 먼 길을 떠납니다. 사흘 밤낮을 가야 하는 그 길을 가면서 어떻게 마음에 갈등이 없었겠습니까? 비록 마음에는 갈등이 있고 괴롭지만 그의 몸은 계속 움직이고 있었습니다.

믿음으로 순종할 때 항상 백퍼센트 기뻐서 하는 것은 아닙니다. 마음으로는 갈등이 계속됩니다. 그러나 몸을 움직이게 해야 합니다. 내 감정과 이성은 다 갈등 상태이지만 하나님의 말씀이기 때문에 몸으로 순종하는 것입니다. 몸으로 순종하다 보면 비로소 체득하게 되는 은혜가 있고 영적인 깨달음이 있습니다. 순장이나 주일학교 교사들이 매주 성령충만하기 때문에 순모임이나 주일학교를 인도하는 게 아닙니다. 때로는 정말 육체가 피곤하고, 마음도 어지러우며, 영적으로 침체되어 있어도 억지로 해야 되는 때가 있습니다. 그런 안 좋은 상태에서도 의외로 큰 은혜가 임하는 경우가 많습니다.

제가 목사지만 매주일 백퍼센트 성령충만, 은혜충만한 컨디션으로 설교를 하는 게 아닙니다. 목사라고 부부싸움을 안 하겠습니까? 목사라고 십대 자녀를 키우면서 아이들 문제로 가슴앓이하는 날이 없겠습니까? 목사라고 서울에서 운전하면서 난폭운전하는 사람들 때문에 화나는 날이 없겠습니까? 매주일 목회자들과 평신도 지도자들이 수없이 많은 문제와 갈등 상황을 가져오기 때문에, 교회 사무실에서 정신없이 이 문제 저 문제를 수습하다 보면 저녁에 집에 갈 때 머리가 멍해지는 경우가 한두 번이 아닙니다.

주일 아침에 설교하러 가는데 걸음이 천근만근이어서 도저히 설교할 수 있는 컨디션이 아닐 때도 많습니다. 그렇다고 "내가 백퍼센트 성령충만 하지 않으니까 이런 상태로 설교하면 위선이다. 그러니까 다른 목사님한테 설교를 부탁해야겠어"라고 하면서 도망가면 되겠습니까? 오히려 힘들어도 하나님이 세우신 사명의 자리이니까, 하나님의 은혜를 의지하면서 기도하는 가운데 이를 악물고 설교하면 하나님이 더 큰 은혜를 주시는 경우가 많습니다. 그래서 "순종이 제사보다 낫다"고 하신 것 같습니다. 진정한 믿음은 갈등 속에서도 조금이라도 몸을 움직여서 순종하는 것입니다.

### 기다림의 영성

믿음의 갈등 상황에서 중요한 것은 인내입니다. 기다림 속에는 하나님의 타이밍과 방법을 존중하는 자세가 들어 있습니다. 하나님은 성도들의 기도를 오래 미뤄두지 않으시고 반드시 응답해주십니다. 그런데 그 응답이 너무 더디게 느껴질 때도 있습니다.

그것은 하나님의 타이밍이 우리의 타이밍과 다르고, 하나님의 응답이 우리가 기대했던 응답, 즉 우리가 생각했던 방법으로 오지 않아서 응답받은 줄 모르고 있는 경우가 많아서 그렇습니다. 예를 들어서 "하나님, 우리 아이를 축복해주소서"라고 기도했는데, 아이가 원하던 대학교에 떨어졌습니다. 그러면 우리는 응답을 받지 못했다고 생각합니다. 그러나 아이가 그 대학에 떨어진 대신 다른 대학에 감으로써 훗날 훨씬 더 나은 선택이었음을 확신하게 되기도 합니다. 하나님의 응답은 우리의 기대보다 항상 더 크고 좋습니다.

20년도 더 된 일입니다. 제가 미국에서 신학박사 과정 중에 목사 안수를 받고 LA의 한 교회에서 사역하고 싶었습니다. 그런데 일련의 상황들이 생겨서 그 교회에 못 가게 되었습니다. 결혼하고 첫아이가 태어났던 터라 제 마음은 더 초조하고 힘들었습니다. 하는 수 없이 저는 미국 동부 뉴저지로 가서 2년 반 넘게 사역하고 학위논문을 쓰게 되었습니다. 그 후에 한국으로 오게 되었는데, 전에 가려고 했던 LA의 교회보다 모든 면에서 좋은 교회로 오게 되었습니다. 그리고 한국에 와서 지난 14년 동안 얼마나 많은 기적과 축복을 경험했는지 모릅니다. 우리가 생각하던 가장 좋은 길이 아니라, 하나님이 예비하신 더 좋은 길이 있음을 믿으셔야 합니다.

믿음의 성장

믿음의 갈등 상황을 통해서 하나님은 우리 믿음을 점차 성장시켜가십니다. 처음부터 강한 믿음을 가진 사람은 없습니다. 아브라함도 처음에는 아주 어리고 불안한 믿음을 가지고 시작했습니다. 그러나 하나님이 조금씩 작은 연단의 과정들을 통해 그 믿음을 키워주셨습니다. 하나님은 성경의 영웅들을 다루실 때 수십 년을 거쳐 서서히 그들의 믿음을 성장시켜가셨습니다. 하나님은 하나님의 사람에게 계속해서 어떤 숙제를 내주시는데, 그것들은 그때마다 새로운 믿음의 분량을 요구합니다. 이때 하나님과 계속해서 친밀한 관계를 유지하고 있는 것이 중요합니다. 하나님은 결코 오늘의 일을 어제의 인도하심에 따라 결정하시지 않기 때문입니다. 여호수아가 여리고를 무너뜨리는 방법과 아이성을 무너뜨리는 방법은 달라야 했습니다. 그런데 여호수아가 방심해서 기도하지 않고 덤비다가 낭패를 봤던 것입니다. 어제 성공했던 일이나 다른 교회에서 성공한 것이 하나님이 오늘 당신에게 쓰고 싶어 하는 방법이 아닐 수도 있습니다. 당신은 오늘 또 새롭게 하나님을 의지해야 하는 것입니다.

내 믿음의 분량만큼 하나님이 책임지십니다. 내가 믿지 않은 부분은 내가 책임져야 합니다. 따라서 모든 것을 스스로 책임질 자신이 있으면 믿지 말고, 자신이 없다면 믿음을 키우십시오. 하나님을 불신해 놓고 일이 제대로 안 됐다고 불평해서는 안 됩니다. 하나님은 내 믿음의 크기만큼 일하십니다. 자신이 책임져야 할 것이 많으면 스트레스가 쌓이고 평안한 마음이 사라집니다. 그러나 하나님이 책임져주시면 평안하고 담대한 마음을 가질 수 있습니다. 그래서 믿음이 커질수록 평안해지고 담대해지는 것입니다.

히브리서 11장 6절에서 "믿음이 없이는 하나님을 기쁘시게 하지 못

하나니"라고 했습니다. 우리가 아무리 교회에서 많은 일을 해도 믿음이 없이는 하나님을 기쁘시게 할 수 없습니다. 그러나 겨자씨만한 믿음이라도 있으면 하나님이 좋아서 어쩔 줄을 모르십니다. 하나님은 믿음이 없던 사람들이 말씀을 듣고 구원을 받아 믿음의 씨앗이 생길 때 정말 기뻐하십니다. 그리고 믿음이 점점 성장하는 것을 볼 때도 매우 기뻐하십니다. 하나님을 기쁘시게 하면 하나님은 다른 모든 것을 우리에게 더하여주실 것입니다. 믿음으로 하나님을 기쁘시게 하는 사람에게는 하나님이 좋으셔서 계속 임재해주시고, 부흥과 승리를 경험하게 해주실 것입니다.

다 같이 예수님을 믿고 신앙생활을 하면서도 큰 믿음을 가진 사람은 크신 하나님을 날마다 뜨겁게 체험하며, 하늘의 능력을 다운로드하는 삶을 삽니다. 믿음으로 승리하는 인생을 사십시오.

"예수께서 대답하여 이르시되 내가 진실로 너희에게 이르노니 만일 너희가 믿음이 있고 의심하지 아니하면 이 무화과나무에게 된 이런 일만 할 뿐 아니라 이 산더러 들려 바다에 던져지라 하여도 될 것이요 너희가 기도할 때에 무엇이든지 믿고 구하는 것은 다 받으리라 하시니라"(마 21:21,22). ✺

## 성경이 말하는 믿음

세상에서 말하는 믿음과 성경에서 말하는 믿음은 완전히 다릅니다. 자기 자신을 믿는 맹목적인 긍정적 사고방식, 요행을 바라는 생각, 대책없는 낙관주의는 성경이 말하는 믿음이 아닙니다. 성경이 말하는 믿음은 십자가에서 하나님의 아들 예수 그리스도가 나의 죗값을 치르셨음을 알고 그 예수님을 내 인생의 주인으로 영접하는 결단입니다.

## 믿음의 업그레이드

구원받은 자의 믿음은 하나님의 성품을 알고 그분의 말씀과 약속을 신뢰하며 따라갈 때 자랍니다. 주님의 칭찬을 받는 큰 믿음은 겸손에서부터 시작됩니다. 겸손은 단순히 자신을 낮추는 게 아니라 예수님을 높이는 것입니다. 기도하며 예수님의 말씀에 불가능이 없음을 믿는 것입니다. 우리가 불신해도 은혜로우신 하나님은 우리에게 약속하신 것을 취소하지 않지만, 징계하시고 연단하셔서 그릇을 키우시므로 처음부터 의심하지 않고 순수한 믿음으로 나아가는 것이 복된 길입니다.

## 믿음의 갈등과 성장

크리스천은 세상을 살면서 필연적으로 믿음의 갈등을 겪게 됩니다. 그러나 마음으로는 계속 갈등이 될지라도 하나님의 말씀이기에 몸으로 순종하는 과정을 통해 영적인 깨달음을 얻고 은혜를 받습니다. 또한 기도의 응답이 더딜지라도 하나님의 때에 하나님의 방법으로 최선의 응답을 주실 것을 기다리며 인내할 때 하나님이 예비하신 가장 좋은 것을 받게 됩니다. 하나님은 우리의 믿음의 분량만큼 책임지시며 믿음의 갈등 상황을 통해 우리를 성장시켜가십니다. 우리는 날마다 새롭게 하나님을 의지하며 성령님의 임재 가운데 승리하는 삶을 살 수 있습니다.

믿음

# 성부
# 하나님

04
LESSON

GOD
THE
FATHER

온갖 좋은 은사와 온전한 선물이 다 위로부터
빛들의 아버지께로부터 내려오나니
그는 변함도 없으시고 회전하는 그림자도 없으시니라

야고보서 1장 17절

# 성부 하나님

사람을 부를 때 호칭과 존칭의 사용 문제는 여간 신경이 쓰이는 게 아닙니다. 특히 한국말에서는 존댓말 격식이 복잡하고 까다로워서 조금만 실수해도 가정교육을 운운하면서 날카로운 반응을 보이기 쉽습니다. 높으신 분들을 부르는 호칭에는 '선생님, 어르신, 사장님, 선배님, 형님' 등 다양한 명칭이 있습니다.

그런데 우리는 이 세상 그 누구보다 높으신 하나님을 부를 때 '아버지'라고 부릅니다. 하나님의 아들이신 예수 그리스도께서 '아버지'라고 부르라고 말씀하셨기 때문입니다. 하나님을 아버지라고 부를 때 힘들어하는 사람도 있습니다. 가정에서 육체의 아버지에게 받은 상처가 많은 사람일 경우에는 특히 더 그렇습니다.

아버지가 경제력이 없어서 가족을 고생시키면서도, 밤에 술 먹고 들어와서 식구들을 괴롭히는 모습 때문에 상처 받은 사람이 교회에 왔는데 '하나님'을 '아버지'라고 부르려니, 화가 났습니다. 만약 하나님이 자신의 아버지 같은 분이라면 자기는 하나님을 믿지 않겠다는 것입니다. 그런데 목사님이 인내심을 가지고 그 사람에게 복음을 전하고 하나님이 어떤 분인지를 설명해주자, 나중에 눈물을 흘리면서 이렇게 말했습니다.

"목사님, 하나님 아버지가 그런 분이라면 그분을 믿지 않을 이유가 없습니다."

맞는 말입니다. 우리의 하늘 아버지는 정말 좋으신 분이십니다.

이 장에서는 하늘 아버지, 성부 하나님이 어떤 분이시며, 얼마나 놀라운 일을 행하시는 분인지 알아보도록 하겠습니다. 하늘 아버지가 어떤 분이신지를 제대로 알아야 성경을 이해할 수 있고, 기도의 유익을 누리며, 인생의 힘든 여정 가운데서도 담대하고 자유로울 수 있습니다.


## 창조주 하나님

"태초에 하나님이 천지를 창조하시니라"(창 1:1).

성경은 맨 처음 부분에서 창조주 하나님을 간단명료하게 소개합니다. 하나님 아버지께서 이 우주와 사람들을 창조하셨다는 중요한 사실을 선포합니다. 창조주 하나님이 안 계셨다면 창조물인 우리도 존재할 수 없습니다. 그러므로 "하나님이 없다"라고 말하는 사람이 있으면 "그럼, 넌 어디서 왔어?"라고 물을 수 있습니다. 창조주가 없이, 우연의 일치로 어떻게 뼈와 살이 저절로 맞춰져서 인간이 될 수 있겠습니까? 그런데 얼마나 많은 사람들이 하나님을 인정하지 않으려고 애쓰는 지 모릅니다. 하나님을 부인하는 것은 우리 자신의 존재를 부인하는 것과 같습니다. 하나님이 창조하셔서 우리가 이 땅에 존재하고 있기 때문입니다. 창세기 1장 1절에 하나님이 어떤 분이신지에 대한 중요한 열쇠들이 숨어 있습니다.

### 영원하신 하나님

하나님은 영원하신 분이십니다. 하나님이 천지를 창조하셨다는 것은 그분이 우주를 만드셨다는 뜻이고, 태초에 창조하셨다는 것은 그분이 시간의 주인이라는 점을 말해줍니다. 하나님은 시간과 공간에 구애받지 않는 분이시지만 우리를 시간 속에서 살도록 해주셨습니다. 그러므로 오늘 우리에게 주어진 시간은 하나님의 선물입니다.

인간의 시간은 유한합니다. 이 땅에서 살다가 때가 되면 누구나 주님 앞에 서야 합니다. 우리는 과거, 현재, 미래가 있는 3차원적인 시간대에 삽니다. 그러나 하나님의 시간은 무한합니다. 하나님은 과거, 현재, 미래를 초월하는 분이십니다. 성경에 보면 과거, 현재, 미래를 마치 동시에 보듯이 왔다 갔다 하는 구절들이 자주 나옵니다.

예수님이 태어나기 700년 전에 이미 선지자 이사야는 "한 아기가 우리에게 났고"(사 9:6)라고 하면서 미래를 과거처럼 말합니다. 예수님은 변화산에서 과거 시간대에 살았던 모세와 엘리야와 함께 교제하고 계셨습니다. 마치 과거가 현재 속으로 끌어당겨져 온 것처럼 말입니다. 소설가가 스토리를 구성할 때 과거, 현재, 미래 어느 부분이든 마음껏 활용할 수 있듯이, 하나님은 우리가 익숙한 차원의 시간 개념으로는 도저히 이해할 수 없는 영원의 시간을 장악하고 계십니다.

하나님은 영원하신 분이기 때문에 젊은이의 열정과 나이 든 사람의 성숙함을 다 갖고 계십니다. 젊은이의 생각은 신선하고 도전적이며, 순수한 열정이 있습니다. 그러나 과격하고 위험할 수 있습니다. 반대로 사람이 늙으면 생각이 경직되고, 안전을 우선시하게 되며, 과거 지향적인 면을 갖게 됩니다. 지혜와 노련미가 있는데 신선함과 정열이 부족합니다. 하나님은 인간과 달라서 항상 청년의 신선한 열정과 노년의 성숙함으로 우리를 이끄십니다.

### 크신 하나님

하나님은 크신 분입니다. 태초에 하나님이 '천지'(天地)를 창조하셨다고 했는데, 하늘과 땅이 얼마나 큰지 아는 사람이 있을까요? 인간이 관측할 수 있는 가장 먼 별은 2백억 광년의 거리에 있습니다. 2백억 광년의 거리란, 1초에 30만 km를 날아갈 수 있는 빛이 2백억 년 동안 단 한순간도 쉬지 않고 달려야 도달할 수 있는 거리입니다. 이것이 '천지'의 전부가 아니라 일부입니다. 그렇다면 이 세상의 인간 가운데 그 누가 감히 '천지'를 안다고 말할 수 있겠습니까? 하나님은 참으로 크신 분입니다.

하나님의 능력은 한없이 큽니다. 하나님은 못하시는 일이 없는 전능하신 분입니다. 우리는 태양을 멈추게 하거나 바다를 가르는 일을 절대로 할 수 없지만, 무한하신 능력을 소유하신 하나님께는 너무나 쉬운 일입니다. 우리는 200만 명이 넘는 사람들을 풀 한 포기 없는 광야에서 40년 동안 먹고 마시게 하며 안전하게 보살펴줄 수 없지만, 하나님은 쉽게 그 일을 행하십니다.

능력이 무한하면 기적이 상식이 됩니다. 하나님이 전능하신 분임을 알면 성경에 나오는 기적들을 아무런 갈등 없이 받아들일 수 있습니다. 또 하나님이 능력이 고갈되지 않는 분임을 알면, 우리는 어떤 힘든 상황 속에서도 담대하게 하나님의 도우심을 요청할 수 있습니다. 어떤 강한 적과 만나도 흔들리지 않을 수 있습니다. 무한한 능력의 소유자이신 하나님이 우리의 뒤를 봐주시는데 무엇이 불안하겠습니까?

하나님의 지혜는 한없이 큽니다. 하나님은 모든 것을 아시는 전지하신 분입니다. 인간은 IQ가 150만 넘어도 천재라고 하지만 하나님의 IQ는 무한대입니다. 인간과 하나님을 비교한다는 것 자체가 우스운 일입니다. 현재 인간의 기술이 만든 최고의 작품인 반도체 마이크로칩에 담을 수 있는 정보량이 책 백만 권 이상의 내용입니다. 그러나 하나님이 우리 몸의 작은 세포 하나에 담으시는 정보는 그 천만 배가 넘습니다.

우리가 창조주 하나님을 논할 때 그분의 엄청난 지혜에 감탄할 수밖에 없습니다. 하나님이 전지하신 분임을 인정하면 인생에서 자신의 머리로 풀리지 않는 불가능한 상황 속에서도 절망하지 않게 됩니다. 바둑에서 프로 9단쯤 되면 신산(神算)이라고 부릅니다. 하수들은 수가 안 보이는 판에서도 9단 신산이 들어와서 훈수하면 기가 막힌 반전을 일으킵니다. 보이는 수가 다르기 때문입니다. 이처럼 우리 눈에는 아무 수가 보이지 않지만 전지하신 하나님은 수만 가지의 수를 가지고 계십니다.

한 번도 과외공부를 해보지 않은 노예소년 요셉이나 포로로 끌려갔던 다니엘이 당시 세계 최강대국인 애굽과 바벨론에 가서, 어렸을 때부터 내로라하는 가정교사를 붙여서 공부한 그 나라의 수천수만 명의 인재들과 경쟁했습니다. 그런데도 요셉과 다니엘의 실력이 그들과 비교가 되지 않을 만큼 출중했습니다. 그들은 사람의 지혜가 아닌 하나님의 지혜에 접속한 사람들이었기 때문입니다. 공부하는 학생들은 하나님께 지혜를 구하십시오. 가르쳐주실 것입니다. 사업하면서 새로운 전략을 모색하거나 복잡하게 얽힌 문제를 뚫고 나갈 지혜가 부족한 사람도 아버지 하나님께 구하십시오. 문제 해결의 차원이 달라질 것입니다.

창조주 하나님과 비교할 때 인간은 얼마나 보잘것없는 존재인지 모릅니다. 인간은 자신의 몸을 마음대로 조정할 수 없습니다. 자신의 머리카락이 빠지는 것도 조절할 수 없고, 돋아나는 흰 머리카락을 막아낼 수도 없습니다. 인간에게는 '창조'의 능력이 없기 때문입니다. 마음만 먹으면 못 만들 것이 없다는 과학도 인간의 생명인 피를 만들어내지는 못합니다. '창조'의 비밀을 알지 못하기 때문입니다. 창조주 하나님은 전능하시고 전지하신 분이십니다.


## 거룩하신 하나님

"주의 크고 두려운 이름을 찬송할지니 그는 거룩하심이로다"(시 99:3).
하나님은 거룩하신 분입니다. '거룩'이라는 말에는 '다르다'는 뜻이 내포되어 있습니다. 하나님은 세상의 어떤 존재와도 확연히 구별되는 분입니다. 어떤 면에서 그렇습니까? 하나님은 모든 것을 하실 수 있지만 죄를 지으실 수도 없고 죄를 용납하실 수도 없습니다. 그분은 인품과 생각과 행동이 늘 올바르고 깨끗하신 분입니다.

하나님은 자신의 거룩함으로 역사를 주관하시고 세상을 다스리십니다. 세상이 악해졌다고는 하지만 그래도 아직까지 기본적인 법과 원칙이 존재하고, 질서가 있으며, 양심이 살아 있는 것은 우리를 만드신 하나님이 거룩하신 분이기 때문입니다. 세계 어디를 가든 사람을 죽이고, 거짓말하며, 사기를 쳐서는 안 된다는 기본적인 윤리와 정의의 개념이 있는 것은 창조주 하나님이 거룩하신 분이기 때문입니다. 원죄를 짓고 하나님을 떠난 세상 사람들 안에도 창조주 하나님의 거룩한 성품의 틀이 남아 있는 것입니다.

하나님이 거룩하신 분이라는 말은 하나님이 진실하신 분이라는 뜻입니다. 하나님은 정직하신 분이어서 거짓된 자를 싫어하십니다. 그러나 하나님께 대적하는 사탄은 거짓의 영입니다. 거짓말을 밥 먹듯이 합니다. 남을 속이고 사기치며 중간에 말을 바꾸는 사람들, 겉 다르고 속 다른 사람들은 다 사탄의 영에 사로잡혀 있기 때문에 잘못된 행동을 하는 것입니다.

하나님은 그분의 자녀인 우리에게도 하나님의 거룩한 성품을 따라 살 것을 요구하고 계십니다.

"내가 거룩하니 너희도 거룩할지어다"(레 11:45).

구약성경을 보면 하나님이 이스라엘 백성들에게 가나안 땅에 들어가서 그곳 거민들을 몰아낼 때 살아 있는 것들은 짐승까지 다 죽이고 불태우라는 아주 잔인한 명령을 내리는 것을 볼 수 있습니다. 이 사건은 거룩하신 하나님의 시각에서 이해해야 합니다. 당시 가나안 백성들은 성적으로 너무 음란해서 동성애나 짐승과 교접하는 행위로 인해 극심한 성병을 앓았습니다. 게다가 사람을 제물로 드리는 잔혹한 행위를 서슴지 않고 행했습니다. 그래서 하나님이 그들을 완전히 다 죽이고 불태우게 하신 것은 오히려 하나님의 사람들을 살리기 위한 보호책이었습니다. 하늘 아버지는 우리를 살리기 위해 거룩의 불을 통과하게 하십니다. 따라서 하나님의 거룩은 두려워해야 할 성품이 아니라 감사해야 할 부분입니다. 거룩은 사랑입니다.

거룩은 우리의 생명과 직결되는 것입니다. 병원에 가면 먼저 손을 씻게 하고 소독해주며 청결을 강조합니다. 각종 바이러스나 병균이 연약한 몸에 들어오면 치명적이기 때문입니다. 전염병이 창궐하는 지역은 시체들을 다 태우고 집이나 식기까지 모두 태워서 소독하지 않습니까? 그걸 보고 잔인하다고 하는 사람은 없습니다. 죄는 영혼을 죽이는 바이러스와도 같습니다. 그래서 하나님은 죄에 대해서 단호한 태도를 보이십니다. 거룩은 죄를 용납하지 않는 것입니다. 하나님은 하나님의 자녀인 우리에게 거룩할 것을 명하셨습니다.

"내가 너희 아버지가 되었으니, 너희 안에도 나의 거룩한 피가 흐른다. 그것을 주장하고 사용하여라. 너희가 거룩해야 살 수 있다."


## 역사의 주관자

하나님은 역사의 주관자이십니다. "우주와 그 가운데 있는 만물을 지으신 하나님께서는 천지의 주재"(행 17:24)이십니다. '천지의 주재' (the Lord of heaven and earth)라는 말은 하나님이 세상을 만드셨을 뿐 아니라 세상을 태초부터 지금까지 친히 다스리시고 운영하시는 분이라는 것입니다. 어떤 사람은 하나님이 세상을 만들어놓고 아무것도 안 하고 방치해놓아서 세상이 타락했다고 말합니다.

그러나 세상이 타락한 것은 인간의 죄 때문이며, 그 죄를 뒤에서 방조한 사탄 때문이지 하나님 때문이 아닙니다. 하나님은 절대로 세상을 방치해놓지 않으셨습니다. 지금도 세상을 다스리고 계시기에 그나마 세상이 이 정도라도 유지되고 있는 것입니다. 하나님이 세상을 다스리신다는 사실을 믿는 사람은 세상을 위해서 기도합니다. 누가 시키지 않아도 자신이 속한 회사와 나라를 위해서 기도합니다. 그것이 세상 권력자에게 가서 아첨하는 것보다 수천 배 더 효과적입니다.

역사의 주관자이신 하나님은 성실하신 분입니다. 시편에서 하나님을 설명할 때 가장 많이 등장하는 단어가 '신실하다, 성실하다'라는 표현입니다. 눈에 보이지 않지만 하나님이 지금도 부지런히 일하시기 때문에 해가 뜨고 지며, 한류와 난류가 교차하고, 시기가 되면 연어 떼나 철새 떼가 수천수만 킬로미터를 이동하며 고향으로 돌아갑니다.

자신의 분야에서 탁월한 성과를 발휘하는 사람들을 보면 대부분 성실합니다. 아무리 뛰어난 운동선수나 연예인도 성실하게 자기관리를 하지 않으면 오래가지 못합니다. 성실한 사람들은 세월이 가고 상황이 변해도 항상 자기에게 주어진 일을 끝까지 완수해냅니다. 이런 사람들은 역사를 성실히 끌고 가시는 하나님을 닮은 것입니다. 하나님을 믿지 않는 사람들도 성실한 사람들이 있지만, 하나님의 자녀가 된 사람들은 아버지 하나님을 닮아서 진짜로 성실해집니다. 하나님이 성실하지 않고 변덕을 부리는 사람을 싫어하시는 것을 알기 때문입니다. 특히 믿음생활은 성실하게 해나가야 합니다. 기도생활과 말씀생활을 성실하게 하고, 교회를 섬기는 사역도 성실하게 감당해야 합니다. 아버지 하나님은 성실한 자녀들에게 하늘의 복을 마음껏 내려주십니다.

하나님이 역사의 주관자라고 하면 많은 사람들이 이렇게 생각합니다. '하나님이 다 알아서 하시는데 굳이 우리가 나서서 할 게 뭐 있어? 그냥 운명에 맡기고 끌려가면 되지.' 이것은 잘못된 생각입니다. 하나님이 주관하신다고 해서 모든 일을 하나님이 독점하시는 게 아닙니다. 감사하게도 하나님은 많은 일들을 우리를 통해서 행하십니다. 하나님은 인간이 땅에서 책임을 지고 지배권을 행사하도록 인간을 그분의 형상대로 창조하셨습니다.

하나님은 함께 우주를 경영하자며 우리를 초대하십니다. 하나님은 우리의 결정을 존중하시며 소중하게 대해주십니다. 니느웨를 멸망시키시려고 하다가도 사람들이 회개하자 마음을 바꾸셨습니다. 선지자 요나는 이것 때문에 한때 시험에 들었습니다. 왜 결정해놓은 것을 변경하시는지 이해하지 못했습니다. 하나님은 미래를 아시지만 결정해놓지는 않으셨습니다. 하나님의 자녀들의 기도와 다짐, 헌신에 따라서 역사를 바꾸어가기도 하십니다. 황송하게도 우리를 동역자로 인정해주시는 것입니다. 이것을 아는 하나님의 자녀들은 역사의 방관자가 아니라 주체자가 됩니다. 그래서 적극적으로 기도하고 헌신하는 것입니다.

# 함께하시는 하나님

## 가까이 계신 하나님

하나님은 사람들 가까이에 계십니다. 하나님은 인간과 다른 존재이시지만, 천지를 지으시고 인간에게 시간과 땅을 허락해주신 그곳에서 인간과 함께 계십니다.

"이는 사람으로 혹 하나님을 더듬어 찾아 발견하게 하려 하심이로되 그는 우리 각 사람에게서 멀리 계시지 아니하도다"(행 17:27).

하나님은 모세와 다윗 같은 몇몇 특정인들에게만 가까이 계신 게 아니라 '우리 각 사람에게서' 가까이 계십니다. 우리가 결심하고 하나님 앞에 나가기만 하면 하나님은 즉시로 우리 손을 잡아주시고 우리를 만나주십니다.

"하나님을 가까이하라 그리하면 너희를 가까이하시리라"(약 4:8).

하나님은 저 멀리 왕궁에 있어서 만나지 못하는 임금님이 아닙니다. 교회에 다니면서도 하나님을 멀리 계시는 분으로 생각하는 사람이 많습니다. 그들은 하나님을 두려워하고 어려워합니다. 물론 우리는 하나님에 대한 거룩한 경외심을 가지고 있어야 합니다. 그러나 거기에만 머물면 어떻게 살아 있는 예배를 드리고 영적성장을 이루어가겠습니까? 그런 자세로 어떻게 기쁜 마음으로 뜨겁게 하나님을 예배하고 찬양하며 헌신할 수 있겠습니까?

하나님은 지금 여기에, 당신 안에 계십니다. 당신과 동행하시고 교제하시며 사랑과 복을 주십니다. 당신의 일거수일투족, 머리털 하나까지도 다 세실 정도로 당신을 잘 알고 계십니다. 또한 당신의 작은 신음에도 응답하십니다. 그분은 영광과 존귀와 찬송을 받기에 합당하신 하나님이십니다.

### 말씀하시는 하나님

하나님은 우리에게 말씀하기를 원하십니다. 높은 사람이 아랫사람과 교제하고 싶으면 높은 사람이 아랫사람에게 내려와야지, 아랫사람이 먼저 높은 사람에게 다가갈 수 없습니다. 그래서 하나님이 우리에게 먼저 오셔서 말씀하십니다.

하나님은 다양한 방법으로 말씀하십니다. 먼저 성경을 통해서 말씀하시는데, 성경은 어떤 문제에 대해서는 아주 구체적으로 보여줍니다. 또한 환경을 통해서 말씀하시고, 교회 공동체를 통해서 말씀하십니다. 그리고 우리의 상황과 처지를 알고 있는 다른 그리스도인들의 조언을 통해서 말씀하십니다.

하나님의 자녀인 우리 인생에서 일어나는 일들에는 우연이 없습니다. 모든 일 가운데 우리를 사랑하시는 아버지 하나님의 섭리가 작용하고 있습니다. 우리를 도와준 사람, 우리에게 일어난 사건 하나하나가 하나님의 계획을 담은 선물이요, 인도하심입니다. 그렇기 때문에 하루하루 순간순간, 만나는 사람 한 사람 한 사람을 가볍게 여겨서는 안 됩니다. 역사의 드라마, 인생의 드라마를 감독하시는 하나님 아버지의 손길이 닿아 있기 때문입니다. 기도하며 귀를 기울이면 하나님의 음성이 들립니다.

# 사랑의 하나님

"하나님이 우리를 사랑하시는 사랑을 우리가 알고 믿었노니 하나님은 사랑이시라 사랑 안에 거하는 자는 하나님 안에 거하고 하나님도 그의 안에 거하시느니라"(요일 4:16).

### 나에게 베풀어주시는 분

하나님은 나에게 선한 것을 베풀어주시는 분입니다. 사랑은 주는 것입니다. 사람을 사랑하게 되면 자꾸 무엇인가를 주고 싶습니다. 그것도 내가 가진 가장 소중한 것들을 아낌없이 내어주고 싶습니다. 사랑하는 연인에게 선물을 하고, 부모가 자식에게 자신이 소유한 모든 것을 내어주듯이, 나를 사랑하는 하나님이 나에게 필요한 것을 모두 공급해주십니다. 사도행전에서는 하나님에 대해 다음과 같이 말하고 있습니다.

"또 무엇이 부족한 것처럼 사람의 손으로 섬김을 받으시는 것이 아니니"(행 17:25).

헌금하면서 자신이 교회를 먹여 살리는 것처럼 말하는 사람이 있습니다. 마치 자기 돈이 없으면 하나님의 일을 이룰 수 없는 것처럼 생각하는 사람도 있습니다. 헌금은 하나님께 적선하는 것이 아닙니다. 하나님은 사람이 드리는 헌금이나 재물에 의지해서 사는 연약한 존재가 아니십니다.

무속신앙에서는 신이 인간에게 무엇인가를 요구합니다. 그래서 신에게 제사를 드릴 때 자꾸 무엇인가를 바쳐야만 되고, 자기 것을 빼앗기는 듯한 인상을 받습니다. 그러나 하나님은 노점 상인들에게 보호세 명목으로 돈을 뜯어가는 조폭 보스가 아닙니다.

하나님은 우리에게 끊임없이 주시는 분입니다.

"이는 만민에게 생명과 호흡과 만물을 친히 주시는 이심이라"(행 17:25).

이 말씀에 의하면 하나님은 '만민' 그러니까 모든 백성과 민족을 똑같이 사랑해서 '생명과 호흡'을 주십니다. 사람들이 자신의 힘으로 사는 것처럼 착각하지만, 하나님이 지금 당장 호흡을 멈추게 하시고 생명을 거두어가시면 끝입니다. 살아 있다는 것 자체가 하나님의 은혜임을 안다면 그 누구도 오만하게 살 수 없습니다.

하나님은 우리에게 만물을 주시는 분입니다. 지금 우리가 마시고 있는 공기, 물, 얼굴에 비취는 햇살 등 모든 것을 하나님이 그냥 주신 것입니다. 만약 하나님이 공기나 햇살에 요금을 붙여서 받으신다면 어떻게 되겠습니까? 그러나 하나님은 우리에게 조건 없이 주셨습니다. 하나님은 이 모든 것들을 직접 계획하시고, 자기 손으로 일일이 챙기셔서 우리 손에 쥐어주시는 자상한 분입니다. 이 모든 것들이 하나님의 선물임을 안다면 우리는 그분께 한없이 감사할 수밖에 없습니다.

"온갖 좋은 은사와 온전한 선물이 다 위로부터 빛들의 아버지께로부터 내려오나니 그는 변함도 없으시고 회전하는 그림자도 없으시니라"(약 1:17).

사랑이신 하나님은 사람에게서 무엇을 원하시는 것이 아니라 무엇이든 주려고 하시는 분입니다. 우리 인생에서 자신의 힘으로 얻었다고 생각하는 것들도 사실은 모두 하나님이 주신 것입니다. 우리 생각에 우리가 열심히 일해서 번 돈이라고 생각하지만 일할 수 있는 건강과 환경을 주신 분은 바로 하나님이십니다. 영적으로 철이 들면 감사할 일이 많아집니다. 예전에는 당연하게 여겼던 것들, 자기가 잘나서 누리는 것으로 착각했던 일들이 다 하나님의 선물이라는 사실을 깨닫게 되기 때문입니다. 우리에게 모든 것을 주시고, 더 나아가 자신의 사랑하는 아들 독생자 예수 그리스도까지 내어주신 분이 바로 우리의 하늘 아버지입니다.

### 나를 용서하시는 분

사랑한다는 것은 용서한다는 것입니다. 조건 없는 사랑으로 우리를 품어주시는 아버지는 우리가 그분의 은혜에 감사하지 못할 때도 용납해주시고 용서해주시는 분입니다.

"여호와께서 말씀하시되 오라 우리가 서로 변론하자 너희의 죄가 주홍 같을지라도 눈과 같이 희어질 것이요 진홍같이 붉을지라도 양털 같이 희게 되리라"(사 1:18).

우리가 잘못했을 때 사탄은 하늘 아버지가 우리를 결코 용서하지 않을 것이라고 속삭입니다. 그래서 점점 하늘 아버지로부터 멀어지게 합니다.

"네가 그러고도 집사야? 넌 이제 하나님한테 찍혔어. 하나님 뒤끝 장난 아닌 거 알지?"

그런 거짓된 사탄의 소리를 허용하지 말고 물리치십시오. "하나님을 뵐 면목이 없어서…." 이런 소리도 하지 마십시오. 어차피 신앙생활이란 게 늘 하나님 앞에서 면목 없지만 그분 앞에 엎드리는 것입니다. 맞아 죽어도 하나님 아버지 앞에서 죽겠다는 마음으로 아버지 품으로 돌아오십시오. 진심으로 회개하면 하나님 아버지가 용서해주시고 다시 품어주실 것입니다. 탕자를 용서하셨던 아버지의 모습이 바로 하늘 아버지의 모습입니다.

그렇다고 하나님의 용서를 당연하게 여겨서는 안 됩니다. "어차피 또 용서해주실 건데 뭐…"라고 하면서 죄를 짓는 행위를 반복해서는 안 됩니다. 그것은 아버지의 사랑을 욕되게 하는 일입니다. 용서를 의심하지 말고 감사한 마음으로 받되, 그 죄로부터 확실하게 돌아서야 합니다.


### 나를 격려하시는 분

사랑한다는 것은 칭찬하고 격려하는 것입니다. 하나님은 우리에게 조건 없는 사랑을 주시는 아버지입니다. 자기 자녀의 작은 발걸음에도 박수를 쳐주는 부모처럼 우리를 얼마나 기뻐하시며 좋아하시는지를 구체적으로 표현해주시는 분입니다.

"너의 하나님 여호와가 너의 가운데에 계시니 그는 구원을 베푸실 전능자이시라 그가 너로 말미암아 기쁨을 이기지 못하시며 너를 잠잠히 사랑하시며 너로 말미암아 즐거이 부르며 기뻐하시리라 하리라"(습 3:17).

성경 곳곳에 우리를 향한 하나님 아버지의 격려의 말씀이 얼마나 많은지 모릅니다.

"잘하였도다. 나의 충성된 종아."

"내가 이 같은 믿음을 보지 못하였도다."

"내가 너를 보배롭고 존귀하게 여긴다."

"아무도 능히 너를 당할 자가 없을 것이다."

"일어나라. 빛을 발하라. 이는 네 빛이 이르렀고 여호와의 영광이 네 위에 임하였음이니라."

이 외에도 힘을 주는 말씀이 얼마나 많은지 모릅니다. 세상은 우리의 기를 죽이려고 얼마나 야단치고 비난하며 구박하는지 모릅니다. 간혹 칭찬을 해줘도 가식적이고 오래가지 못합니다. 잘될 때나 힘들 때나 세월이 가도 변함없이 우리를 칭찬하고 격려해주시는 분은 하늘 아버지뿐입니다. 그분은 부모이면서 흡사 팬(fan, 애호가) 같습니다. 우리가 기도하고, 말씀을 보며, 예배를 드릴 때 하나님이 격려의 음성을 들려주십니다. 그 격려 소리를 듣고 우리는 위로를 받으며 다시 살아갈 힘을 얻게 됩니다.


나를 지키시는 분

구약성경에서는 자주 하나님 아버지를 '나의 산성, 나의 피난처'라고 표현합니다. 산성이나 피난처는 한마디로 보호막을 의미합니다. 하나님이 그 백성의 보호막이 되어주시는 것입니다. 성경 곳곳에서 하나님이 우리를 얼마나 끔찍하게 보호하시는지를 말해줍니다.

"네가 물 가운데로 지날 때에 내가 너와 함께할 것이라 강을 건널 때에 물이 너를 침몰하지 못할 것"(사 43:2)이라고 말씀하십니다. 또한 "암탉이 제 새끼를 날개 아래에 모음같이"(눅 13:34) 하나님이 우리를 품어서 지켰다고 말씀하십니다.

집의 보안장치나 자동차의 안전장치와 블랙박스가 우리를 지켜주는 게 아닙니다. 오직 하나님이 우리를 지켜주십니다. 하나님 아버지야말로 이 세상 최고의 보디가드이며 24시간 우리를 가장 안전하게 지켜주시는 분입니다. 그래서 우리는 우리 자신과 자녀들을 위해서 늘 하나님의 보호하심을 간구해야 합니다. 하늘 아버지만이 우리를 지켜주실 수 있는 분임을 믿을 때 우리는 평안하고 담대하게 살 수 있습니다.

### 나를 인도하시는 분

하나님은 하나님의 백성들을 인도하시는 분이십니다. 성경 전체에서 '인도하신다'는 말이 300번 넘게 나옵니다. 그만큼 하나님 아버지는 자녀인 우리를 인도하는 일을 중요하게 생각하십니다. 하나님은 광야에서 이스라엘 백성들을 불기둥과 구름기둥으로 인도하셨습니다. 이스라엘 사람들에게는 장기적인 계획이 필요하지 않았습니다. 하루하루 하나님의 인도하심을 따라가면 되기 때문이었습니다. 하나님의 인도하심을 잘 따라가는 것은 죽느냐 사느냐를 결정하는 중대한 문제였습니다.

"너를 인도하여 그 광대하고 위험한 광야 곧 불뱀과 전갈이 있고 물이 없는 간조한 땅을 지나게 하셨으며 또 너를 위하여 단단한 반석에서 물을 내셨으며"(신 8:15).

이스라엘 사람들은 모든 면에서 하나님의 인도하심을 받아야만 했습니다. 의식주 문제를 포함해서 분쟁이 일어났을 때 재판을 어떻게 해야 하며, 적이 공격해왔을 때 어떻게 전쟁을 해야 하는지에 대해서 모두 하나님의 인도하심을 받아야 했습니다. 우리도 하나님을 우리 인생의 아버지로 모시고 모든 면에서 세밀하게 그분의 인도하심을 간구해야 합니다. 가정문제와 사업문제를 다른 사람들과 상의하기 전에 가장 먼저 아버지 하나님과 기도로 상의해야 합니다. 모든 면에서 매 순간 하나님의 인도하심을 받아야 합니다.

하나님이 우리를 인도하실 때 항상 좋게만 인도하시는 것은 아닙니다. 목자가 좋은 길로 가라고 아무리 친절하게 양들을 인도해도 양이 사망의 길로 가려고 하면 목자는 가차 없이 지팡이로 양을 호되게 때립니다. 그래도 말을 듣지 않을 때는 다리 하나를 부러뜨려서라도 죽음의 길로 가는 것을 막습니다. 하나님이 우리를 인도하실 때도 그렇습니다. 징계도 하나님이 우리를 선하게 인도하시는 한 형태입니다.

### 나를 징계하시는 분

하나님 아버지는 우리가 자녀이기 때문에 우리를 훈계하십니다. 잘 못된 길을 가는데도 하나님이 혼내지 않고 내버려둔다면, 그것은 하나님의 자녀가 아니라는 증거입니다. 하나님의 자녀라면 잘못된 길로 갈 때 반드시 하나님의 징계가 따라옵니다.

저는 한국전쟁 이후에 미국 백인가정으로 입양되었던 신호범 의원(워싱턴주 상원의원에 5번 당선되었고 후에 상원 부의장에까지 오름)의 간증을 듣고 감동을 받은 일이 있습니다. 어린 시절에 신호범 의원을 입양한 백인 양아버지는 늘 그에게 잘해주었습니다. 그러나 가만히 살펴보니 친아들이 잘못하면 엄하게 때리기도 하고 야단을 쳤지만, 양아들인 자신은 무슨 잘못을 해도 혼을 내지 않더라는 것입니다. 그래서 어느 날 양아버지에게 울면서 대들었다고 합니다.

"아버지, 왜 저를 친아들과 차별하십니까?"

그러자 양아버지가 눈이 휘둥그레져서 물었습니다.

"무슨 소리냐? 나는 너를 내 친아들과 똑같이 먹이고 입히며 정성을 다해서 키우고 있는데…. 대체 무엇이 부족해서 이러는 것이냐?"

"무엇이 부족한 게 아니라… 왜 저를 혼내지 않으십니까?"

"그게 무슨 말이냐?"

"왜 제가 잘못했을 때, 혼내거나 때리지 않으십니까? 제가 진짜 아버지 아들이라면 잘못했으면 혼을 내셔야죠. 저는 그게 너무 서럽습니다."

그러자 놀란 표정을 짓고 있던 양아버지가 이내 씩 웃었다고 합니다.

"그래…. 네 말이 맞구나. 앞으로는 유의하마."

얼마 후 그는 소원(?)대로 양아버지께 혼이 나고 매를 맞는 일이 생겼다고 합니다. 그런데 그때 비로소 자신이 진짜 아버지의 아들이 된 것 같아서 기쁨의 눈물을 흘렸다고 합니다. 징계는 아버지가 아들을 미워하는 것이 아니라 오히려 진짜 자식으로 여긴다는 증거입니다.

"너희가 참음은 징계를 받기 위함이라 하나님이 아들과 같이 너희를 대우하시나니 어찌 아버지가 징계하지 않는 아들이 있으리요 징계는 다 받는 것이거늘 너희에게 없으면 사생자요 친아들이 아니니라" (히 12:7,8).

우리는 형통할 때만 감사하는 것이 아니라 하나님의 징계를 받을 때도 감사해야 합니다. 아이가 어릴 때 징계하는 방법과 중학생, 고등학생이 되었을 때 징계하는 방법이 다르듯이, 하늘 아버지도 믿음이 어린 사람을 징계하시는 방법과 믿음이 성숙한 사람을 징계하는 방법이 다릅니다. 믿음이 있는 사람은 징계를 받을 때 섭섭해하는 대신, '하나

님이 정말 나를 사랑하시는구나. 내가 하나님의 자녀가 맞구나'라고
생각합니다.

우리가 거듭나서 하나님의 자녀가 되었을 때, 하나님을 아버지라고
고백하는 것은 하나님의 모든 성품들이 우리 안에도 살아 역사하고 있
음을 선포하는 것입니다. 그래서 앞으로는 하나님의 성품을 따라 살
기로 선포하는 것입니다.

"하나님께로부터 난 자마다 죄를 짓지 아니하나니 이는 하나님의
씨가 그의 속에 거함이요 그도 범죄하지 못하는 것은 하나님께로부터
났음이라"(요일 3:9).

인간이 죄를 전혀 안 짓는 것이 가능할까요? 하나님의 자녀가 완벽
하게 죄를 안 짓고 살 수는 없지만 지속적인 죄와 습관적인 죄에 빠지
지 않으려고 노력할 수 있습니다. 예수님의 보혈로 태어난 사람은 체
질이 바뀌었습니다. 그래서 죄로 얼룩진 환경과 문화와 언어와 습관
이 익숙하지 않아 거부감을 느낍니다. 가끔 실수로 죄를 지을지라도
마음에 찔림을 받아 회개하고 돌아섭니다.

"씨 도둑질은 못한다"라는 말이 있습니다. 하나님의 자녀들은 구원
받을 때 하나님의 씨를 받았습니다. 어디에서 무엇을 하든 결코 숨길
수 없는 하나님의 씨, 그분이 주신 영적 유전자, 그것은 앞에서 언급한
성부 하나님의 모든 자질들입니다.

하나님은 사랑이십니다. 우리 안에도 그 사랑이 흐릅니다. 하나님
은 우리도 하나님을 닮아서 서로 사랑하며 살기를 원하십니다.

하나님은 거룩하십니다. 그분의 자녀인 우리 안에도 거룩을 향한
열정이 흐릅니다.

하나님의 능력은 무한하십니다. 하나님은 우리가 인간적인 힘만 동원하다가 좌절하며 절망하는 대신, 기도를 통해 하나님의 능력을 다운로드해서 사용하길 원하십니다.

성부 하나님은 자신의 모든 품성을 우리도 닮아가길 원하십니다. 우리는 성령님의 도우심을 받아 능력 있게 하나님을 닮은 삶을 살 수 있습니다. 그 능력을 당당하게 주장하고 선포하며 살아가길 바랍니다. ✿

## 거룩하신 창조주 하나님

하나님은 이 세상을 창조하셨습니다. 그분은 시간의 주인이며 못하시는 것이 없는 전능하신 분입니다. 하나님의 지혜로우심과 전지하심을 믿을 때 우리는 인생의 모든 문제 앞에서 그분을 의지할 수 있습니다. 또한 하나님은 무엇이든 하실 수 있으나 죄를 지을 수는 없는 거룩하신 분입니다. 진실하시고 정직하신 하나님의 성품을 따라 우리도 죄를 용납하지 않으며 사랑 가운데 거룩한 삶을 살아야 합니다.

## 역사의 주관자 되신 임마누엘의 하나님

천지의 주재이신 하나님은 이 세상을 친히 다스리시고 운영하시는 분입니다. 역사의 주관자이신 그분은 성실하고 신실하시며 황송하게도 우리를 이 세상을 이끌어나가는 동역자로 부르십니다. 그리고 우리의 결정을 존중하시며 소중하게 대해주십니다. 그분은 이 땅에서 우리와 함께하시며 우리의 일거수일투족을 보고 계십니다. 그러므로 우리 인생에서 일어나는 일에는 우연이 없습니다. 모든 일에 하나님의 섭리가 작용하여 그분의 손길이 닿아 있기 때문에 기도하며 귀를 기울이면 그분의 음성을 들을 수 있습니다.

## 사랑의 하나님

우리를 너무나 사랑하시는 하나님은 우리에게 모든 선한 것을 베풀어주기를 원하십니다. 조건 없는 사랑으로 우리를 품어주시며, 그분의 은혜에 감사하지 못할 때에도 용납해주시고 용서해주십니다. 우리의 작은 발걸음에도 격려를 아끼지 않으시며, 위험으로부터 안전하게 지켜주십니다. 하나님은 목자와 같이 우리를 인도하시고 훈계하시며 필요할 때는 징계를 통해 보호하십니다. 우리가 죄를 안 짓고 살 수는 없지만 지속적인 죄와 습관적인 죄에 빠지지 않으려고 노력하며 끝없이 용서하시는 아버지의 마음을 아프게 해서는 안 됩니다.

성부 하나님

# 성자 하나님

## 05
### LESSON

GOD
THE
SON

너희 안에 이 마음을 품으라 곧 그리스도 예수의 마음이니
그는 근본 하나님의 본체시나
하나님과 동등됨을 취할 것으로 여기지 아니하시고
오히려 자기를 비워 종의 형체를 가지사 사람들과 같이 되셨고
사람의 모양으로 나타나사 자기를 낮추시고 죽기까지 복종하셨으니
곧 십자가에 죽으심이라

빌립보서 2장 5-8절

LESSON

# 성자 하나님

05

이 장에서는 삼위일체에서 성자 하나님이신 예수님에 대해서 살펴보기로 하겠습니다. 사실 예수님에 대해서 제대로 공부하고자 한다면 수백 시간의 설교와 강의로도 부족할 것입니다. 그러나 이 장에서는 가장 핵심적인 포인트 세 가지를 이해하는 데 초점을 맞추도록 하겠습니다. 바로 '성육신', '십자가' 그리고 '부활'입니다.

## 성육신

예수 그리스도가 이 땅에 오신 것은 하나님이 사람의 몸을 입고 오신 것입니다. 이것을 성육신(成肉身, Incarnation)이라고 합니다. 예수님은 완전한 하나님이시고 또 완전한 인간이셨습니다. 이것을 제대로 이해하는 것이 매우 중요합니다.

### '역사적 예수'에 대한 논란

헬라 철학을 연구한 초대 교회 신학자들 중에는 예수님이 인간보다는 훨씬 위대한 존재이지만, 성부 하나님보다는 열등한 존재라고 주장한 사람들이 많았습니다. 이들이 강조한 것은 인간으로 오신 예수님이었습니다. 처녀 마리아를 통해 태어난 예수는 선하고 의로운 인간이었는데, 요단강에서 세례를 받을 때 성령이 그 위에 임했다는 것입니다. 그러니까 예수는 원래 인간으로 태어났지만, 요단강에서 세례를 받으신 후에 신접해서 하나님의 아들이 된 것이라는 주장입니다. 바로 이것이 2세기 말경에 테오도투스(Theodotus)가 주장한 양자설(Adoptionism)입니다.

이와 같은 맥락에서 3세기와 4세기에 초대 교회 전체를 뒤흔든 무서운 이단 아리우스(Arius)는 예수님도 사람이나 천사들처럼 하나의 피조물(creation)에 불과하다고 주장했습니다. 성자가 완전한 하나님이 아니며, 영원하거나 전능하지도 않다고 했습니다(이것은 훗날 또 하나의 무서운 이단 '여호와의 증인'의 핵심 교리가 되기도 합니다). 성자 하나님이 성부 하나님보다 열등한 위치에 있으며, 성부 하나님에 의해 창조된 존재이자 성부 하나님께 전적으로 의존해야만 하는 존재라는 이들의 가르침을 '성자 종속설'(Subordinationism)이라고 부릅니다.

여기에 근거해서 19세기 독일에서는 인간 예수를 극대화시키는 자유주의 신학이 나왔습니다. 이들에 의하면 예수는 하나님이 성육신한 게 아니고 그저 한 위대한 도덕적 스승이요, 성부 하나님께 순종하는 위대한 모범에 불과합니다. 구원은 다만 우리가 그리스도의 모범을 따라 선한 일을 행함으로써 얻어내는 것이고, 그리스도는 우리에게 도전을 주고 모범을 보여주시는 인물이라고 주장합니다. 아리우스주의를 승계하는 자유주의 신학자들이 강조하는 것은 도덕이요, 윤리입니다. 이들이 가진 문제의 원인을 두 가지로 살펴볼 수 있습니다.

첫째로 하나님의 초월성에 대한 지나친 집착입니다. 아리우스가 주장하는 하나님은 인간과 너무나 멀리 떨어져 있기 때문에 중재자가 필요했습니다. 이것은 성경적인 신론이 아닙니다. 구약의 하나님도 우리로부터 멀리 떨어진 존재가 아니었습니다. 그리스도를 통해 우리에게 오신 성부 하나님은 아리우스가 표현하는 것처럼 멀리 떨어진 분이 아닙니다. 아람어 '아바'(Abba, 아빠)의 뜻처럼, 하나님 아버지는 우리의 작은 음성에도 응답하시는 인자하시고 자상하신 아버지입니다. 그리스도를 통해 믿음을 가지면 우리는 항상 그분께 나아갈 수 있습니다. 그런데 아리우스의 신론은 지나치게 플라톤 철학의 영향을 받아서 하나님을 인간의 현실로부터 멀리 떼어놓아 버렸습니다.

둘째로 이들은 인간의 죄를 너무 쉽게 보았습니다. 아무리 인간이 예수님의 모범을 따르려고 해도 능력이 안 되는 것을 어떻게 하겠습니까? 마치 골프를 처음 배우는 사람에게 "타이거 우즈처럼 해보라"고 말하는 것과 마찬가지입니다. 아마추어가 프로 선수처럼 하고 싶지만 안 되는 것입니다. 하물며 인간이 스스로의 노력으로 죄 문제를 해결하는 것이 가능하겠습니까?

죄 문제는 착하게 살려고 노력한다고 해서 해결되는 게 아닙니다. 우리의 선행으로 죗값을 치를 수 있는 문제가 아닙니다. 우리 모두는 죄 가운데 태어나서 영원한 지옥으로 가게 되어 있었습니다. 죄는 중력과도 같아서 우리 스스로의 힘으로는 절대로 벗어날 수 없습니다.

죄의 바이러스는 우리의 영혼을 철저하게 오염시켰습니다.

불교나 유교에서는 선한 업을 쌓으라고 하지만, 죄로 물든 인간은 마치 망가진 기계와 같아서 선을 행할 수 있는 능력이 없습니다. 인간은 스스로를 구원할 수 없는 무기력한 존재입니다. 그래서 천지를 다스리시는 하나님이 우리를 불쌍히 여기시고 하나뿐인 아들을 이 땅에 보내서서 십자가에서 죽게 하셨습니다. 오직 그 길만이 우리를 붙잡고 있는 죄의 권세를 깨버리는 길이었기 때문입니다. 주님의 십자가로 인해서 우리가 살게 되었고 영원한 천국의 소망을 갖게 되었습니다. 그 사실을 믿을 때 우리는 구원을 받게 됩니다.

인간 예수를 강조하는 신학자들이 주장하는 또 하나의 문제는 성자의 '가변성'(changeability)입니다. 모든 피조물은 변하기 때문에 만약 이들의 주장대로 성자도 피조물 가운데 하나라고 한다면 성자도 타락할 수 있으며 죄를 지을 수 있다는 말이 됩니다. 이런 신학에 기초해서 인간 예수가 결혼해서 아이를 낳고 생활한다는 할리우드 영화 〈그리스도 최후의 유혹〉이나 소설 《다빈치 코드》 같은 허무맹랑한 작품들이 나왔습니다. 1970년대 한국에서는 이런 신학에 기초해서 예수가 가난한 민중을 대변하는 장길산이나 홍길동 같은 존재라는 민중신학이 나왔습니다. 그러나 예수님은 단순한 영웅적 인간이 아닙니다. 그분은 영원부터 하나님과 함께 계셨던 하나님 자체이십니다.

### 완전한 하나님, 완전한 인간

예수님은 창세전부터 하나님과 함께 계셨고 만물이 그를 통해 창조되었습니다. 예수님은 완전한 하나님이시면서 완전한 인간이었습니다. 신약성경에서 성자가 성부보다 못한 존재라고 오해할 수 있는 부분은 성자 하나님의 겸손한 모습 때문입니다. 그 사실을 가장 잘 보여주는 구절이 바로 빌립보서 2장 5-8절입니다.

"너희 안에 이 마음을 품으라 곧 그리스도 예수의 마음이니 그는 근본 하나님의 본체시나 하나님과 동등 됨을 취할 것으로 여기지 아니하시고 오히려 자기를 비워 종의 형체를 가지사 사람들과 같이 되셨고 사람의 모양으로 나타나사 자기를 낮추시고 죽기까지 복종하셨으니 곧 십자가에 죽으심이라."

특히 7절에서 말하는 '자기를 비웠다'는 부분을 잘 이해해야 하는데, 자유주의 신학자들은 이 단어를 잘못 해석해서 마치 예수님이 이 세상에서 인간의 육체를 입고 계셨을 때는 하나님이 아니셨다는 논리를 폅니다. 잘못 해석하면 양자설이나 성자 종속설에 힘이 실리는 것처럼 보입니다.

그러나 여기서 예수님이 '비우신 것' 혹은 '잠시 내려놓으신 것'은 하나님의 포장, 즉 외형적으로 드러난 하나님의 영광의 모습이지 하나님의 본질(essence)은 아닙니다. 그가 이 땅에 태어난 것, 즉 성육신되신 것은 이미 하나님이신 그분의 본질 위에 인성(humanity)을 덧입으신 것뿐입니다. 그러므로 이 땅에 오신 예수 그리스도는 인간이 되셨지만 하나님의 성품과 능력을 그대로 갖고 계셨던 것입니다.

이 사실을 확증하는 또 하나의 중요한 단어는 빌립보서 2장 6절의 '본체'와 7절의 '형체'입니다. 사실 헬라어로는 두 군데서 같은 단어 '모르페'(morphe)를 쓰고 있습니다. 이 말은 어떤 것의 본질 그 자체를 가리키는 말입니다. 그러므로 6절에서는 예수님이 하나님의 본질 그 자체였다는 말이며, 7절에서는 예수님이 인간의 본질 그 자체였다는 말입니다. 그분은 완전한 하나님이요, 완전한 사람이셨던 것입니다.

성육신은 얼마나 엄청난 사건입니까? 온 지구가 이 사건을 크리스마스라고 하여 떠들썩하게 축하합니다. 성육신은 예수님의 겸손이 얼마나 엄청난 것인지를 보여주는 사건입니다.

독수리를 잡아서 좁은 새장에 가둬놓으면 아무리 모이를 잘 주고 좋은 환경에서 키워도 2주를 넘기지 못하고 죽는다고 합니다. 그 이유가 무엇일까요? 하늘의 왕자인 독수리는 그 큰 날개를 활짝 펼치고 마음껏 넓은 창공을 누비며 살아야 하는 존재이기 때문입니다. 그의 자유를 빼앗아 새장에 가두는 것은 하늘의 왕자로서의 위엄을 빼앗는 것이기에 그 치욕과 고통을 견디지 못한다고 합니다. 차라리 죽는 것이 나을 정도입니다. 미물인 독수리도 그러한데 온 우주에 그 임재가 가득하신 전지전능하신 하나님, 숨결 하나로 거대한 홍해를 가르시고 말씀 하나로 천지를 창조하신 하나님이 이 좁은 지구에 오셔서 작은 인간의 몸을 입으시고 스스로 갇히셨습니다. 그 죽음과도 같은 고통을 상상할 수 있겠습니까?

하나님이 사람이 되셨다는 것 자체가 얼마나 무서운 고통을 감내한 것인지 우리로서는 감히 상상할 수가 없습니다. 그 멋진 천국에서 살던 거룩하신 하나님의 아들이 하늘 보좌를 버리고 이 더러운 인간의 땅에 와서 사는 고통은 어느 정도였을까요? 예수님은 우리를 구원하러 이 땅에 오신 사랑의 추적자이셨습니다. 도망자가 쓰레기통으로 도망가면 자기도 쓰레기통으로 들어가는 고생을 마다하지 않는 게 추적자입니다. 자신에게 어떤 이득이 돌아오는 것도 아닌데 자신을 그토록 철저히 배신하고 도망간 인간을 용서하기 위해서 냄새나는 마구간까지 내려오신 사랑의 추적자! 인간들은 정말 이해할 수 없는 겸손입니다. 바다를 먹물로 삼고 하늘을 두루마리 삼아도 표현할 수 없는 사랑입니다.

### 우리를 완전히 이해하고 도우시는 분

그리스도가 완전한 인간으로 사셨다는 사실을 믿지 못하면 하나님은 우리에게서 너무 멀리 떨어진 존재가 됩니다. 그러면 하나님은 하늘 높은 곳에 계셔서 우리의 고난의 현장과 일상적인 삶의 순간들을 이해하거나 관여하지도 않습니다.

그러나 예수님은 인간의 몸으로 인간의 삶을 살아보셨습니다. 누군가를 이해하려면 그 사람과 같은 형편과 상황에 처해봐야만 합니다. 배고프지 않으면 배고픈 사람의 고통을 모르고 배신당해보지 않으면 배신당해본 사람의 고통을 모릅니다. 예수님은 친히 인간의 몸을 입고 인간 세상에 사시면서 모든 배고픔과 배신과 고독과 아픔을 다 겪어보셨습니다. 그러므로 우리는 마음 놓고 그분께 기도하며 우리의 고통을 털어놓을 수 있는 것입니다.

그러나 이해해주는 것만으로 끝나고 도움을 줄 수 없다면 무슨 의미가 있겠습니까? 예수님은 인간의 몸을 입고 인간의 고통을 다 겪어보셨지만 인간의 한계를 초월하신 분이었습니다. 그분은 단순히 우리가 본받아야 할 위대한 도덕적 스승 정도가 아니었습니다. 그분은 이 땅에 사시면서도 하늘의 능력을 다운로드하실 수 있었습니다. 그분은 이 땅에서 완전한 하나님이시면서 완전한 인간으로 사셨기 때문에 우리를 이해하실 뿐 아니라 우리를 도우실 수 있는 것입니다.

그리스도는 완전한 하나님이며 완전한 인간이라는 사실을 믿어야 균형 잡힌 건강한 신앙생활을 할 수가 있습니다. 기독교 역사 2천 년을 보면 안타깝게도 그리스도의 신성을 지나치게 강조하거나 그리스도의 인성을 지나치게 강조하는 양극단의 신앙으로 치우치는 경우가 많았습니다.

만약 그리스도의 신성만을 강조한다면 그리스도를 우리의 삶으로부터 너무나 동떨어진 존재로 몰아갈 것입니다. 신성만 강조된 그리스도는 하늘 높은 곳에 계셔서 우리의 매일의 고난과 일상적인 삶의 순간들을 이해하려 하거나 관여하지 않습니다. 그런 식으로 그리스도를 보기 시작하면 이 땅에서의 삶을 아무 가치도 없는 것으로 여기게 될 것입니다. 이 땅에서의 평범한 삶을 평가절하하는 잘못된 습관은 교회사에서 반복되는 치명적인 실수로 작용합니다.

반대로 그리스도의 인성만을 극단적으로 강조한다면 어떻게 될까요? 그리스도는 우리가 따르고 본받아야 할 위대한 모범이 됩니다. 이때 무엇보다 중요한 것은 윤리입니다. 가난한 이들을 돕거나 병든 자들을 치유하는 등 세상 속으로 뛰어들어 무엇인가를 해야 합니다. 하지만 예배와 기도, 초자연적인 믿음, 존귀하신 하나님께 접속하는 일은 자꾸 뒤로 밀리게 됩니다. 그렇다면 교회는 또 하나의 NGO(시민단체)나 자선단체가 되고 맙니다.

건강한 신앙은 우리가 세상 속에서 존재하는 일에도 최선을 다하고 (그리스도의 인성), 영적인 예배를 드리는 일에도 최선을 다할 것(그리스도의 신성)을 요구합니다. 교회가 세상 속으로 뛰어들어 가난한 이들을 돕거나 병든 자들을 치료해주는 일을 해야 합니다. 하지만 그 이상으로 강조해야 할 것은 예배와 기도, 초자연적인 믿음, 존귀하신 하나님과 교제하는 일입니다. 예수님의 성육신을 믿는 신앙은 예배와 사역의 균형을 잡습니다.

그리스도의 신성과 인성의 균형을 잡지 않고 한쪽으로 치우치는 신앙은 거룩한 것과 세상의 삶을 자꾸 이분화시키는 역할을 합니다. 그렇게 되면 예수님은 오직 주일날 교회 안에서만 우리의 주님이 되시고, 교회 안에서 예배하고 사역하는 것만이 거룩한 일이 되며, 주중에 '죄악된 세상'에 푹 빠져서 일하는 것은 지극히 세상적이고 더러운 일이라는 논리가 됩니다. 그러나 예수님은 평일에도 우리와 함께하시는 하나님입니다. 그는 우리 삶 전체의 주님이신 것입니다. 우리가 하는 일은 모두가 예배의 행위입니다. 크리스천에게 있어서 세속적인 행위란 없습니다. 우리는 세상 속에서 존재하는 일에도 최선을 다하고, 영적인 예배를 드리는 일에도 최선을 다해야 합니다.

## 십자가

빌립보서 2장을 보십시오.

"사람의 모양으로 나타나사 자기를 낮추시고 죽기까지 복종하셨으니 곧 십자가에 죽으심이라" (빌 2:8).

인간은 자기 수준 이상으로 살고 싶어 하고 대접받고 싶어 합니다. 가능한 한 자기 수준 밑으로 내려오려고 하지 않습니다. 그런데 예수님은 십자가 사건으로 인해서 더는 내려갈 수 없는 데까지 내려가셨습니다. 당시 로마의 사형법 중에 십자가형처럼 무섭고 잔인한 것은 없었습니다. 죄수의 옷을 발가벗긴 뒤 죽도록 채찍으로 때리고, 두 손과 발에 못을 박았습니다. 그리고 나무에 매달아 뙤약볕 밑에 세워놓았기 때문에 피가 마르고 숨이 막히는 고통을 당하며 천천히 죽어갔습니다. 고통이 얼마나 극심했던지 "십자가에서 죽은 사람은 천 번을 죽는다"라는 말이 생길 정도였습니다. 당시 한 로마 시인은 이렇게 말했습니다.

"십자가형은 노예의 죽음이며 절대 로마 시민에게는 그런 수치와 고통을 겪게 해서는 안 된다."

### 예수님의 자발적 선택

주님은 결코 힘이 없어서 십자가 고난을 당하신 게 아닙니다. 그 무서운 십자가 죽음을 예수 그리스도는 기꺼이 자원해서 택했습니다.

"내가 내 목숨을 버리는 것은 그것을 내가 다시 얻기 위함이니 이로 말미암아 아버지께서 나를 사랑하시느니라 이를 내게서 빼앗는 자가 있는 것이 아니라 내가 스스로 버리노라 나는 버릴 권세도 있고 다시 얻을 권세도 있으니 이 계명은 내 아버지에게서 받았노라 하시니라" (요 10:17,18).

주님은 하늘과 땅의 모든 권세를 가진 분이었지만 스스로 자기를 지키기를 포기하셨습니다. 그리고 무기력한 자처럼 십자가에서 죽으셨습니다. 십자가에서의 죽음은 성육신과 더불어 하나님이 하나님으로서 당연히 누려야 할 모든 특권과 권리를 포기하신 사건입니다.

### 하나님의 사랑의 극치

주님이 십자가에서 못 박히신 것은 못난 우리를 사랑하셨기 때문입니다. 연인들이 서로의 사랑을 확인하고자 할 때 자주 쓰는 말이 있습니다. "자기가 날 사랑한다면 날 위해 뭘 해줄 수 있어?" 자신의 사랑을 입증하기 위해 최선의 것을 내놓을 각오가 되어 있다면 그것은 상대의 마음을 녹일 것입니다. 그러나 하나님은 각오 정도가 아니라 실제로 그렇게 하셨습니다. "내가 너를 이 정도로 사랑한다"고 하시며 십자가에서 못 박혀 죽으신 것입니다.

만약에 우리가 펜을 천 원을 주고 샀다면 그 펜은 천 원짜리입니다. 우리는 그 펜을 천 원짜리 취급할 것입니다. 하나님이 자신의 아들 예수님의 생명을 주고 우리를 사셨다면 우리는 '예수님'짜리입니다. 십자가는 우리를 향한 하나님의 사랑이 얼마나 큰지를 말해줍니다.

이 사실을 깨닫는 순간 저는 숨이 막히고 눈물이 왈칵 쏟아졌습니다. 제가 결코 그럴 만한 가치가 없는 사람임을 너무나 잘 알기 때문입니다. 우리 중에 예수님의 생명을 주고 바꿀 만한 가치가 있는 사람이 누가 있습니까? 〈미녀와 야수〉의 스토리가 감동적인 이유는 전혀 사랑받을 만한 자격이 없는 야수를 미녀가 사랑해주었고, 그때 야수가 왕자가 되었기 때문입니다. 우리는 아무것도 아닌 너무나 악하고 추한 존재였는데 하나님의 지극한 사랑을 받음으로써 생명을 얻었습니다.

"하나님이 세상을 이처럼 사랑하사 독생자를 주셨으니"(요 3:16)라는 말씀을 읽을 때마다 '어떻게 하나님이 이 세상을 자기 아들을 내어줄 정도로 사랑하실 수 있는가'라는 생각을 하게 됩니다. 주위를 둘러보며 TV, 인터넷 등 각종 대중 매체의 정보를 보고 저의 내면을 들여다 보아도 어느 것 하나 하나님의 아들의 생명과 바꿀 만한 것이 없습니다. 폭력과 음란, 미움과 음모, 분노와 거짓이 가득 차 있습니다. 그러나 하나님은 이 세상을 구원하기 위해 자신의 아들을 보내어 죽게 하셨습니다. 충격적인 일입니다. 우리가 귀중한 존재라서 하나님이 우리를 사랑하신 게 아닙니다. 하나님이 우리를 사랑하셨기에 우리가 귀중한 존재가 된 것입니다.

예수님은 우리에게 목숨보다 진한 사랑을 주셨습니다. 우리는 모두 살기 위해 세상에 태어났습니다. 열심히 일하고 공부하는 것은 다 조금이라도 더 잘살려고 하는 것입니다. 그러나 예수님만이 죽으려고 세상에 오셨습니다. 자신이 죽으심으로 우리를 살리기 위해서입니다. 이 땅에 사셨던 33년 인생의 하루하루는 모두 십자가를 향한 걸음이었습니다. 평생을 십자가의 그림자 속에 사셨던 것입니다.

그토록 엄청난 대가를 치르면서 우리를 사랑하신 예수님은 인간들로부터 무시당하고 모욕당했습니다. 당신은 짝사랑의 고통을 아십니까? 가슴이 시리도록 누군가를 사랑했는데 상대방이 나의 사랑을 받아주지 않을 때 얼마나 마음이 아픈지 모릅니다. 하나님이 바로 그런 심정이셨습니다. 저는 열다섯 살에 주님을 제 인생의 구주로 영접했습니다. 하나님은 15년 동안 저를 짝사랑해오신 것입니다. 당신은 얼마 동안 주님에게 짝사랑의 열병을 앓게 했습니까?

하나님은 자신의 형상대로 만드신 우리를 사랑하지 않으실 수 없었습니다. 비록 우리가 사탄의 유혹에 넘어가 영혼을 팔고 죄의 노예가 되었지만 하나님은 우리를 욕하지 않으시고 팔을 걷어붙이고 다시 우리를 살리려고 역사 속으로 뛰어들어 오셨습니다. 그리고 십자가에서 자신의 목숨을 주셨습니다.

### 정의와 사랑을 만족시키는 유일한 방법

하나님의 성품은 정의와 사랑, 두 가지로 요약될 수 있습니다. 하나님은 "내가 네 죄를 눈감아주마. 그냥 용서해주마"라고 말씀하실 수도 있었습니다. 그러나 그것은 하나님의 정의를 깨는 행위가 될 것입니다. 한편 하나님은 우리에게 "죄를 지었으니 네 죗값은 네가 치르고 죽거라"라고 말씀하실 수도 있었습니다. 그러나 그것은 하나님의 사랑에 위배됩니다. 하나님의 정의와 사랑을 동시에 만족시킬 수 있는 방법은 오직 하나, 누군가가 우리를 위해서 대신 죽는 것입니다.

왜 군이 예수님이 그 희생제물이 되어야 했을까요?

첫째로 대신 죽어줄 사람은 죄가 없어야 하기 때문입니다. 죄 있는 인간은 결코 남의 죄를 위해서 죽어줄 수 없습니다. 그는 자기 죄로 죽는 셈이 되기 때문입니다. 두 명의 살인범이 같이 사형을 언도받았는데 그중 한 명이 "야! 내가 네 죄를 위해 대신 죽어줄게"라고 할 수 없습니다. 그 사람도 자기 코가 석자이기 때문입니다. 어차피 그 사람은 자기 죄 때문에 죽어야 하기 때문에 다른 사람의 죄를 위해 죽어줄 목숨이 없습니다. 그래서 죄 없는 사람만이 남의 죄를 위해 대신 죽어줄 수 있는데, 그런 존재는 세상에 예수 그리스도 한 분밖에 없습니다.

둘째로 희생제물은 완전한 인간이어야 합니다. 초대 교회 때 사벨리아니즘이라는 이단은 성부 하나님이 십자가에서 고난을 당하시고 죽으셨다고 주장했지만, 그것은 틀린 말입니다. 죄는 반드시 죽음으로 갚아야 하는데 하나님은 죽을 수 없는 존재이기 때문입니다. 죽을 수 있으려면 인간이어야 합니다. 그래서 죄 없는 하나님의 아들이 완전히 인간이 되셔야 했던 것입니다. 그렇게 인간의 육체를 입고 오셔서 죽으셔야 완전한 희생제물의 자격을 갖추는 것입니다.

은혜란 죄를 그냥 눈감아주는 게 아닙니다. 누군가가 대신 갚아주는 것입니다. 죄 없으신 하나님의 아들 예수님이 자신의 목숨으로 우리의 죗값을 대신 치르신 것입니다. 그것이 바로 십자가이고 신학적인 용어로 '대속'(代贖, atonement)입니다. 대속은 '남의 죄를 대신하여 벌을 받고 값을 치른다'라는 뜻입니다. '우리를 살리기 위한 믿을 수 없는 하나님의 희생' 그것이 바로 복음의 진수입니다.

주님이 십자가에서 마지막 숨을 거두시기 전에 하신 말씀을 기억하십니까? 그것은 "다 이루었다"(요 19:30)라는 말입니다. '다 이루었다'는 것은 '끝났다'는 것입니다. 주님이 십자가에서 이 말을 선포하셨을 때 모든 죽음의 공포와 죄의 권세가 부서지고 끝났습니다. 그 주님의 십자가에서 우리의 죄악된 옛사람도 완전히 끝났습니다.

"그런즉 누구든지 그리스도 안에 있으면 새로운 피조물이라 이전 것은 지나갔으니 보라 새 것이 되었도다"(고후 5:17).

갈보리산 위에서 보여주신 예수님의 사랑을 제대로 깨달을 때 우리의 마음은 부서지고 맙니다. 십자가가 멀리 있을 때는 자신이 커보였는데, 십자가에 더욱 가까이 갈수록 자기 자신이 얼마나 작아지는지 모릅니다. 십자가는 우리 죄의 심각성을 비춰주는 거울과도 같습니다. 우리는 십자가 앞에서 죄가 얼마나 추하고 무서운지를 봅니다. 그리고 죄 문제를 해결하기 위해 하나님의 아들이 자기 생명을 내어놓으신 그 엄청난 사랑에 고개를 숙일 수밖에 없습니다. 주님의 십자가 앞에서 우리는 회개의 눈물을 터뜨리며 겸손하게 찬양과 경배를 드리게 됩니다. 십자가는 우리의 죄에 대해서 그리고 하나님의 사랑에 대해서 엄청나게 많은 말을 우리의 영혼에 흘려보내주고 있습니다.

회개한 양심과 성령의 감동을 받은 사람에게 십자가는 살아 움직이는 하나님의 구원의 능력으로 다가옵니다. 처음에는 미미한 감동이 나중에는 자신의 못된 옛사람을 산산이 깨버리는 거룩한 폭풍이 됩니다. 그것은 자기 안에 있는 모든 죄를 몰아내고 악한 세력들의 뿌리를 흔드는 거대한 폭풍입니다. 거대한 폭풍이 우리의 죄와 허물과 나쁜 생각과 습관을 뚫고 들어옵니다. 이것은 그 누구도 막을 수 없는 십자가의 능력입니다. 부디 십자가의 능력을 덧입고 새로워지기를 바랍니다.


## 예수님의 부활

### 최고의 반전 드라마

기독교 신앙의 가장 핵심이 되는 두 축이 십자가와 부활입니다. 십자가 없는 부활은 의미가 없고 부활이 없는 십자가는 비참합니다. 그래서 우리는 반드시 십자가 신앙을 통과해서 부활 신앙으로까지 가야 합니다. 십자가 신앙이란 예수님의 십자가가 나의 죄를 위한 것임을 가슴 깊이 깨닫고 그 사랑 안에 거하는 것입니다. 영혼 깊은 곳에서 솟아나는 회개의 눈물을 흘리며 주님 앞에 엎드릴 때 옛사람이 죽습니다. 그리하여 도덕적이고 윤리적 신앙인이 아닌 성령의 사람이자 진정한 예수의 제자로 거듭나게 됩니다. 예수님은 단순히 나의 선생님이 아니라 내 영혼의 구원자이십니다.

우리는 십자가 신앙에 머물지 않고 부활 신앙으로까지 나아가야 합니다. 옛사람이 죽으면 새사람이 살아납니다. 세상의 기쁨과는 비교도 되지 않는 하늘의 기쁨으로 가득 차게 되고, 축 처진 어깨에 힘이 생기며, 빛을 잃었던 눈동자가 되살아납니다. 이제부터는 내가 사는 것이 아닌 내 안에 살아 계신 그리스도의 능력으로 초자연적인 삶을 살게 되는 것입니다.

하늘의 영광을 버리고 이 땅에 오신 예수님의 겸손, 십자가에서 죽기까지 우리를 사랑했던 그 사랑의 결과는 무엇입니까? 빌립보서 2장에서는 이렇게 말합니다.

"이러므로 하나님이 그를 지극히 높여 모든 이름 위에 뛰어난 이름을 주사"(빌 2:9).

여기에서 '지극히 높여'라는 말은 '최대치로 높였다'라는 뜻입니다. 십자가에서 죽음으로써 가장 낮은 곳까지 내려가셨던 예수님이 이제 하늘 끝까지 높임을 받으시는 영광의 주(主)가 되셨습니다.

'죽음에서 부활로!'

이것은 성경 전체, 창세기부터 요한계시록까지 흐르고 있던 하나님의 대역전 드라마의 주제이기도 합니다. 하나님은 항상 최악의 상황을 최상의 승리로 바꿔주십니다. 나이 백 살이 되도록 자식이 없었던 아브라함에게 이삭이라는 아들이 생기고, 노예로 팔려갔던 요셉이 총리 대신이 되며, 애굽의 기마대에게 쫓기던 이스라엘 백성들 앞에서 홍해가 갈라지는 끝없는 반전 드라마가 펼쳐집니다. 이것이 바로 하나님의 역사입니다.

예수 그리스도가 이 땅에서 하신 일들도 다 최악을 최상으로 바꾸신 대반전 드라마의 연속이었습니다. 예수님을 만나자 장님은 눈을 뜨게 되었고, 앉은뱅이는 일어나 걷게 되었으며, 죽은 사람은 살아났습니다. 그리고 예수님의 죽음과 부활은 가장 엄청난 대역전 드라마의 시작이었습니다. 사람들은 그를 죽였지만 주님은 부활하셔서 하늘 보좌에 높이 앉으셨습니다. 우리의 인생도 예수님을 만나는 그 순간부터 패배에서 승리로 바뀌게 됩니다.

바울은 성령님이 그의 가슴에 뜨겁게 역사하시면서 열어주시는 이 대역전 드라마의 비전에 취해서 흥분한 목소리로 다음과 같이 외칩니다.

"하늘에 있는 자들과 땅에 있는 자들과 땅 아래에 있는 자들로 모든 무릎을 예수의 이름에 꿇게 하시고 모든 입으로 예수 그리스도를 주라 시인하여 하나님 아버지께 영광을 돌리게 하셨느니라" (빌 2:10,11).

바울은 성령의 감동으로 인해 시간과 공간을 초월한 환상을 보고 있는 것입니다. 예수 그리스도가 아무도 부인할 수 없는 영광의 왕으로 우뚝 서실 것입니다. 마지막 날에, 천사들과 구원받은 성도들은 기쁨으로 그분 앞에 엎드려 예수가 주이심을 시인할 것이며, 악한 영들과 구원받지 못한 영혼들은 통곡하며 주 앞에 엎드리게 될 것입니다. 어떤 모습이든, 모든 영혼들이 확연하게 예수가 주이심을 인정하게 될 것입니다. 교회는 이 놀라운 비전을 가슴에 품고 이 절망스러운 세상을 이기며 살아가는 것이 아니겠습니까?

### 부활의 의미

예수님이 부활하신 주님이라는 사실을 믿는 것은 우리의 믿음생활에 어떤 의미가 있습니까?

첫째로 부활은 죽음을 이기는 승리를 의미합니다. 빈 무덤은 예수께서 죽음의 권세를 이기고 승리하셨음을 보여줍니다. 죽음은 인간에게 올 수 있는 최악의 사건입니다. 제왕이나 재벌, 슈퍼스타도 죽음을 피해 갈 수는 없습니다. 아무리 대단한 사람이라 할지라도 일단 죽으면 한 평도 안 되는 관 속에 들어가 묻힐 수밖에 없습니다. 인간은 죽음의 문제 앞에서 철저하게 무기력한 존재입니다. 시험에서 떨어지면 다음 기회에 도전하면 되고, 사업이 망해도 다시 시작하면 되지만 죽음은 결코 돌이킬 수 없습니다. 세상에서 일어나는 크고 작은 일은 수습할 수 있지만, 사망 앞에서는 아무런 힘을 발휘할 수 없습니다. 인간은 스스로의 힘으로 사망을 이길 수 없는 존재입니다.

그러나 예수님은 죽음을 이기셨습니다. 인간을 가장 두렵게 하는 죽음이 주님 앞에서는 완전히 힘을 잃었습니다.

"사망아 너의 승리가 어디 있느냐 사망아 네가 쏘는 것이 어디 있느냐"(고전 15:55).

예수께서 죽음을 이기시고 부활하셨다는 사실은, 예수를 믿는 모든 성도들도 죽고 나면 예수님처럼 영원한 나라에서 영광스러운 몸으로 부활한다는 것을 의미합니다. 그러므로 우리는 세상 사람들처럼 죽음을 두려워하며 전전긍긍하지 않아도 됩니다. 시험이 두려우면 공부하면 되고, 어둠이 두려우면 불을 켜면 됩니다. 마찬가지로 죽음이 두려우면 부활하신 예수님을 믿으면 됩니다. 그런 사람은 주님을 의지하며 평안한 마음으로 담대하게 살아갈 수 있습니다.

둘째로 죽음을 이기셨다는 것은 죽음을 주관하는 사탄을 이기셨다는 말입니다. 인간을 타락시켜서 에덴동산에서 쫓겨나게 할 때부터 사탄은 끊임없이 사람과 하나님의 관계를 이간질해왔습니다. 특히 끊임없이 죽음의 공포를 집어넣음으로써 인간을 두려움의 노예로 만들었습니다. 갈보리의 십자가에 주님을 못 박아 죽게 함으로써 자신이 이겼다고 생각했습니다. 사탄은 미래를 읽을 수 있는 능력이 없습니다. 미래를 바라보는 지혜가 있었다면 결코 주님을 십자가에 못 박지 않았을 것입니다. 주님이 죽음을 이기고 부활하실 줄은 꿈에도 몰랐을 것입니다. 그러나 주님이 장사된 지 사흘 만에 부활하심으로써 상황은 완전히 역전되었습니다.

부활하신 주님은 더 이상 말구유의 연약한 아기의 모습으로 오시지 않습니다. 흰 말을 타고, 그 눈에는 불이 있으며, 손에는 날 선 검을 들고 오실 것입니다. 천둥 같고 많은 물소리 같은 음성을 발하며 햇빛보다 찬란한 영광 속에서 하늘의 천군천사를 거느리고 오실 것입니다. 부활은 바로 그 엄청난 하늘나라 군대의 대습격의 전조일 뿐입니다. 사탄의 권세는 예수님의 부활로 인해 치명타를 입었고 그 뒤부터는 정신없이 수세에 몰리고 있습니다.

이제 우리는 사탄을 두려워하거나 겁낼 필요가 전혀 없습니다. 이 세상을 살 동안 항상 주님을 믿고 기도하면 우리를 따라다니는 사탄의 권세를 확실하게 제압할 수 있습니다. 대장 되신 예수님만 믿고 따르면 백전백승입니다. 늘 그분과 동행하십시오.

부활하신 주님이 교회의 머리가 되시기 때문에 음부의 권세가 교회를 이기지 못합니다. 교회의 머리 되신 그리스도는 오늘도 주님의 교회를 사탄의 공격으로부터 보호하십니다. 우리는 어떤 힘든 시련이 와도 머리이신 그리스도 밑에 똘똘 뭉친 교회 공동체 안에서 안식할 수 있습니다.

셋째로 부활은 승리하는 삶의 원동력을 나타냅니다. 인간의 가장 무서운 문제인 죽음을 이기신 주님이 이기지 못할 문제가 어디 있겠습니까? 그러므로 우리는 승리하신 주님의 발자취를 따라가며 아무리 힘든 문제 앞에서도 낙심하지 말고 담대하게 나아가야 합니다. 부활하신 주님은 지금도 하늘 아버지의 보좌 우편에 앉으셔서 끊임없이 우리를 위해 중보하고 계십니다. 우리는 자신의 힘으로 사는 것이 아니라 부활하신 예수님의 능력으로 살고 있는 것입니다. 주님은 아득한 전설 속의 신화적 인물이 아닙니다. 지금도 살아 계셔서 우리 안에서 힘과 용기를 주시고, 우리를 통해 일하시는 분입니다. 우리는 살아 계신 주님께 기도하고 예배합니다. 예수님이 살아 계셔서 내 인생을 다스리시고 풍성하게 하신다는 확신이 우리의 신앙을 활기차고 생동감 있게 합니다.

십자가에는 '거룩한 두려움'과 '거룩한 기쁨'이 있습니다.

"그 여자들이 무서움과 큰 기쁨으로 빨리 무덤을 떠나 제자들에게 알리려고 달음질할새"(마 28:8).

십자가 사랑은 참으로 아름다운 것이지만 무덤이 십자가의 최종 종착지는 아닙니다. 무덤은 슬픔과 절망, 두려움과 좌절의 공간입니다. 부활 신앙은 어두운 무덤을 떠나는 것입니다. 당신이 처한 삶의 현장 가운데서 죽음의 자리, 어둠의 자리, 죄의 자리를 떠나십시오.

부활을 목격한 사람들은 한편으로는 두렵기도 했지만 큰 기쁨을 느꼈습니다. 이것이 부활 신앙입니다. 부활 신앙을 갖게 되면 거룩한 두려움을 느끼고, 죽음을 이기신 주님의 능력을 체험하며 이제까지와는 전혀 다른 하나님에 대한 경외심을 느끼게 됩니다. 윤리적인 신앙, 내 경험과 지성에 갇힌 하나님이 아닌 측량하기 어려운 능력과 지혜의 하나님을 바라보게 됩니다.

"큰 음성으로 이르되 죽임을 당하신 어린 양은 능력과 부와 지혜와 힘과 존귀와 영광과 찬송을 받으시기에 합당하도다 하더라"(계 5:12).

부활 신앙은 천국의 기쁨으로 충만한 것입니다. 죽음으로 매어놓을 수 없었던 예수님의 영원한 생명을 듣고 보며 느끼게 됩니다. 그 생명을 우리 것으로 만드는 순간, 우리 가슴에는 세상이 줄 수 없는 기쁨이 넘쳐흐르게 됩니다.

'달리는 증인들'의 모습을 통해 부활 신앙은 '달리는 것'임을 알 수 있습니다. 부활을 목격한 이들은 제자들에게 이 소식을 알리려고 달려갔습니다. 성형수술의 비포(Before)와 애프터(After)처럼, 무덤으로 갈 때만 해도 땅이 꺼지는 듯한 슬픔으로 비틀거리며 걸어갔는데, 이제는 단거리 육상선수처럼 뛰어갑니다. 부활하신 예수님을 만났기 때문입니다. 부활하신 주님을 만나면 지친 어깨가 펴지고 눈에 생기가 돌기 시작합니다. 가슴이 다시 힘차게 박동하기 시작할 것입니다. 똑같은 일을 하는데도 이전과는 비교가 되지 않을 정도로 신바람이 나서 움직이게 될 것입니다.

"소년이라도 피곤하며 곤비하며 장정이라도 넘어지며 쓰러지되 오직 여호와를 앙망하는 자는 새 힘을 얻으리니 독수리가 날개치며 올라감 같을 것이요 달음박질하여도 곤비하지 아니하겠고 걸어가도 피곤하지 아니하리로다"(사 40:30,31).

오늘 당신의 인생에도 이런 흥분이 있기를 바랍니다. 예수님의 소식을 전하고 싶어서 견딜 수 없는 감격이 있기를 바랍니다. 그래서 인생을 뛰어가는 힘이 생기길 바랍니다. 어떤 어려움이 있어도 움츠러들지 않고, 힘차게 전진하는 승리의 질주를 시작하십시오.

예수님을 믿는다고 할 때 우리는 십자가의 주님, 부활의 주님을 믿는 것입니다. 십자가와 부활에 담긴 하나님의 능력과 사랑을 믿는 것입니다. 그 사랑과 능력이 지금 이 순간에도 내 안에 살아 역사하고 있다는 사실을 믿는 것입니다. 살아 있는 예수님의 이름을 붙잡을 때 우리는 어떤 어려움도 넉넉히 이길 수 있습니다. 우리는 예수님 안에서 반드시 최후 승리를 얻게 될 것입니다. ✸

## 사람의 몸을 입고 오신 하나님

하나님이 이 땅에 사람의 몸을 입고 오신 것이 바로 예수 그리스도이십니다. 이것을 가리켜 성육신이라고 합니다. 예수님은 완전한 인간이시며 동시에 완전한 하나님이십니다. 하나님이 사람이 되셨다는 것 자체가 얼마나 큰 고통을 감내한 겸손이요, 사랑인지 모릅니다. 아름다운 천국에서 살던 거룩하신 하나님의 아들이 하늘 보좌를 버리고 이 더러운 인간의 땅에 와서 사는 고통을 우리는 상상할 수가 없습니다. 예수님은 자신을 철저히 배신한 인간을 구원하러 이 땅에 오신 사랑의 추적자이십니다.

## 십자가의 사랑

십자가는 우리를 향한 하나님의 사랑이 얼마나 큰지를 말해줍니다. 인류의 죄 문제를 해결하기 위해서는 흠이 없는 완전한 인간이 필요했습니다. 죄는 반드시 죽음으로 갚아야 하는데, 하나님은 죽으실 수 없는 존재이니 죄 없으신 하나님의 아들 예수님이 우리의 죄를 씻기 위해 희생제물이 되었습니다. 하늘과 땅의 모든 권세를 가진 하나님의 아들이 무기력한 자처럼 채찍에 맞고 두 손과 발에 못이 박혀 십자가에서 죽으셨습니다. 주님의 십자가 앞에서 우리는 영혼 깊은 곳에서 솟아나는 회개의 눈물을 터뜨릴 수밖에 없습니다.

## 죽음을 이긴 부활

부활은 죽음을 이기는 승리를 의미합니다. 인간을 가장 두렵게 하는 죽음을 예수님이 이기셨으므로 우리는 더 이상 사탄을 두려워하거나 겁낼 필요가 없습니다. 승리하신 예수님을 따라가면 우리가 이기지 못할 문제는 하나도 없습니다. 우리 안에 세상이 주는 기쁨과는 비교도 되지 않는 하늘의 기쁨이 가득 차게 되고, 빛을 잃었던 눈동자에 생기가 넘쳐흐르며, 예수 그리스도의 능력을 힘입어 초자연적인 삶을 살게 됩니다.

성자 하나님

# 성령
# 하나님

## 06
LESSON

GOD
THE
HOLY SPIRIT

내가 아버지께 구하겠으니 그가 또 다른 보혜사를 너희에게 주사
영원토록 너희와 함께 있게 하리니 그는 진리의 영이라
세상은 능히 그를 받지 못하나니 이는 그를 보지도 못하고 알지도 못함이라
그러나 너희는 그를 아나니
그는 너희와 함께 거하심이요 또 너희 속에 계시겠음이라

요한복음 14장 16,17절

# 성령 하나님

삼위일체(三位一體) 하나님, 즉 성부, 성자, 성령은 환상의 팀워크를 이루고 계십니다. 창세기 1장에 나오는 천지창조를 보면, 땅이 혼돈하고 공허하며 흑암으로 가득 찼을 때 하나님의 신(성령)이 수면 위를 운행하시면서 준비 작업을 하셨습니다. 그리고 성부 하나님이 말씀(성자 하나님)으로 천지를 창조하셨습니다.

우리의 구원 사건은 어떻습니까? 성부 하나님은 우리의 구원 사건을 계획하셨고, 성자 하나님은 십자가에서 죽으심으로 구원을 이루셨으며, 성령 하나님은 그 십자가 구원의 복음을 우리 마음속에 심어주셨습니다. 하나님을 믿는다고 할 때 우리는 이 성부, 성자, 성령 삼위일체 하나님을 믿는 것입니다.

이 장에서는 삼위일체 하나님 가운데 성령 하나님에 대해서 알아보기로 하겠습니다.

# 성령 하나님의 특징

## 예수님이 보내신 보혜사

성경은 성령님을 예수님이 보내신 보혜사로 소개합니다.

"그러나 내가 너희에게 실상을 말하노니 내가 떠나가는 것이 너희에게 유익이라 내가 떠나가지 아니하면 보혜사가 너희에게로 오시지 아니할 것이요 가면 내가 그를 너희에게로 보내리니"(요 16:7).

성령 하나님은 예수님이 보내신 분입니다. 제자들은 예수님과 헤어진다는 사실이 너무 슬펐습니다. 그러나 예수님은 그것이 인간적인 생각이라고 하시며 "내가 떠나가는 것이 너희에게 유익이라"고 말씀하셨습니다. 성육신하신 예수님은 3차원적인 인간의 육체 속에 계셨기 때문에 시간과 공간의 제약을 받으셨습니다. 한 번에 한군데밖에 계시지 못하고, 하루에 목양할 수 있는 사람의 숫자가 한정되어 있었습니다.

그러나 성령 하나님은 다릅니다. 영이신 그분은 시간과 공간을 초월하십니다. 예수님과 똑같은 능력과 생각을 가지신 인격체이시고 한꺼번에 수천수만 명의 기도를 응답해주시며 그들과 함께 계실 수도 있는 분입니다.

예수님은 성령님을 '보혜사'라고 칭하셨습니다. '보혜사'를 좀 더 정확하게 번역하면, 옆에서 함께 동행하면서 도와주는 코치 같은 존재라고 할 수 있습니다. 코치가 선수 대신 운동장에서 뛰어주진 않습니다. 그러나 코치는 훈련할 때부터 시합장에서 뛰는 동안, 일분일초도 선수 곁을 떠나지 않고 함께 땀 흘리고 박수 쳐주며, 지도하고 가르쳐주는 역할을 합니다. 겉으로 드러나진 않지만 코치의 역할은 절대적입니다. 아무리 위대한 선수도 코치 없이 혼자 성공하는 경우는 거의 없습니다. 선수의 실력과 인격, 자세 하나하나에 모두 코치의 손때가 묻어 있습니다. 우리가 믿음이 좋아서 지금 이 정도로 신앙생활을 하고 있다고 생각한다면 그것은 큰 착각입니다. 우리 속에 거하시고, 우리 곁에 계셔서 24시간 동행하시는 세계 최고의 명코치이신 성령님이 아니면 우리는 아무것도 아닌 존재들입니다.

어느 자유주의 신학자는 성령님을 우리 안에 있는 어떤 기(氣)라고 주장합니다. 그러나 성령님은 에너지나 기가 아닙니다. 성령님은 예수님의 영이시며 인격체입니다. 특정 기도원이나 성령집회를 참석해보면 목에 핏대를 세우면서 고함을 지르는 모습이 눈에 띕니다. 성령님은 인격체이십니다. 불처럼, 바람처럼 뜨겁게 능력으로 임하시지만 질서가 있고 균형이 있습니다. 평안함과 경건함이 있습니다. 그래서 성령체험을 제대로 하면 인격이 훌륭해집니다.

"내가 아버지께 구하겠으니 그가 또 다른 보혜사를 너희에게 주사 영원토록 너희와 함께 있게 하리니"(요 14:16).

성령님은 우리를 떠나지 않으시는 인격체입니다. 자신의 가장 가까운 존재인 부모와 배우자, 자녀가 언제까지 우리와 항상 함께 있을 수는 없습니다. 그러나 성령님은 영원토록 우리 곁에서 떠나지 않고 함께 동행해주십니다. 구약시대에도 성령이 오셔서 하나님의 백성들과 함께 계셨습니다. 그러나 사람들이 죄를 짓거나 하나님을 진노케 하면 성령님이 떠나가셨습니다. 솔로몬 성전 위를 덮었던 하나님의 영광과 구름기둥, 불기둥은 모두 성령님의 임재를 나타내는데, 사람들이 죄를 짓고 하나님을 거역하면 떠나버리셨습니다. 그러나 예수님이 보내신 성령님은 영원히 우리를 떠나지 않으십니다. 우리의 의(義)가 아닌 예수님의 십자가 의에 근거해서 오셨기 때문입니다.

성령님은 예수의 영이십니다. 이 성령님은 진리로 우리를 인도하십니다.

"그러나 진리의 성령이 오시면 그가 너희를 모든 진리 가운데로 인도하시리니 그가 스스로 말하지 않고 오직 들은 것을 말하며 장래 일을 너희에게 알리시리라"(요 16:13).

진리, 즉 하나님의 말씀은 성령의 감동으로 기록된 것입니다. 그렇기 때문에 말씀을 읽을 때 우리의 마음도 성령이 감동시켜주셔야 이해할 수 있습니다. 말씀을 해석하는 코드는 바로 성령의 기름 부으심입니다. 성령으로 거듭나지 않으면 아무리 똑똑한 사람도 성경에 담겨있는 하나님의 깊은 비밀을 깨달을 수 없고, 그분의 사랑과 지혜와 비전을 제대로 알 수 없습니다. 성령은 말씀을 사용하셔서 우리의 삶 속에서 하나님의 뜻이 역사하도록 하십니다.

"보혜사 곧 아버지께서 내 이름으로 보내실 성령 그가 너희에게 모든 것을 가르치고 내가 너희에게 말한 모든 것을 생각나게 하리라"(요 14:26).

성경은 방대합니다. 우리의 삶은 바쁘고 복잡하며, 여러 가지 상황이 발생합니다. 어떻게 하면 우리가 속한 삶의 현장에서 꼭 필요한 하나님의 말씀을 알맞게 공급받을 수 있을까요? 그 일을 성령님이 하시는 것입니다. 급변하는 이 사회에서 순간순간 위기의 때에 가장 정확한 답을 갖고 계신 분이 하나님입니다. 성령님은 비전을 주시고, 꿈을 이루어가는 과정을 세밀하게 간섭하시며 인도해주십니다. 우리는 모든 것을 성령님께 의지하고 자신의 명철을 자랑하지 말아야 합니다.

성령님이 가장 원하시는 것은 우리와 교제하시는 것입니다. 그래서 기도하고 말씀을 묵상하는 사람을 기뻐하십니다. 우리는 복을 받고 싶은 마음이 강한데, 성령님은 먼저 교제하자고 하십니다. 방언기도도 형제들끼리 서로 과시하기 위한 수단이 아니라, 하나님과 나만이 아는 하늘의 언어로 주님과 더 깊이 교제할 수 있도록 주신 것입니다. 성령님은 우리와 더욱 친밀한 관계를 맺길 원하십니다. 친밀한 관계가 이루어지면 축복은 자연스럽게 스며드는 것인데 우리는 자꾸 순서를 거꾸로 뒤집습니다. 성령의 사람이 된다는 것은 하나님과 깊이 교제하는 삶을 사는 것을 의미합니다.

1979년에 윤복희 씨는 〈여러분〉이라는 노래로 서울국제가요제에서 그랑프리를 수상했습니다. 그녀는 그 노래가 하나님을 주제로 만든 간증 곡이라고 말합니다. 그래서인지 가사를 보면 우리를 떠나지 않으시는 성령 하나님이 생각납니다.

네가 만약 괴로울 때면 내가 위로해줄게
네가 만약 서러울 때면 내가 눈물이 되리
어두운 밤 험한 길 걸을 때 내가 너의 등불이 되리
허전하고 쓸쓸할 때 내가 너의 벗 되리라
나는 너의 영원한 형제야 나는 너의 친구야
나는 너의 영원한 노래여 나는 너의 기쁨이야 (이하 생략)

성령님은 정말 우리에게 이 노랫말을 속삭여주는 분과 같습니다.

### 살리는 영

한동안 "살아 있네!"라는 말이 유행이었습니다. 아무리 좋은 것이라도 죽은 것은 비참합니다. 생물학적으로는 살아 있어도 영이 죽어 있으면 그건 살아도 산 게 아닙니다. 성령이 역사하시면 죽은 영혼이 살아나는 사건이 일어납니다.

"예수를 죽은 자 가운데서 살리신 이의 영이 너희 안에 거하시면 그리스도 예수를 죽은 자 가운데서 살리신 이가 너희 안에 거하시는 그의 영으로 말미암아 너희 죽을 몸도 살리시리라"(롬 8:11).

에스겔이 환상 가운데 본 힌놈의 골짜기의 마른 뼈들에게 성령의 생기가 들어가니까, 살아서 일어나 거대한 군대가 되었습니다(겔 37:1-14 참조). 성령님은 죽음을 몰아내고 생명을 불어넣으시는 분이십니다. 성령님은 회복의 영이시기에 삶의 모든 부분까지 살리기를 원하십니다. 우울증으로 인해 끊임없이 자살충동을 느끼는 사람에게 성령이 임하면 죽음의 영이 떠나가고, 부활의 영으로 충만하게 됩니다.

세상은 자꾸 우리의 기를 죽이려고 하고 우울하게 하며, 불안하게 하고 답답하게 합니다. 그러면 그럴수록 우리는 하늘을 향해 손을 펴고 성령의 생기를 부어달라고 기도해야 합니다. 당신의 가정과 직장에 성령의 생기가 불어오게 해달라고 기도하십시오. 오직 예수 안에 생명이 있습니다.

### 연합의 영

성령님은 하나가 되게 하시는 분입니다.

"너희도 성령 안에서 하나님이 거하실 처소가 되기 위하여 그리스도 예수 안에서 함께 지어져 가느니라"(엡 2:22).

교회는 주님의 몸입니다. 예수님이 머릿돌이 되시고 우리는 좌우상하로 연결되는 돌들입니다. 그리고 성령님은 돌과 돌을 떨어지지 않게 붙여주는 시멘트와도 같은 역할을 하십니다. 성도가 교회 공동체로 연결되면, 하나님이 성령 안에서 연합하게 하시며 다양성 안에서 통일성을 이루게 하십니다. 성령이 충만한 사람은 화목을 이루고 다투지 않습니다. 그래서 은혜로운 교회는 회의 시간보다 기도 시간이 많습니다. 팀워크가 잘 이루어지지 않고 자꾸 싸우는 사역 팀은 모든 일을 중단하고 깊은 기도로 성령님의 임재를 간구해야 합니다. 교회는 대화의 기술이나 정치적인 협상 같은 세상적인 방법으로 하나가 되는 곳이 아니라 성령의 임재로 하나가 되는 곳이기 때문입니다.


## 성령세례

성령님이 내게 임하는 것을 성령세례라고 하는데, 이는 곧 세례를 받듯이 성령 안에 잠기는 것을 의미합니다. 또한 성령께서 함께하실 때 일어나는 모든 사건을 뜻합니다. 그리스도인이라면 누구나 성령세례를 받을 수 있습니다. 성경은 예수님이 "성령과 불로 너희에게 세례를 베푸실 것"(마 3:11)이라고 말합니다. 여기서 '불'은 성령으로 세례를 받는 사건을 묘사하는 상징적인 표현입니다. 성령으로 세례를 받게 되면 성령님과 우리는 공동 운명체를 이루게 됩니다. 그래서 성령세례를 다른 말로 '성령의 인치심'이라고 부릅니다(엡 1:13,14 참조).

세례에는 물세례와 성령세례가 있습니다. 사도행전에서 주님은 요한의 물세례와 성령세례를 구분하셨습니다.

"요한은 물로 세례를 베풀었으나 너희는 몇 날이 못되어 성령으로 세례를 받으리라 하셨느니라" (행 1:5).

요한의 물세례는 '죄를 씻는다'는 의미의 상징적인 의식입니다. 보통 교회에서 예배 시간에 모든 성도들이 보는 앞에서 베푸는 세례가 바로 이 물세례입니다.

그러나 성령세례는 내적으로 회개하고 완전하게 죄를 용서받은 후 거듭나는 체험을 하는 것을 말합니다. 이는 하나님의 초차연적인 역사와 은혜로만 가능합니다. 이렇게 표현하는 게 조심스럽지만, 물세례는 예수님을 믿지 않아도 받을 수 있습니다. 왜냐하면 물세례는 자신이 예수님을 믿고 있다고 고백하면 교회에서 그 고백을 인정하여 간단한 세례교육을 거쳐 베푸는 것이기 때문입니다. 그러나 성령세례는 예수님을 진정으로 믿는 사람만이 받을 수 있습니다. 사람을 속일 수는 있어도 하나님을 속일 수는 없기 때문입니다.

성령세례와 물세례가 임하는 때도 상황에 따라서 다릅니다. 사도행전 10장에 나오는 로마 백부장처럼 물세례를 받기 전에 먼저 성령세례를 체험할 수도 있고, 사도행전 8장에 나오는 사마리아 사람들처럼 물세례를 받은 후에 성령세례를 경험할 수도 있습니다. 그리고 물세례와 성령세례를 함께 받을 수도 있습니다. 사도행전 2장에서 베드로의 설교를 듣고 회개한 후 예수님을 믿은 사람들의 경우가 그렇습니다.

## 성령세례의 의미

앞에서 언급했듯이 성령세례란 성령 안에 푹 잠기는 것을 말합니다. 그래서 성령으로 세례를 받는다는 것은 성령님이 임하신다는 것을 의미합니다. 또한 성령세례는 성령께서 함께하실 때 일어나는 모든 사건을 뜻합니다. 복음을 듣고 거듭난 그리스도인이라면 누구에게나 일어날 수 있고, 또한 일어나는 일입니다. 성령세례를 받은 사람은 성령님과 공동 운명체를 이루며 살아갑니다.

우리는 사도행전에서 "성령으로 세례를 받으리라"(행 1:5)라고 한 부분을 주목할 필요가 있습니다. 성령세례는 쟁취하는 게 아니고, 받는 것입니다. 내가 이루는 것이 아니라 하나님이 주시는 것을 그냥 받는 것입니다. 성령세례는 하나님의 때에 하나님의 방법으로 임합니다. 우리가 받고 싶다고 해서 하나님이 급하게 서둘러서 주시는 것이 아니므로, 하나님의 때를 기다려야 합니다. 성령세례를 간절히 사모하는 것은 좋은 일이지만, 그 시기는 백퍼센트 하나님의 주권에 속한 것이므로 조바심을 내서는 안 됩니다. 성령을 받는다는 표현은 완전히 수동태로 이루어져 있습니다.

성령세례는 주도권이 나에게 있지 않고 성령님께 있는 불가항력적인 사건입니다. 하나님이 은혜로 주시는 것이지, 나의 노력이나 재능으로 받을 수 있는 것이 아닙니다. 그것은 우리의 불완전함을 무릅쓰고 주시는 하나님의 선물입니다. 그래서 성령세례를 받을 때는 겸손하고 정직해야 합니다. 가난한 마음으로 기도하면서 기다리면 하나님이 그분의 때에 부어주십니다. 오순절 다락방의 성령 강림 사건은 바로 그렇게 일어났습니다.

그런데 사람들이 혼란스러워하는 것은 "성령세례를 이미 받으셨음을 믿으시기 바랍니다"라고 설교하는 교회가 있는 반면에, "성령세례 받기를 사모하시길 바랍니다"라고 설교하는 교회가 있기 때문입니다. 성령세례는 구원받을 때 한 번 받고 끝나는 것일까요? 아니면 계속해서 받아야 하는 것일까요? 결론부터 말하면 둘 다 맞습니다. 성령세례는 이미 받은 과거완료형이기도 하면서, 계속 새롭게 받아야 할 현재진행형이기도 합니다.

성령세례는 크게 세 가지로 정의할 수 있는데, 교단과 교파에 따라 강조점이 달라서 생기는 혼란일 뿐입니다.

첫째로 성령세례는 구원 사건 혹은 우리가 하나님의 자녀, 거룩한 백성이 되어 세상과 구별되는 일입니다. 성령세례는 내 마음을 성령님이 사로잡을 때 진정으로 예수님을 내 구주로 영접하는 구원 사건입니다. 단순히 교회에 다니는 것이 아니라 마음으로부터 예수님을 믿고 구원받는 사건입니다. 눈에 보이는 등록 절차를 밟고 교인이 되었다고 안심하는 것이 아니라 진정으로 회개하고 내적인 변화를 받아서 구원의 확신 가운데 거하는 일입니다. 이렇게 구원 사건으로서의 성령세례는 과거완료형입니다.

우리가 구원받은 사실은 변하지 않습니다. 그러나 구원에 대한 확신이 흔들릴 수도 있고, 다윗처럼 치명적인 죄를 지었을 때는 구원의 기쁨을 잃어버릴 수도 있습니다. 이때 우리에게 구원의 확실성을 증거하시고(롬 8:16), 구원의 즐거움을 회복시켜주시는(시 51:12) 분이 바로 성령님이십니다. 우리가 죄를 지었을지라도 회개하면 성령님이 회복시켜주시고, 영적인 매너리즘에 빠져 흔들리는 순간이 있을지라도 성령님의 도우심을 구하면 다시금 부흥을 허락해주십니다. 이런 일이 우리 믿음의 여정 가운데서 평생 계속됩니다. 이런 맥락에서의 성령세례는 현재진행형입니다.

둘째로 성령세례를 받을 때 인격이 변화되는 축복을 받습니다. 성령님은 인격체이십니다. 그러므로 성령세례를 받으면 우리의 인격도 성령님께 엄청난 영향을 받습니다. 성령님은 우리 안에서 죄로 인해 깨어진 하나님의 형상을 회복시키시며 속사람을 변화시켜주십니다. 그 결과 삶 가운데 성령의 열매를 맺게 되고 성품이 변화되는 축복을 경험합니다. 인격이 변화되어 "사랑과 희락과 화평과 오래 참음과 자비와 양선과 충성과 온유와 절제"(갈 5:22,23)의 열매를 맺게 됩니다. 한마디로 예수님의 인품을 닮아가는 것입니다. 이러한 성령세례는 과거완료형입니다.

그러나 동시에 성령님은 계속해서 우리의 인격을 점점 더 하나님의 형상으로 바꾸어가십니다. 저는 목회자로서 아직도 제 인격이 너무나 부족하다는 사실을 항상 느낍니다. 죽은 줄 알았던 옛 성미가 불끈불끈 솟아오를 때가 많습니다. 그래서 날마다 하나님 앞에 엎드려 저를 붙잡아달라고 간구합니다. 그러면 하나님이 인내하며 포용할 수 있는 능력을 주십니다. 날마다 어려운 상황을 이길 수 있는 넉넉한 은혜를 주십니다. 그러므로 인격의 변화, 삶의 변화로서의 성령세례는 이미 받았지만 계속해서 또 받아야 합니다. 우리의 인격은 '평생 공사중'이어서 계속 업그레이드해야 합니다. 인격의 변화로서의 성령세례는 현재진행형입니다.

셋째로 성령세례를 통해 누리는 축복은 '하나님의 능력으로 채워지는 것'(empowerment)입니다.

"오직 성령이 너희에게 임하시면 너희가 권능을 받고"(행 1:8).

여기서 말하는 권능(Power)은 마치 거대한 폭탄이 폭발하는 것 같은 엄청난 하늘의 능력입니다. 성령이 임하면 하늘의 능력이 내게 임하게 됩니다. 기도가 달라지고, 설교의 내용과 사역 형태가 달라집니다. 성령의 능력으로 하나님의 일을 하게 되면 완전히 다른 결과를 얻게 됩니다. 아무런 능력도 없던 열두 명의 겁쟁이 제자들이 성령세례를 받은 뒤 하루아침에 사자 같은 사도들이 되었습니다. 엄청난 기적과 이사를 행하며, 담대히 복음을 전하는 일꾼이 되었습니다. 사람이 이렇게 순식간에 변하는 것이 과연 가능한 일입니까? 쉬운 일은 아니지만 성령의 능력을 받으면 가능합니다. 예수님을 믿는 그 순간부터 엄청난 하늘의 능력이 우리 안에 들어왔습니다. 그래서 성령세례를 받으면 평범한 사람이 엄청난 일을 감당하게 됩니다. 하나님의 능력으로 일하기 때문입니다. 능력을 부여하는 성령세례는 이런 의미에서 확실한 과거완료형입니다.

그러나 능력을 부어주시는 성령세례는 또한 끝없는 현재진행형입니다. 예수님을 구주로 영접할 때 분명히 하늘의 능력을 받았지만 계속해서 새롭게 받아갑니다. 끊임없이 재충전되고 업그레이드되는 것입니다. 살아가면서 새로운 사명을 주시고 영역을 확대시키시며 힘들 때마다 꼭 필요한 능력을 부어주십니다. 겸손하게 자신의 부족함을 인정하며 간절히 하나님의 도우심을 구하는 자에게 하나님은 성령의 능력을 계속 부어주십니다.

이 성령의 능력이라는 콘텍스트(context) 안에서 성령의 은사도 이해되어야 합니다. 하나님이 우리에게 특별한 사명을 주실 때는 그 사명을 감당할 수 있는 능력을 주시는데, 이것을 가리켜 '성령의 은사'라고 합니다.

"어떤 사람에게는 성령으로 말미암아 지혜의 말씀을, 어떤 사람에게는 같은 성령을 따라 지식의 말씀을, 다른 사람에게는 같은 성령으로 믿음을, 어떤 사람에게는 한 성령으로 병 고치는 은사를, 어떤 사람에게는 능력 행함을, 어떤 사람에게는 예언함을, 어떤 사람에게는 영들 분별함을, 다른 사람에게는 각종 방언 말함을, 어떤 사람에게는 방언들 통역함을 주시나니 이 모든 일은 같은 한 성령이 행하사 그의 뜻대로 각 사람에게 나누어주시는 것이니라"(고전 12:8-11).

우리는 은사라고 하면 보통 치유의 은사나 방언의 은사를 떠올리기 쉽지만 고린도전서 12장에 나오는 말씀처럼 성령의 은사는 매우 다양합니다. 이러한 은사가 없어도 하나님의 일을 하긴 하지만 차원이 다릅니다. 방언을 받지 않아도 기도할 수 있지만 파워가 다릅니다. 가르침의 은사가 없어도 설교할 수는 있지만 주는 감동이 다릅니다. 하나님이 당신에게 어떤 사명을 주셨다면 반드시 감당할 은사를 함께 주셨을 것입니다.

은사는 문자 그대로 하나님의 선물입니다. 하나님이 주시면 받는 것이지 내가 욕심을 내거나 노력해서 얻을 수 있는 것이 아닙니다. 하나님이 선물로 주신 것이기 때문에, 내가 어떤 은사를 받았다고 해서 으스대거나 교만해질 이유가 없습니다. 늘 겸손하고 정직하게 행동해야 합니다. 성령님이 잠잠하실 때에도 주도권은 성령님께 있으므로 조작하거나 인간적인 술수를 써서도 안 됩니다. 은사는 자연스럽게 오는 것입니다. 또한 은사를 받은 것도 중요하지만 하나님 나라를 위해 선용하는 것이 더 중요하다는 사실을 잊어서는 안 됩니다.

### 같은 용어, 다른 용법

교단과 교파에 따라서 성령세례를 사용하는 방법이 다릅니다. 그러나 어떠한 사건에 무게를 두는가에 따라서 다르게 사용될 뿐이지 성령세례의 세 가지 차원(구원의 확신, 인격의 변화, 하나님의 능력으로 채워지는 것)이 있다는 것을 모두 인정합니다. 어떤 교파에서는 성령이 임하셔서 구원받은 사건을 성령세례라는 용어로 표현하며, 거기에 무게중심을 둡니다. 다른 교파에서는 성령의 역사로 일어나는 인격의 변화에 무게중심을 둡니다. 또 다른 교파에서는 성령의 능력을 받는 사건에 무게중심을 둡니다. 어떤 사건에 무게중심을 두느냐에 따라서 성령세례의 의미가 다르게 사용됩니다. 총체적으로 보면 성령세례는 구원, 삶의 변화, 능력 있는 사역을 다 포함합니다.

성령세례는 전도·선교와 관련이 많습니다. 예수님은 사도행전 1장 8절에서 "오직 성령이 너희에게 임하시면 너희가 권능을 받고 예루살렘과 온 유대와 사마리아와 땅 끝까지 이르러 내 증인이 되리라"라고 하셨습니다. 성령세례를 통해 크리스천은 확실한 정체성을 갖게 되고 하늘의 능력을 받음으로써 천국 복음을 전파하게 됩니다. 성령세례를 받았는데 전도와 선교에 대한 열정이 없으면 이상한 것입니다. 성령을 받은 사람은 예수님을 전하고 싶은 마음이 부글부글 끓어오르게 되어 있습니다.

# 성령충만 vs 성령의 소멸

**성령충만을 위한 삶의 결단**

성령충만을 받으면 우리는 삶에서 '결단'을 많이 하게 됩니다.

"술 취하지 말라 이는 방탕한 것이니 오직 성령으로 충만함을 받으라"(엡 5:18).

'방탕'하다는 것은 자기를 절제하지 못하고, 함부로 욕심대로 살다가 자기도 망가뜨리고, 남도 망가뜨리는 것을 말합니다. 그리고 '취한다'는 말은 그 힘에 지배당한다는 뜻입니다. 비단 술뿐만 아니라 돈을 사랑하는 사람, 권력에 취한 사람, 도박에 빠진 사람, 섹스에 탐닉한 사람, 게임에 중독된 사람 등 세상에 취한 사람은 분별력 없고 파괴적인 인생을 삽니다. 그들은 자기 마음대로 산다고 생각하겠지만, 사실은 이 모든 세상적인 힘들을 뒤에서 조종하는 마귀의 영향권 아래에서 사는 것입니다.

하나님의 자녀들은 그 반대의 인생을 삽니다. 바로 '성령으로 충만한 삶'을 사는 것입니다. 우리는 '성령충만하라'는 말을 쉽게 자주 쓰는데 다시 한 번 확실하게 그 의미를 복습할 필요가 있습니다.

여기서 우리가 명심해야 할 점이 하나 있는데, 개역개정판 성경에서는 "오직 성령으로 충만함을 받으라"라고 되어 있지만, 영어 성경에서는 더 정확하게 "성령충만하라"(Be filled with the Holy Spirit)라고 선포하고 있습니다. 성령세례는 하나님이 주시는 것이므로, 우리가 받으면 됩니다. 그러나 성령충만은 우리의 결단으로 되는 것입니다. 성령세례는 우리가 구원받을 때 한 번에 받는 것이지만, 동시에 살아가면서 날마다 업그레이드되는 현재진행형의 체험이기도 합니다. 하나님이 날마다 필요에 따라 내게 성령의 능력을 주시고, 구원의 감격도 새롭게 회복시켜주시며, 우리 옛사람의 성품들도 더 깊이 만지시며 치유해주십니다.

그런데 그 모든 것이 가능하도록 내가 의지적인 결단을 하며 성령님께 문을 열어드려야 합니다. 예수님은 "볼지어다 내가 문밖에 서서 두드리노니 누구든지 내 음성을 듣고 문을 열면 내가 그에게로 들어가 그와 더불어 먹고 그는 나와 더불어 먹으리라"(계 3:20)라고 하셨습니다. 성령님은 인격자이셔서, 잠긴 문을 부수고 억지로 들어오시지는 않습니다. 우리가 복종하기로 결단하고 문을 열어드릴 때 비로소 들어와서 도와주십니다. 성령충만이란 성령님께 나를 활짝 열어드리는 결단입니다.

성령충만은 성령님의 지배를 받는 상태, 즉 성령께서 우리를 온전히 다스리시고 인도하시는 상태를 말합니다. 주님을 자신의 구주로 영접했을 때부터 우리는 하나님의 자녀가 되었습니다. 그렇지만 그것으로 끝난 게 아닙니다. 그때부터 성령님은 우리에게 끊임없이 말씀하시며 삶의 모든 영역을 섬세하게 간섭하시고 인도하십니다. 성령충만이란 성령께서 내게 말씀하실 때마다 "네!" 하고 말씀에 순종하는 것입니다. 많은 크리스천들이 성령의 능력을 부인하지는 않습니다. 하지만 자신들의 선입관과 전통, 메마른 영성으로 성령의 능력을 제한해버립니다.

"그것은 사도행전 시대에 가능했던 일입니다. 설마 지금 나에게 하나님이 직접 말씀하시겠어요? 설마 나를 통해 기적을 일으키시겠습니까?"

성령충만하면 생각과 언어가 달라집니다. "성령께서는 오늘 내게도 역사하실 거야!"라고 믿으며 말로 선포합니다. 내가 믿음의 고백을 하면 내 안에 계신 성령께서 기쁘게 역사하십니다.

"성령충만하라"는 말은 현재진행형입니다. 모든 상황에서 항상 성령님의 리더십을 믿고 따라가야 합니다. 경험과 지식, 인맥 등을 내려놓고 하나님의 음성에 귀를 기울이며 순종해야 합니다. 믿음의 삶을 산다는 것은 하나님과 함께 춤을 추는 것과 같습니다. 항상 하나님의 지시에 따라 함께 스텝을 밟으며 움직이면 됩니다. 우리의 고집을 앞세우면 하나님과 함께 추는 춤이 망가집니다. 헨리 나우웬은 '영성은 항상 성령님이 내 삶에 간섭하실 수 있도록 하는 것'이라고 했습니다.

하나님의 자녀는 유연하고 부드러운 새 마음을 가졌습니다. 나의 계획과 생각이 있어도 성령님이 다르게 말씀하시면 재빨리 바꿀 수 있어야 합니다. 성령의 지배를 받는다는 것은 항상 하나님께 즉각적으로 설득당하는 것입니다. 사람도 무엇을 부탁할 때 마음이 편한 사람이 있습니다. 성령충만하다는 것은 하나님이 무엇을 말씀하시기에 편한 사람이 되는 것입니다. 아무리 바쁘고 힘들어도 주님이 말씀하시면 이의를 제기하지 않고 기쁘게 헌신하는 것입니다.

이렇게 성령으로 충만하여 성령님이 나를 지배하시게 되면 배에서 생수의 강이 흘러나오듯이 능력 있는 말씀이 내 안에서 흘러나오게 됩니다. 기도에 불이 붙습니다. 내 안에 있던 못된 성품이 점점 사라지고 하나님의 성품이 자리 잡게 됩니다. 화도 덜 내고, 조급해하지 않으며, 여유와 기쁨과 평화가 넘치는 삶을 삽니다. 전도하지 않고는 견딜 수 없게 됩니다. 성령충만한 상태에 이르면 나를 통해서 이런 놀라운 일들이 역동적으로 일어나기 시작합니다.

### 성령 소멸

성령충만의 반대는 성령의 소멸입니다. 성경에서 "성령을 소멸하지 말며"(살전 5:19)라고 했는데, 영어성경에서는 "성령의 불을 끄지 말라"(Do not put out the Spirit's fire)라고 표현했습니다. 이 말은 이미 받은 성령의 불이 있다는 것을 전제로 합니다. 그런데 이미 성령세례를 받은 사람도 자칫 잘못하면 성령의 불을 꺼지게 할 수 있습니다. 여기에서 중요한 것은 소멸의 대상이 성령님 자체가 아니라, 성령님이 주시는 감동의 불씨라는 것입니다.

성령충만이 우리의 선택이듯이 성령의 소멸도 우리의 선택입니다. 우리 안에 있는 성령의 인도하심에 대해 자꾸 "아니오"라고 거절하면 성령의 불이 꺼지게 됩니다. 성령님이 내 삶의 어떤 영역으로 들어오시려는 것을 막고 몰아내는 것입니다. 성령께서는 인격적인 분이시기 때문에, 우리가 문을 잠그면 억지로 열고 들어오시지 않습니다. 성령께서 떠나가시지는 않지만 내 안에서 말할 수 없는 탄식으로 슬퍼하십니다. 성령께서 슬퍼하시는데 과연 내가 행복할 수 있을까요?

내 안에 계신 성령의 불을 끄는 것, 즉 성령이 소멸되는 이유는 무엇일까요?

첫째로 죄 문제가 해결되지 않을 때 성령이 소멸됩니다. 다윗왕은 밧세바와 간음하고 그것을 숨기기 위해 그녀의 남편 우리아를 일부러 치열한 전쟁터로 보내서 죽였습니다. 하나님은 다윗의 죄를 무섭게 질책하셨습니다. 다윗 안에 있는 하나님의 성령은 크게 분노하셨고 슬퍼하셨습니다. 다윗은 싸늘하게 식어가는 성령님의 슬픈 눈길을 느끼면서 통곡하며 울부짖었습니다.

"나를 주 앞에서 쫓아내지 마시며 주의 성령을 내게서 거두지 마소서 주의 구원의 즐거움을 내게 회복시켜주시고 자원하는 심령을 주사 나를 붙드소서"(시 51:11,12).

우리가 구원을 잃어버릴 수는 없습니다. 구원의 조건이 '우리의 의(義)'가 아니고, 예수님의 '십자가의 의'이기 때문입니다. 그러나 우리가 숨겨두고 고백하지 않은 죄, 방치해둔 죄로 인하여 구원의 기쁨을 잃어버릴 수는 있습니다. 성령의 소멸이 바로 그것입니다. 그러므로 영적인 기쁨과 활기가 사라져버리기 전에 빨리 죄를 회개해야 합니다.

둘째로 게으르고 나태한 생활을 할 때 성령이 소멸됩니다. 예를 들어, 성령의 은사를 받았으면 사용해야 합니다. 은사는 하나님의 일을 하라고 주신 것이기 때문입니다. 하나님이 목적을 가지고 능력을 주셨는데, 그 능력을 가지고 하나님의 일을 하지 않으면 자연스럽게 소멸될 수밖에 없습니다. 방언의 은사를 주셨는데, 기도하지 않으면 방언의 은사는 자연스럽게 소멸됩니다. 그리고 가르치는 은사를 주셨는데 가르치지 않으면 소멸됩니다. 반대로 작은 은사를 받았어도 열심히 하나님 나라를 위해 사용하면, 하나님이 더 많은 은사를 주시고 더 큰 기쁨과 능력을 채워주십니다. 그러므로 교회의 모든 성도들은 작은 사역이라도 반드시 참여하기를 권면합니다.

영적으로 게으른 생활을 하면 안 됩니다. 제자들이 귀신 들린 아이를 향해 아무리 "귀신아, 물러가라"라고 외쳐도 소용이 없자 예수님께 데리고 왔습니다. 예수님은 단번에 그 아이에게 있는 귀신을 쫓아내셨습니다. 제자들은 자기들이 귀신을 쫓아내지 못한 이유에 대해 물었습니다. 그러자 예수님은 "기도 외에 다른 것으로는 이런 종류가 나갈 수 없느니라"(막 9:29)라고 하셨습니다. 바꾸어 말하면, 제자들이 기도를 게을리해서 그렇다는 것입니다. 영적 능력이란 말씀과 기도의 두발자전거와도 같습니다. 목회자도 신학대학교를 나왔다고 해서 자만하지 말고, 날마다 말씀 묵상과 기도에 힘써서 성령이 소멸되지 않도록 주의해야 합니다. 취미 생활이나 친구들과의 교제에 빠져서 영적으로 나태해지고 게을러지면 자기도 모르는 사이에 성령이 소멸됩니다.

우리에게 성령이 임하면 우리 안에 기적과 변화가 일어납니다. 말씀이 이해되고, 눈물이 나며, 믿어집니다. 말씀대로 살아가는 것이 쉬워집니다. 감격하고 찬송하는 가운데 충만한 기쁨을 느낍니다. 죄를 짓는 일이 뜸해지고, 나쁜 생각이 점점 줄어듭니다. 사랑하고 용서하는 마음이 생깁니다. 우리 안에 부흥이 일어나기 시작하는 것입니다. 성령의 역사가 없는 사람에게는 결코 부흥이 일어나지 않습니다. 한 개인 안에 일어난 부흥의 불길은 자신의 가족과 친구들, 주위로 번져 나가기 시작합니다.

우리가 예수님을 믿고 구원받았을 때 이 놀라운 성령이 우리 가운데 이미 오셨습니다. 지금도 우리 가운데 충만하게 임하고 계십니다. 우리가 믿음으로 선포하고 초청하기만 하면 성령은 놀랍게 우리 안에서 역사하십니다. 한번 사는 인생, 성령의 능력으로 넉넉하게 세상을 이기며 최고로 복된 삶을 사십시오! ✿

## 성령 하나님의 특징

성령님은 예수님이 보내신 보혜사입니다. 보혜사는 옆에서 함께 동행하면서 도와주는 코치 같은 존재입니다. 그분은 영원히 우리 곁을 떠나지 않고 지켜 주시는 분입니다. 또한 성령님은 예수님과 똑같은 능력을 가지신 인격체이십니다. 그래서 불처럼 뜨겁게 능력으로 임하시지만 질서와 균형이 있고, 평안함과 경건함이 있습니다. 그분은 시간과 공간을 초월하여 우리를 진리로 인도하시고 영혼이 살아나게 하시며 주님의 몸인 교회를 연합하게 하십니다.

## 성령세례

성령세례란 성령님이 각 사람 안에 임하시는 것을 말합니다. 또한 그 성령님이 함께하실 때 일어나는 모든 사건을 의미하기도 합니다. 성령세례는 사람의 노력이 아닌 하나님의 절대 주권으로 일어납니다. 교단과 교파에 따라 성령세례라는 단어를 사용하는 뉘앙스가 다릅니다. 그러나 총체적으로 보면 성령세례는 '성령이 임하셔서 구원받은 사건, 성령으로 인한 인격의 변화, 성령으로 인해 능력으로 충만해지는 것'을 모두 포함합니다. 성령체험을 제대로 하면 인격이 훌륭해지고 자신이 받은 은사를 하나님 나라를 위해 선용하게 됩니다.

## 성령의 충만

성령님이 우리를 온전히 다스리시고 인도하시게 되면 우리 안에 유연하고 부드러운 새 마음을 주십니다. 그러면 우리는 모든 상황에서 자신의 경험과 지식, 인맥 등을 내려놓고 하나님의 뜻을 구하며 기쁘게 순종할 수 있습니다. 성령충만하면 생각과 언어가 달라지고, 능력 있는 말씀이 흘러나오며, 여유와 기쁨과 평화가 넘치는 삶을 살게 됩니다. 전도하지 않고는 견딜 수 없는 역동적인 삶이 눈앞에 펼쳐집니다. 그러나 해결되지 않은 죄 문제와 영적인 게으름은 성령이 주시는 감동의 불씨를 소멸할 수 있으므로 주의해야 합니다.

성령 하나님

# 교회

CHURCH

**07**
LESSON

또 내가 네게 이르노니 너는 베드로라 내가 이 반석 위에 내 교회를 세우리니
음부의 권세가 이기지 못하리라 내가 천국 열쇠를 네게 주리니
네가 땅에서 무엇이든지 매면 하늘에서도 매일 것이요
네가 땅에서 무엇이든지 풀면 하늘에서도 풀리리라 하시고

마태복음 16장 18,19절

L E S S O N

# 교회

07

2년 전쯤에 사석에서 집사님 대여섯 분과 함께 커피를 마시다가 각자 개인적인 근심거리를 하나씩 편하게 나누었습니다. 한 남자 집사님이 자기 차례가 되었을 때 아주 편안한 얼굴로 말했습니다.

"저는 근심거리가 없습니다."

갑자기 모두의 시선이 그 집사님에게 집중되었습니다.

'아니, 세상에 근심이 없는 사람이 다 있나?'

목사인 저도 의아한 얼굴로 집사님을 바라보았습니다.

"사업 문제, 자식 문제 등 근심거리가 아주 없는 사람이 어디 있겠습니까? 그러나 하나님을 바라보고 묵묵히 열심히 살다보면 어느새 다 해결되어 있더라고요. 사실 이 교회에 오기 전에 저와 아내의 가장 큰 근심거리는 교회였습니다. 교회에서 은혜를 받지 못하고, 싸우는 것을 보면서 항상 영적인 답답함이 있었어요. 잠을 못 이루고 참 많이 울었습니다. 그런데 이 교회에 와서 너무 큰 은혜를 받고 있습니다. 예배, 양육 프로그램, 성도의 교제까지 다 정말 좋아요. 교회가 좋으니까 다른 근심거리가 없습니다."

그 집사님의 간증을 들으면서 얼마나 큰 도전을 받았는지 모릅니다. 그리고 목사로서 엄청난 책임감을 느꼈습니다.

'아, 교회가 이렇게 중요하구나. 좋은 교회는 좋은 직장과 좋은 가정보다도 더 중요한 것이구나.'

직장과 가정이 힘들어도 교회에서 충만한 은혜를 받으면 다시 일어날 수 있는 영적인 힘이 생깁니다. 그렇지만 직장과 가정이 아무리 좋아도 교회가 항상 시험을 주면 영혼이 탈진됩니다. 초대 교회 한 교부가 말한 대로 '하나님이 크리스천의 아버지시라면 교회는 크리스천의 어머니와도 같은 것'입니다.

현재 한국 교회의 현실은 참으로 슬픕니다. 한때 세계 기독교 역사상 전무후무한 폭발적 성장을 자랑하던 한국 교회가 1990년대부터 정체기에 들어섰습니다. 2000년대에는 침체기로 들어서다가 이제는 침체기 정도가 아니라 쇠퇴기로 돌아섰습니다. 한때는 6만 개를 자랑하던 교회가 5만여 개로 줄었습니다. 그중 반 이상이 홀로 서기 어려운 미자립 교회입니다. 출석인원 천 명을 넘는 중대형 교회들은 전체 교회 숫자의 1퍼센트 미만인 500여 개에 지나지 않습니다. 더 무서운 것은 20세 이하의 차세대들이 교회에 다니는 비율이 급속도로 줄어들고 있다는 점입니다. 매년 주일학교 교재 판매량이 엄청난 비율로 줄어들고 있는 것이 그 방증(傍證)입니다. 우리는 그야말로 반(反)기독교 시대가 아니라 비(非)기독교 시대를 살고 있는지도 모릅니다.

그러나 한국 교회의 진짜 문제는 교회나 교인 숫자가 아닙니다. 건강하지 않은 병든 교회가 너무 많다는 것이 문제입니다. 교회가 병든 이유가 무엇일까요? 물론 여러 가지 다양한 원인들이 있겠지만, 많은 경우에 교회의 기초가 잘못 놓였기 때문에 그렇습니다. 기초가 잘못 놓였다는 것은 처음부터 분명한 성경적인 교회론을 가진 지도자가 성경적인 리더십으로 목회하지 않았다는 뜻입니다. 교회가 무엇인지에 대한 성경적인 기초가 분명해야 목회 방향이 확고하게 섭니다. 교단적 전통이나 자신의 어릴 적 경험을 기초로 "교회는 이러해야 한다"라고 접근해서는 안 됩니다. 그래서 교회의 머리이신 예수님이 직접 말씀해주신 교회론이 무엇인지 다시 한 번 되새겨볼 필요가 있습니다.

주님의 꿈은 두 가지였습니다. 그것은 '십자가'와 '교회'입니다. 주님은 십자가에서 죽으심으로 온 인류를 죄에서 구원하셨습니다. 십자가는 세상을 향한 하나님의 사랑의 확증이었습니다. 그리고 교회는 그 십자가의 구원을 온 세상에 알리는 역할을 했습니다. 교회의 사명은 예수님의 사랑을 세상에 나누고, 세상을 변화시키는 것입니다.


## 하나님이 부르신 사람들의 공동체

예수님의 공생애 3년의 전반부는 우리가 잘 아는 바와 같이, 놀라운 설교와 엄청난 기적의 연속이었습니다. 수많은 군중들이 감탄했고, 구름 떼처럼 예수님을 따라다녔습니다. 중풍병자가 일어나고, 소경이 눈을 뜨며, 절름발이가 걷기 시작하고, 물고기 두 마리와 보리떡 다섯 개로 수천 명의 사람이 먹는 등 연속적으로 기적이 일어났습니다. 자연스럽게 예수님을 모시고 다니는 열두 제자들도 신이 나고 흥분되었을 것입니다.

그러나 마태복음 16장을 보면 바로 이때 예수님은 제자들과 정말 중요한 대화를 나누기 시작하십니다. 그 대화는 예수님의 한 가지 질문으로 시작되었습니다.

"사람들이 인자를 누구라 하느냐"(마 16:13).

이 질문을 하신 데는 이유가 있습니다. 예수님에 대해 어떻게 생각하느냐에 따라 우리가 그분께 접근하는 방법이 결정되기 때문입니다. 예수님이 선생님이라고 생각하면 교회에 와서 정보를 원할 것이고, 의사라고 생각하면 병이 낫기를 원할 것입니다. 예수님이 비즈니스 컨설턴트라고 생각하면 사업을 성공시켜달라고 할 것이며, 교육 컨설턴트라고 생각하면 자녀가 잘되게 해달라고 할 것입니다. 처음 교회에 나올 때부터 예수님에 대한 잘못된 이미지를 갖게 되면 잘못된 기대를 갖기 쉽습니다. 그것은 건강한 믿음이 아닙니다. 자기 입맛대로 자기 욕심에 맞춰 하나님을 이용하겠다는 생각이 건강한 믿음으로 자랄 수가 없습니다.

제자들은 그 당시 사람들의 의견들을 정리해서 예수님께 전달했습니다. 어떤 사람들은 예수님을 '세례 요한'으로 보았습니다. 세례 요한은 사회의 병폐와 부조리를 고발하고, 하나님의 정의와 심판을 무섭게 선포한 사람입니다. 이런 정의와 심판자로 예수님을 보았습니다. 어떤 이는 예수님을 '엘리야'로 보았습니다. 엘리야는 하늘에서 불을 내리게 하고, 비를 내리게 했으며, 불병거를 타고 하늘로 올라간 기적의 사람입니다. 사람들은 예수님의 수많은 기적들 속에서 엘리야와 같은 이미지를 본 것입니다. 즉, 예수님을 기적을 일으키는 사람으로 본 것입니다.

또 어떤 이들은 '예레미야나 선지자 중의 하나'로 보았습니다. 예레미야는 민족을 향한 엄청난 탄식과 눈물을 가진 애틋한 마음의 소유자입니다. 사람들은 예수님을 그런 애절한 마음을 가진 하나님의 선지자로 본 것입니다.

사람들은 자신의 생각과 경험, 떠도는 소문들을 종합해서 자기 나름대로 예수님에 대한 의견을 갖고 있었습니다. 예수님에 관한 세상의 견해는 일치하지 않고, 천차만별입니다. 제자들도 사람들이 하는 말을 통해 자신들의 생각을 예수님께 털어놓고 있습니다. 사람들은 소문을 들어도 자신이 동의하지 않는 말은 잘 기억하지 못하기 때문입니다.

예수님은 군중들이 말하는 자신에 대한 의견이 마음에 들지 않으셨습니다. 그들은 별 생각 없이, 어떤 연구나 고민도 없이, 떠돌아다니는 소문을 자신들의 감정과 느낌대로 판단하기 때문입니다. 일반 대중이 예수님에 대해서 이러쿵저러쿵하는 것은 예수님에게 중요하지 않았습니다. 문제는 그를 따르는 제자들이었습니다. 그래서 제자들에게 다시 물으십니다.

"너희는 나를 누구라 하느냐"(마 16:15).

남의 말을 하는 것은 쉽습니다. 그러나 자신의 심중에 있는 진실을 그대로 말해보라고 하면 당황하고 어려워합니다. 그러나 당신 스스로의 분명한 생각에서 나오는 것을 말해야 합니다. 남이 하니까 따라서 교회 나오고, 남이 찬양 부르니까 따라서 부르고, 남이 설교를 들으며 *끄덕끄덕*하니까 따라서 *끄덕끄덕*하고…. 이렇게 계속 '남의 예수'를 믿으며 시간을 보내지 말기를 바랍니다.

"예수님이 나에게 있어서 누구신가?"

이 질문이 중요합니다. 가슴 깊은 곳으로부터 예수님을 인정하는 신앙고백, 사랑의 고백을 할 수 있기를 바랍니다.

"네가 만일 네 입으로 예수를 주로 시인하며 또 하나님께서 그를 죽은 자 가운데서 살리신 것을 네 마음에 믿으면 구원을 받으리라 사람이 마음으로 믿어 의에 이르고 입으로 시인하여 구원에 이르느니라" (롬 10:9,10).

합창을 하기 전에 솔로가 있어야 하듯이, 믿음은 개인적인 것입니다. 교회는 많은 사람이 모인 것 같지만, 사실은 확실히 예수님을 구주로 영접한 한 사람 한 사람이 중요합니다. 교회에서 새가족 훈련 과정을 진행할 때 교인들의 회심 여부를 꼼꼼하게 확인해야 합니다. 청교도들은 세례를 주기 전에 반드시 예수님을 개인의 구주로 영접했다는 간증을 본인이 성도들 앞에서 하게 했습니다. 그래서 듣는 성도들의 마음에 '아, 이분은 정말 예수님을 만났구나' 하는 어떤 영적 공감대가 형성될 때 비로소 그 사람에게 세례를 주고 교회 신자로 받아들였습니다.

칼빈은 '보이는 교회'와 '보이지 않는 교회'가 있다고 했습니다. 보이는 교회는 문자 그대로 우리 눈에 보이는 교회 건물이요, 그 건물을 채운 사람들입니다. 그러나 하나님이 보시는 교회는 보이지 않는 교회입니다. 영의 세계에서만 확인되는, 예수 그리스도를 분명히 알고 고백하는 성도들, 그리스도의 보혈로 구원받은 성도들이 보이지 않는 교회이고, 이것이 진짜 교회입니다. 이 진짜 교회 교인 숫자로 계수한다면 아마 한국 교회의 교인 숫자는 충격적으로 줄어들 것입니다.

예수님이 "너희는 나를 누구라 하느냐"라고 질문하실 때, 나서기 좋아하는 베드로가 툭 튀어나왔습니다.

"주는 그리스도시요 살아 계신 하나님의 아들이시니이다"(마 16:16).

이것이야말로 영혼을 구원하는 고백, 교회의 초석을 놓은 역사적인 고백입니다. 그리스도라는 말은 '기름 부음을 받은 자'라는 뜻입니다. 물론 솔로몬이나 다윗 같은 사람에게도 기름을 부었지만, 여기서는 정관사 'the'가 앞에 붙어서 고유명사로 표현됩니다. 즉, 예수 그리스도는 하나님이 기름 부으신 모든 사람들 가운데 최고의 왕이시고, 모든 예언의 완성이며, 모든 약속의 성취라는 것입니다.

이것이 예수님을 단순히 위대한 랍비나 수많은 예언자들 가운데 하나로 보았던 유대교와 기독교의 결정적인 차이입니다. 예수님은 가장 위대한 제사장이고 예언자이며 왕이셨습니다. 열방을 초개같이 보시는 전능자이고 지혜의 기묘자이며 영광의 주님이셨습니다. 진정한 신앙은 예수님을 단순히 하나의 위대한 인간으로 보는 것이 아니라 하나님으로 인정하는 것입니다.

"살아 계신 하나님의 아들"이라는 것은 예수님은 다른 민족들이 섬기는 죽은 신들이 아니라는 말이었습니다. 태초부터 지금까지 살아계셔서, 불꽃같은 눈으로 이 역사를 주관하시는 하나님의 아들이셨습니다. 모든 생명과 힘과 능력의 근원이시며, 무한하신 사랑을 가지신 그분이 바로 예수 그리스도인 것입니다. 이 세상을 참으로 사랑해서 자신의 생명을 십자가에 버리려고 오신 분인 것입니다. 예수님이 하나님의 아들이신 것이 믿어지면, 그분이 물 위를 걸으시고, 죽은 나사로를 살리시며, 물을 포도주로 바꾸시고, 죽으신 지 사흘 만에 부활하신 모든 기적을 믿는 데 어떤 어려움도 있을 수 없습니다.

예수님은 베드로의 대답에 감동하셨습니다. 그래서 즉석에서 칭찬해주십니다.

"바요나 시몬아 네가 복이 있도다"(마 16:17).

참된 복(福)은 참된 영적 지식에서 비롯됩니다. 예수님이 누구신지를 정확히 고백하는 입술과 그 말을 가능케 한 심령에 복이 있습니다. 그런 고백을 할 수 있는 영적 상태가 복되다는 것입니다. 재물의 복, 자녀의 복, 지식의 복 등 우리는 여러 가지 복을 말하지만, 가장 위대한 복은 예수님을 제대로 아는 것입니다. 그분의 사랑과 지혜와 아름다우심과 능력의 실체를 마음속 깊이 깨달아 알고, 거기에 감격하는 것이 가장 큰 복입니다.

평소에 베드로의 성격이나 영적 수준을 잘 알고 계시던 예수님은 베드로가 이런 기막힌 대답을 했다는 데 몹시 놀라신 것 같습니다. 왜냐하면 평소에 "시몬아" 혹은 "베드로야"라고 부르시다가, 갑자기 베드로의 이름 전체를 부르셨기 때문입니다. "바요나 시몬아 네가 복이 있도다." 제가 초등학생이었을 때, 지방에 살다가 서울로 이사를 가게 되면서 새 학교에 다닌 지 얼마 되지 않았을 때 일입니다. 선생님이 한 가지 질문을 하셨는데 모두가 대답을 하지 못하고 가만히 있을 때, 제가 손을 들고 정답을 말한 적이 있습니다. 그랬더니 선생님이 너무나 놀란 표정으로 "어, 한홍이? 정말 잘했다"라고 말씀하셨습니다. 지금 예수님이 시몬을 바라보는 표정이 그와 비슷했을 것 같습니다.

바로 이어서 예수님은 "이를 네게 알게 한 이는 혈육이 아니요 하늘에 계신 내 아버지시니라"(마 16:17)라고 말씀하셨습니다. 베드로의 인간적인 지식이나 실력으로는 불가능한 대답이라는 말씀입니다. 하나님을 하나님으로 제대로 알아보는 영적 지식, 구원에 이르게 하는 이 영적 깨달음은 인간의 지성으로 알 수 있는 것이 아닙니다. 하나님이 성령의 감동으로 깨닫게 해주셔야 가능합니다. 오로지 성령님의 역사로만 우리의 강퍅한 마음이 녹고, 어두운 눈이 열려서 하나님을 가슴 깊이 느끼고 인식하게 됩니다. 그래서 구원을 선물이라고 하는 것입니다. 쟁취하거나 이룩하는 것이 아니라 그저 겸손하게 "고맙습니다" 하고 받으면 됩니다.

교회의 구성원은 사람이 결정하는 게 아니라 하나님이 결정하십니다. 하나님이 한 사람 한 사람을 택하시고 구원하셔서 교회의 구성원으로 세워주신 것입니다. 그래서 교회를 헬라어로 '에클레시아' 즉 '하나님의 부르심을 받은 사람들'이라고 부르는 것입니다. 교회는 하나님의 은혜로, 성령의 감동으로 구원을 받은 사람들의 공동체입니다.


## 예수님 위에 세워지는 공동체

사복음서에서 '교회'라는 말이 총 세 번 나오는데, 마태복음 16장에서 그 단어가 처음 나옵니다.

"너는 베드로라 내가 이 반석 위에 내 교회를 세우리니"(마 16:18).

이 구절은 해석이 극히 예민하여 신학적으로 치열한 논쟁의 초점이 되어왔습니다. 가톨릭에서는 "베드로 위에 교회가 세워진다"라고 해석해서, 베드로를 초대 교황으로 삼고, 그 뒤를 잇는 모든 교황들이 그리스도의 권위를 위임받아 교회에 신적 리더십을 발휘할 수 있다고 해석합니다. 그래서 가톨릭에서는 지금도 교황을 '그리스도의 대리인'(The Vicar of Christ)이라고 부릅니다. 그 신학에 기초해서 천국문 앞에서 사람들을 맞이하는 사람은 베드로라는 말이 오늘날까지 회자되어온 것입니다.

그러나 베드로는 헬라어로 '페트로스'이고, 반석은 '페트라스'입니다. 전자는 작은 돌이고, 후자는 크고 단단한 바위입니다. 분명히 다른 단어입니다. 사실 베드로같이 성격이 불같고, 들쑥날쑥한 사람의 인격을 어떻게 믿고 지상 교회의 기초를 그 위에 세우겠습니까? 베드로의 상태가 좋으면 교회가 부흥하고, 베드로가 시험에 들어 침체됨으로써 교회가 무너진다면 어떻게 되겠습니까? 교회가 롤러코스터도 아니고 그렇게 기복이 심해서는 안 됩니다.

교회가 세워지는 토대가 되는 반석은 베드로가 살아 계신 하나님의 아들로 고백한 예수 그리스도이십니다. 그분의 지혜와 능력과 크신 사랑 위에 세워지는 것입니다. 그분의 변함없으신 신실하심 위에 하나님의 교회가 세워지는 것입니다. 영원불변하신 주님 위에 세워지는 교회만이 시냇가에 심긴 나무같이 울창하게 자라갈 수 있습니다.

### 교회의 머리 되시는 예수님

"내 교회를 세우리니"(마 16:18)에서 "내 교회"는 주님의 교회를 말합니다. 교회의 주인은 예수님입니다. 어느 조직이든지 보스가 누구인가에 따라서 그 조직의 운영 방침이 천차만별로 변합니다. 가톨릭에서는 교황이 교회의 보스 같고, 장로교에서는 장로가, 감리교에서는 감독이, 많은 교회들에서는 카리스마를 가진 목회자가, 또 역사가 오래된 교회들은 가장 오래 다닌 사람들이 보스 같은 여러 가지 형태가 있습니다. 문제가 많은 교회들을 보면 눈에 보이지 않는 헤게모니(hegemony) 쟁탈전이 치열합니다. 모두 "누가 이 교회의 보스인가?"를 증명하기 위해 신경을 곤두세우고 있습니다. 이렇게 되면 교회가 세상의 조직과 별로 다를 게 없지 않겠습니까?

로마 가톨릭에서 말하는 교회는 교황을 중심으로 해서 세워진 수직 피라미드 조직을 말합니다. 그러나 16세기 종교개혁이 일어나면서 천년 동안 지속되어오던 이 로마 가톨릭의 교회론이 뒤집어졌습니다. 성경이 말하는 교회는 구원받은 성도들의 모임으로서, 오직 주님을 머리로 하여 연결된 주님의 몸입니다. 이 안에서 모든 지체들은 서로를 양육해주는 유기체가 됩니다. 늘 서로를 위해 기도해주고, 사랑해주며 인도해줘야 합니다.

성경은 분명하게 말하고 있습니다.

"오직 사랑 안에서 참된 것을 하여 범사에 그에게까지 자랄지라 그는 머리니 곧 그리스도라"(엡 4:15).

교회는 예수 그리스도의 몸이며, 머리는 분명히 예수님입니다. 교회의 창시자요, 절대적인 보스요, 힘의 근원은 예수님뿐입니다. 이것을 확실히 하는 데서부터 진정한 교회의 개혁이 시작됩니다. 예수님이 교회의 머리이시기 때문에, 교회의 모든 지체들은 철저하게 예수님에게 연결되어 있어야 합니다. 당신은 교통사고로 척추신경을 크게 다친 환자들을 본 적이 있습니까? 그는 온몸을 꼼짝도 할 수 없습니다.

머리가 아무리 명령을 내려도 사지가 움직이질 않습니다. 머리와 몸이 멀쩡하게 붙어 있는데도 말입니다. 분명하게 하고 싶은 일이 있고, 뭘 해야 할지 아는데, 그것을 할 수 없어서 좌절하고 절망합니다. 박물관의 비행기가 겉은 화려해도 전혀 뜨지 못하는 것처럼, 겉은 멀쩡해도 속은 무기력합니다. 머리이신 예수님과의 연결이 마비된 교회는 제구실을 하지 못합니다.

교회는 주님의 몸이고, 주님은 교회의 머리이십니다. 몸은 머리와 연결되어 있는 것이 중요합니다. 그러므로 머리이신 그리스도를 바라보십시오. 사람을 바라보면 반드시 시험에 들게 되어 있습니다. 교회의 목사를 바라보지 말고, 그를 세우신 주님을 바라보십시오. 그러면 담임목사의 단점도 참을 수 있습니다. 각자가 예수님과 친밀한 관계를 유지해야 합니다. 특정인의 예언기도만 받으려고 하지 마십시오. 당신도 예수님의 음성을 직접 들을 수 있습니다.

최근 인기를 끌고 있는 TV 예능 프로그램 중에 〈히든싱어〉라는 것이 있습니다. 원조가수 한 명과 그의 목소리를 흉내내는 모창자들 5명이 얼굴이 보이지 않는 박스에 들어가서, 원조가수의 히트곡을 한 소절씩 부르면, 듣고 있던 스튜디오 방청객들이 누가 진짜인지를 맞추는 프로그램입니다. 치열한 예선을 통해서 올라온 모창자들에게 전문가들이 붙어서 집중 훈련을 시키기 때문에 처음 1,2 라운드에서는 방청객들이 원조가수가 누구인지 많이 헷갈려하고, 표가 아슬아슬할 정도로 비슷하게 나오기도 합니다. 그러나 마지막 4라운드쯤 가면 원조가수의 목소리에 익숙해져서 대부분 원조가수의 승리로 끝나곤 합니다. 그런데 신승훈 씨나 조성모 씨 편에서는 모창자들이 원조가수를 물리치고 승리하는 이변이 일어나서 다들 충격을 받았습니다.

사실 그렇게 되면 원조가수 입장에서는 상당히 기분이 안 좋을 것 같은데, 모창자들의 스토리를 듣고 나면 오히려 원조가수를 비롯한 모든 사람들이 감동을 받습니다.

"어렸을 때부터 ○○ 형님 노래는 첫 번째 앨범부터 하나도 빼놓지 않고 수천 번 들었어요. 그러다 보니 모든 노래 가사와 음정, 애드립까지 다 외울 정도가 됐어요.", "저는 시골에 사는데 자전거를 타고 가면서도 ○○ 씨 노래를 듣고 심취한 바람에 논두렁에 빠진 적도 있습니다.", "노래도 좋지만 노래하시는 모습, 패션, 댄스 동작까지 다 좋아해서 항상 생각하고 따라해요. 꿈에서도 ○○ 씨 노래하시는 모습 보면서 따라하는 제 자신을 발견하곤 합니다."

이 정도면 광신도 수준입니다. 원조가수조차도 잊어버리고 있던 10년, 20년 전 데뷔 시절 노래까지 하나도 빠짐없이 기억하고 연습하면서 살아올 정도가 되어야 최종 라운드에 올라와 우승후보까지 되는 것이었습니다. 그 사랑과 관심에 원조가수도 감동해서 할 말을 잃어버리는 것입니다.

저는 그 프로그램을 보면서 생각했습니다.

'가수의 열성 팬들도 저 정도인데, 우리는 우리를 구원하시고 우리와 동행하시는 주님에 대한 열정과 관심이 너무 부족하지 않은가? 언제 우리가 자전거를 타고 가면서도 주님을 생각하다가 논두렁에 빠져본 적이 있는가? 언제 우리가 주님의 말씀을 암송하고 수없이 반복하면서 꿈속에서도 주님을 생각한 경험이 있는가?'

살아 있는 교회가 되려면 목회자와 성도들이 예수님에게 그렇게 집중해야만 합니다.

또 한 가지, 주님의 교회이기 때문에 인간이 소유권을 주장하면 안되고, 헤게모니 쟁탈전을 해서도 안 됩니다. 주님의 교회가 아닌 사람의 교회가 되면 덩치는 커져도 능력이 없어집니다. 목사의 교회도, 장로의 교회도, 헌금을 많이 내는 사람들의 교회도 아닌 주님의 교회임을 명심하십시오. 그러므로 주님의 교회에 들어와서 목소리를 높이고 함부로 행동하면 안 됩니다. 하나님의 전에서는 살아 있는 제물들이 돌아다니질 못했습니다. 우리의 옛사람이 죽어서, 겸손한 침묵과 순종으로 엎드리는 곳, 그곳이 바로 교회입니다.

교회의 머리는 예수님이므로 철저하게 예수님 중심이어야 합니다. 교인들의 입에서 목사나 장로 혹은 영향력 있는 사람의 얘기보다 예수님에 대한 얘기가 많이 나와야 합니다. 사람의 제자가 아닌 예수님의 제자를 만들려고 노력해야 합니다. 교인들끼리 서로 만나면 각자가 예수님을 만나서 변한 살아 있는 간증들을 나눠야 합니다. 전통이나 다수의 의견보다 과연 예수님의 뜻이 무엇인지 고민하고 말씀을 묵상하며, 기도하는 분위기를 만들어야 합니다. 사람의 눈치를 보는 대신, 예수님의 눈치만 봐야 합니다. 교회는 인간이 함부로 떠드는 곳이 아닙니다. 자기가 성경공부를 가르쳐주었다고 "저 사람은 내 사람이다"라고 주장해서는 안 됩니다. 주님의 사람이 되어 철저하게 주님만 따르도록 만들어야 합니다.


교회를 다스리시는 분

교회를 세우시고 또 세워가시는 분은 예수님입니다. 교회는 세상의 여느 조직처럼 돈과 인맥으로 만들어지는 게 아닙니다. 아무리 작고 보잘것없다고 해도, 교회는 주님의 손에 의해서 시작됩니다. 그러므로 내가 "그 교회를 세웠다"라고 하면 안 됩니다. 인간은 다만 주님의 손에 쓰임받는 도구일 뿐입니다. 교회 안에서 사람의 이름이 유명해지면 위험신호가 켜진 것입니다.

또한 교회를 세상적인 방법으로 경영하려고 하면 안 됩니다. 목회는 사업도 아니고, 정치도 아니며, 교육도 아닙니다. 교회가 정부나 기업 흉내를 내면 타락하기 시작합니다. 하나님의 교회는 말씀에 기초를 두고 기도하면서 하나님의 뜻에 민감한 리더십에 의해 운영되어야 합니다. 교회를 세우고 목회하는 목회자는 예수님의 영으로 충만한 사람이어야 합니다. '세워간다'는 것은 '성장해간다'는 뜻이기도 합니다. 살아 있는 생명체에게 성장은 당연하고 자연스러운 것입니다. 성장은 단순히 몸이 크는 것이 아니라 건강해지는 것입니다.

### 말씀으로 성장시키는 분

말씀이 육신이 되신 주님이 교회의 머리입니다. 그래서 주님은 말씀으로 교회를 성장시켜가십니다. 살아 있는 교회, 힘찬 교회, 아름답게 성장하는 교회들을 가보면 한결같이 말씀이 살아 있습니다. 선포되는 말씀을 잘 듣고, 말씀을 묵상하며 공부하고, 배운 말씀을 실천하면 예수님의 영이 충만하게 임합니다. 건강한 교회는 바로 말씀 중심의 교회입니다. 교회를 가족 친지들끼리 혈연관계로 시작하거나, 친구들이나 지인들끼리 인간적인 정으로 시작하면 언젠가는 반드시 파탄이 납니다. 외롭고 힘들더라도 철저하게 교회의 기초공사는 말씀으로

깔아야 합니다. 설교는 교회의 심장과도 같습니다. 매 주일 혹은 매일 새벽마다 선포되는 설교는 성도들의 인생 그 시점에서 꼭 들어야 하는 하나님의 말씀인 것입니다. 틈만 나면 소그룹으로 모여 말씀을 공부하고 개인적으로 매일 말씀을 묵상해야 합니다. 말씀이 충만해서 사역을 하면 쉽게 탈진하거나 시험에 들지 않습니다.

몸에 이상이 생기면 밥맛이 떨어지듯이, 말씀을 멀리하기 시작하는 사람의 신앙은 병이 든 것입니다. 말씀을 지속적으로 힘 있게 가르치지 않는 교회는 병든 교회입니다. 중세 가톨릭 교회의 타락은 사제가 하나님과 신도들 사이에 중재자로 서서, 어려운 라틴어 성경을 읽지 못하는 신도들을 기만했습니다. 그래서 중세기는 암흑기라고 할 정도로 교회가 타락한 시대가 되었습니다. 종교개혁은 마르틴 루터가 성경을 쉬운 독일어로 번역해서 모든 사람들이 말씀을 직접 읽고 하나님을 만날 수 있게 한 데서부터 시작했습니다. 모든 성도는 본인이 직접 말씀을 읽고 하나님과 교제할 수 있는 '왕 같은 제사장들'인 것입니다. 이것이 바로 유명한 '만인제사장론'(Priesthood of All Believers)입니다.

교회가 살아나기 위해서는 목회자가 교인들을 말씀과 친밀해질 수 있도록 도전하고 가르치며 격려해야 합니다. 말씀을 통해서 하나님과 친밀한 관계를 맺도록 도와주면 건강한 교인이 되어 건강한 교회를 만듭니다. 그러나 말씀 대신 지도자와의 인간적인 친분, 이해관계, 의리로 그 사람을 묶어놓으면 그 사람의 신앙이 병들어서 교회를 병들게 합니다. 목회자와 성도 모두 말씀을 가까이해야 그 교회가 살아날 수 있습니다.

# 거룩한 능력을 가진 공동체

예수님은 주님이 세우신 교회를 "음부의 권세가 이기지 못하리라" (마 16:18)라고 하셨습니다. 이 말은 교회의 영적 권위와 능력을 말합니다. 세상의 기업이나 정부에 비해 교회는 조직도 엉성하고 모든 것이 부족해 보입니다. 그래서 세상은 교회를 무시하고 얕잡아보고 핍박하기도 합니다. 그러나 교회에는 인간의 눈에 보이지 않는 강력한 영적 방어막이 쳐져 있습니다. 잘 닦여진 유리가 있는데 못 보고 돌진하다가 추락해버리는 새처럼, 교회를 우습게 보고 돌진하다가는 큰 코 다칩니다. 아무리 작고 연약해 보이는 교회라 해도 교회의 주인이신 하나님이 붙들고 있기 때문입니다. 누가 감히 하나님의 교회를 우습게 보고 무시하며 핍박할 수 있겠습니까?

모택동은 자신이 지구상에서 기독교를 말살한 첫 번째 군주가 되겠다고 했지만, 지금 그가 죽고 없는 중국에는 지하교인까지 포함해서 무려 1억 4천 명에 달하는 크리스천이 있습니다. 어둠의 권세는 결코 교회를 이기지 못합니다. 교회 탄생 2천 년 역사 속에서 수많은 제국들이 교회를 핍박했지만, 그 제국들은 다 무너져도 하나님의 교회는 더욱 힘차게 성장해왔습니다.

하나님이 주신 영적 권위가 그토록 무섭습니다. 그렇기 때문에 교회는 세상 앞에 기죽지 말고 당당함을 회복해야 합니다. 교회는 음부의 권세가 이기지 못하는 주님의 군대입니다. 죄, 세상, 사탄과 싸우고, 자기 자신과 싸우면서 그리스도와 함께 승리의 면류관을 쟁취하는 교회가 영적 권위와 하나님의 영광을 소유한 곳입니다.

말씀과 기도

이 능력은 말씀과 기도를 통해서 충전되는 성령의 능력입니다. 말씀은 교회를 성장시키는 힘입니다. 또한 교회를 교회답게 하는, 즉 교회의 거룩함과 능력을 유지시키는 힘이기도 합니다.

"이는 곧 물로 씻어 말씀으로 깨끗하게 하사 거룩하게 하시고 자기 앞에 영광스러운 교회로 세우사 티나 주름 잡힌 것이나 이런 것들이 없이 거룩하고 흠이 없게 하려 하심이라"(엡 5:26,27).

능력과 권위는 권위를 위임하신 예수님의 말씀에 교회가 철저히 순종하고 있을 때 지켜집니다. 그 말씀을 일점일획도 변경하지 않고 묵상하며 가르치고 실천할 때 교회는 음부의 권세가 이기지 못하는 영적 권위와 영적 파워를 가질 수 있는 것입니다.

가톨릭에서는 "말씀은 교회가 검증해야 한다"라고 가르쳤습니다. 그것은 틀린 말입니다. 교회가 말씀을 검증하는 것이 아니라, "말씀이 교회를 검증해야" 합니다. 교회는 죄인인 인간들이 모인 곳이라 항상 불완전하고 타락하기 쉽습니다. 그러므로 교회가 말씀의 평가를 받아야지, 어떻게 말씀이 교회의 평가를 받겠습니까?

교회가 거룩한 능력을 유지하기 위해서는 말씀과 함께 기도가 있어야 합니다. 주님과 깊이 교제하는 통로는 말씀이요, 기도입니다. 성령은 불입니다. 불에는 땔감이 필요합니다. 성령의 불이 내게 계속 역사하며 나타나게 하는 동력이자 연료는 바로 기도입니다. 예수님은 '내 집은 기도하는 곳'이라고 하셨습니다. 교회가 기도를 계속하는 한 성령의 역사는 계속될 것입니다. 그러나 아무리 능력이 많아도 기도를 멈추면 성령의 역사는 사라지고 말 것입니다. 성령의 사람은 곧 기도의 사람입니다. 성령과 기도는 떼려야 뗄 수 없는 관계입니다. 주님은 "두 세 사람이 내 이름으로 모인 곳에는 나도 그들 중에 있느니라"(마 18:20)라고 말씀하시면서 주의 이름으로 기도하면 이루어주신다고 하셨습니다. 교회를 개척하면서 저는 기도의 중요성을 다시금 피부로 배웠습니다. 매일 새벽에 강단 앞에 무릎을 꿇고 드리는 기도, 시공을 초월한 많은 분들의 중보기도의 파워로 이런 부흥이 왔다고 생각합니다. 그래서 교회의 모든 프로그램은 기도로 준비되어야 하고, 기도 안에서 운영되어야 합니다. 교회의 모든 목회자와 리더들은 숨 쉬듯이 자연스럽게 기도하는 습관이 있는 사람들이어야 합니다.

교회는 오순절 다락방의 성령 강림으로 탄생했는데, 그 사건은 제자들이 한데 모여 기도하며 성령을 기다리지 않았으면 일어나지 않았습니다. 교회는 기도 공동체, 성령 공동체입니다. 모든 교회 부흥의 중심에는 기도가 있었고, 이로 인하여 성령의 은사와 기적이 나타났습니다. 기도하는 교회에는 기적이 나타납니다. 병이 낫고, 가정이 화목해지며, 귀신이 떠나고, 우울증이 치료되는 놀라운 일들이 일어납니다. 질서가 있고 교회의 권위 아래 거룩한 충격을 주는 기적이 일어납니다. 기도하는 교회는 성령의 사역을 제한하지 않고 마음껏 풀어놓음으로써 폭발적인 부흥과 변화를 경험합니다.


훈련과 교제

음부의 권세가 이기지 못하는 교회는 영적 능력을 가진 주님의 군대입니다. 군대는 훈련을 강하게 받아야 합니다. 선교단체로는 네비게이토 같은 곳이 특전사처럼 훈련을 시킵니다. 많은 교회들이 선교단체 프로그램을 교회로 끌어들여 강도 높은 훈련 프로그램을 만들었습니다. 단기간에 밀도 있는 훈련을 시키는 것은 장점이지만, 동시에 몇 달, 몇 년간의 훈련이 끝나면 평생의 훈련이 끝난 것처럼 현대판 바리새인적인 자기만족에 빠지기 쉬운 약점이 있습니다. 훈련은 다른 방법으로, 다른 각도에서 평생 계속되어야 합니다. 훈련되지 않고 직분만 받은 성도는 경건의 모양만 있고, 경건의 능력이 없습니다. 모태신앙만을 내세우지 말고, 끊임없이 영적으로 재교육을 받아야 합니다. 그렇게 갈고닦은 영적 실력을 기초로 교회 리더십이 세워져야 합니다.

훈련에서 중요한 것은 성도의 교제(Fellowship)입니다. 교제는 서로를 사랑하는 연습을 하는 것입니다. 사랑의 교제 없이 훈련만 하면 교인들이 비판적이고 공격적인 모습으로 변합니다. 교회가 세운 영적 권위에 자꾸 도전하면서 자기 마음대로 흔들려고 합니다. 그것은 훈련을 잘못 받은 모습입니다. '하나님은 사랑'이시라고 했습니다. 믿음, 소망, 사랑, 이 세 가지가 가장 위대한 기독교 덕목인데 '그중에 제일은 사랑'이라고 했습니다.

"그에게서 온몸이 각 마디를 통하여 도움을 받음으로 연결되고 결합되어 각 지체의 분량대로 역사하여 그 몸을 자라게 하며 사랑 안에서 스스로 세우느니라"(엡 4:16).

이 말씀은 '온몸이 각 마디를 통해 서로 도움을 입는다'는 뜻입니다. 믿음이란 혼자서 성장할 수 없는 것입니다. 신앙이란 결코 섬처럼 혼자 가는 게 아닙니다. 교회가 탄생하던 때부터 믿음을 가진 자들은 모두 다른 형제자매들이 어울리는 공동체의 일원이 되었습니다. 영적 성장의 비밀은 공동체에 있습니다.

교회에서 하는 성만찬은 수직적인 의미와 수평적인 의미가 있습니다. 나를 용서하신 예수님의 보혈을 기억하면서, 그 보혈로 형제자매와 우리가 하나라는 것을 다시금 상기시키는 것입니다. 서로 오해와 다툼이 있어도 그리스도의 보혈 안에서 다시 화해하고 새롭게 시작할 수 있음을 고백하는 것입니다.

'음부의 권세가 이기지 못하는 교회'는 주님의 군대입니다. 교회는 주님의 학교가 아니라 주님의 군대입니다. 그것은 교회가 말씀을 묵상만 하는 곳이 아니라 실천하는 곳이라는 뜻입니다. 군대는 실행력(순종)이 중요합니다! 말씀은 순종할 때 진정한 파워로 폭발합니다. 성경공부를 많이 하지만 배운 것을 실천하는 것이 약해서 문제입니다. 이 부분에 있어서는 저 같은 목회자부터 회개해야 합니다. 똑바로 살지도 못하면서 너무 많이 설교했습니다.

우리는 지식적인 성경공부, 세미나 중독증에 걸리면 안 됩니다. 어느 시점에서는 과감하게 현장으로 뛰어들어야 합니다. 몸을 움직여서 헌신하기 시작해야 합니다. 세상 속에서 치열하게 살아봐야 합니다. 예배에서 흘러넘치는 것이 사역입니다. 예배는 영적인 인풋이고, 사역은 영적인 아웃풋인데, 신기한 것은 둘 다 균형이 맞춰져야 성도가 성장하기 시작한다는 것입니다. 이 전체를 우리는 '양육'이라고 합니다.

군대로서의 교회는 영적 전쟁을 치릅니다. 굳게 결심하고 시작해야 합니다. 하나님의 일을 처음에는 신나서 재미있게 하다가, 도중에 조금만 공격이 있어도 "힘들다, 지쳤다"라고 하면서 쉽게 그만두는 사람이 많습니다. 처음부터 이것이 영적 전쟁이라는 강한 결심을 하고 시작해야 합니다. 인류의 영혼을 놓고 겨루는 이 전쟁에서 하나님의 군대 장교들과 병사들은 사탄의 공격대상 1순위입니다. 하나님의 일에 헌신하면 헌신할수록 치열한 영적 전쟁을 치르게 될 것을 각오하십시오. 절대로 장난처럼 헌신해서는 안 됩니다.

### 영적 권위와 질서

영적 군대에서 중요한 것은 영적 권위와 질서를 세우는 것입니다. 권위주의는 버려야 하지만 권위는 반드시 세워져야 합니다. 교회의 권위는 직분이 주는 게 아니라 영적 실력과 인품이 주는 것입니다. 안수집사, 장로, 목사는 교회에 오래 다니면 자연히 받는 직분이 아닙니다. 영적인 실력을 갖춰야 합니다. 그렇지 않으면 성직을 남발하게 되어 교회가 흔들리는 원인이 됩니다.

영적인 지도자는 하나님 앞에서 평생 스스로를 다잡아야 합니다. 그러한 성실함이 없는 리더십은 교회를 병들게 만들기 때문입니다.


## 천국과 땅을 연결하는 공동체

교회는 천국의 열쇠를 쥔 전도와 선교 공동체입니다.

"내가 천국 열쇠를 네게 주리니 네가 땅에서 무엇이든지 매면 하늘에서도 매일 것이요 네가 땅에서 무엇이든지 풀면 하늘에서도 풀리리라 하시고"(마 16:19).

여기서 '천국의 열쇠'라는 말에 주목하십시오. 요한계시록 3장 7절에 보면 "빌라델비아 교회의 사자에게 편지하라 거룩하고 진실하사 다윗의 열쇠를 가지신 이 곧 열면 닫을 사람이 없고 닫으면 열 사람이 없는 그가 이르시되"라고 되어 있습니다. 여기서 "열면 닫을 사람이 없고 닫으면 열 사람이 없는 그"가 바로 예수 그리스도입니다. 천국의 열쇠는 예수 그리스도께서 갖고 계신 열쇠입니다. 즉, 천국은 예수님을 통하지 않고는 들어갈 수 없습니다.

그런데 그 열쇠를 하나님의 자녀인 우리에게 주신다는 것입니다. 이 열쇠는 가톨릭이 주장하는 것처럼 베드로 사도가 독점하고 후세 교황들에게 물려주는 것이 아닙니다. '주는 그리스도시요, 살아 계신 하나님의 아들'이라고 고백하는 모든 교회에게 주시겠다는 것입니다. 참으로 가슴 떨릴 정도로 벅차고 감격적인 특권이 아닐 수 없습니다. 하늘나라로 들어가는 열쇠란 바로 사람들을 구원시키는 것을 말합니다. 교회가 하나님의 복음을 전파함으로써, 열방의 사람들이 하나님의 나라로 들어오게 할 수 있다는 것입니다.

### 증인

교회가 하나님의 말씀을 선포하고 가르칠 때, 천국의 문을 열어서 땅과 연결시킵니다. 교회는 이 땅에 있는 죄인들이 천국으로 갈 수 있게 하는 축복의 통로입니다. 전도를 통해 한 영혼, 한 영혼이 천국으로 갈 수 있도록 하는 것, 그것이 교회에 주신 주님의 사명입니다. 전도는 프로그램이 아닙니다. 교회가 전도 그 자체입니다. 잃어버린 영혼을 향한 하나님 아버지의 마음이 내 안에서도 넘쳐흘러서, 다른 사람이 시키지 않아도 하고, 힘들어도 하는 것이 전도요, 선교입니다.

이 전도와 선교의 사역에 헌신하면 하나님이 그 교회를 축복하시지만, 매너리즘에 빠져서 이 사명을 망각하면 하나님이 부흥의 촛대, 축복의 촛대를 옮기십니다. 반대로 아무리 어렵고 힘들어도 전도와 선교에 헌신하면 교회가 부흥합니다.

"나 여호와가 말하노라 너희는 나의 증인, 나의 종으로 택함을 입었나니"(사 43:10).

하나님은 예수의 피로 구원하신 우리들을 하나님의 증인으로 세우셨습니다. 하나님을 체험한 당신은 이제 하나님을 모르는 사람들에게 하나님을 말과 행동으로 전해줄 사명을 부여받은 것입니다. 이것을 우리는 '전도'라고 하고, 그 대상이 다른 나라, 다른 문화권으로 확대될 때 보통 '선교'라고 부릅니다. 그래서 하나님의 사람들은 어떤 의미에서 모두가 '전도자'요 '선교사'인 것입니다. 여기에는 선택의 여지가 없습니다.

다양한 직장, 기업, 학교, 국회 등도 다 교회가 가야 할 선교지라고 볼 수 있습니다. 교회 사역을 단순히 주일이나 교회 조직 안으로만 제한하면 안 됩니다. 은사와 열정에 따라서 외부로 과감히 풀어놓아야 할 분들이 있습니다.

각 교회에게는 그 교회에 맞게 하나님이 주신 증인으로서의 방향이 다릅니다. 예를 들어서 외국인 노동자 선교, 호스피스 사역, 직장인 사역, 연예인 사역 등이 있습니다. 그 교회의 비전은 그 교회의 전도와 선교의 방향과도 일치합니다. 그것은 교회가 처한 지리적·시대적 위치와 목회자의 삶과 부르심과도 연관이 있습니다. 도시 교회와 농촌 교회의 사역비전은 다릅니다. 자신에게 주신 은사와 비전의 방향을 귀하게 여기고 신실하게 자신의 사역에 집중해야 할 것입니다.

### 나그네

증인으로서의 교회는 또한 나그네(Pilgrim)입니다. 지상 교회는 노마드(nomad, 유목민) 정신이 확실해야 합니다. 노마드 정신은 한 마디로, 단순하고 유연하게 사는 것입니다. 국가대표 수영선수들은 물의 저항을 줄이기 위해 피부에 난 털까지 면도하며, 최대한 몸을 가볍게 합니다. 13세기 세계를 제패한 몽고군이 폭풍 같은 기동력을 소유한 비결은 옷과 보급품 등 모든 것을 가볍게 한 데 있습니다. 살아가면서 우리는 이것저것 얽매여 있는 것들이 너무 많습니다. 수많은 모임에 관여하면서, 너무 다양한 것들에 관심을 쏟습니다. 하나님의 백성들은 선택하고 집중하는 능력을 키워야 합니다.

크리스천의 삶은 거품을 빼는 것입니다. 식구도 많지 않으면서 지나치게 크고 화려한 집에 산다거나 필요도 없는데 유행이라고 계속 고급스런 새 옷을 구입하는 등 생각 없이 과소비하는 것을 주의해야 합니다. 교회 건축도 마찬가지입니다. 영구히 남을 문화재를 짓듯이 해서는 안 됩니다. 항상 고쳐서 쓸 수 있도록 단순하고 가볍게 해야 합니다.

저희 교회는 건물을 빌려 쓰고 있기 때문에, 여러 가지로 불편한 점이 많지만 유익한 점도 많습니다. 장소 세팅을 계속 새롭게 해야 하고, 한정된 공간을 나눠 쓰다 보니 창조적인 아이디어들도 많이 나오고, 여러 팀끼리 서로 협력하는 법도 배웁니다. 그리고 건물을 쓸 때 깨끗하게 정리정돈하고 청소하는 것, 사람을 대할 때 배려하고 조심하는 습관들을 몸에 익히게 되어 유익합니다. 교회가 민첩하고 예의 바르며 겸손해질 필요가 있습니다.

좋은 교회는 우리 인생에서 정말 축복된 선물입니다. 이 교회를 쉽게 생각하지 말고, 당연하게 여기지 말아야 합니다. 주님의 몸된 교회를 사랑하고, 기도와 섬김으로 지켜나갑시다. ✿

## 교회의 정의

십자가는 세상을 향한 하나님의 사랑의 확증이고, 교회는 그 십자가의 구원을 온 세상에 알리는 역할을 합니다. 교회는 헬라어로 '에클레시아'인데, 이는 '하나님의 부르심을 받은 사람들'이라는 뜻입니다. 하나님은 건물로서 보이는 교회보다, 예수 그리스도의 보혈로 구원받은 성도들로 구성된 보이지 않는 교회에 초점을 두십니다. 구원받은 사람들의 공동체인 교회는 예수님의 사랑을 세상에 나누고, 세상을 변화시켜야 할 사명을 갖고 있습니다.

## 예수님의 교회

교회가 세워지는 토대가 되는 반석은 살아 계신 하나님의 아들이신 예수 그리스도입니다. 인간은 다만 하나님의 도구로 쓰임 받는 존재이며, 교회의 머리되신 예수 그리스도께 순종하며 거룩을 유지할 때, '음부의 권세가 이기지 못하는 교회'가 됩니다. 영적 능력이 강한 교회는 말씀과 기도를 통해서 충전되는 성령의 능력이 있으며, 기쁨의 교제 가운데 영적 권위와 질서가 세워져 있습니다. 교회의 권위는 직분이 주는 게 아니라 영적 실력과 인품이 주는 것이므로 하나님 앞에서 성실하게 훈련하는 것이 중요합니다.

## 사명 공동체

교회는 천국의 열쇠를 쥔 전도와 선교 공동체입니다. 교회가 하나님의 말씀을 선포하고 가르침으로써 많은 사람들이 천국에 갈 수 있도록 하늘과 땅을 연결시키는 사명을 감당해야 합니다. 잃어버린 영혼을 향한 하나님 아버지의 마음을 품고 각 교회에 맞게 하나님이 맡기신 증인으로서의 역할을 수행하며 부흥을 꿈꿔야 합니다. 증인으로서 교회는 나그네의 삶과 같이 모든 거품을 빼고 최대한 단순하고 가벼운 자세를 취해야 합니다. 항상 민첩하고 예의 바른 자세로 정말 중요한 것을 선택하여 그것에 집중하는 삶을 살아야 합니다.

교회

# 말씀 묵상

## 08
LESSON

MEDITATION
OF
GOD'S WORD

주의 말씀은 내 발에 등이요 내 길에 빛이니이다

시편 119편 105절

# 말씀 묵상

20여 년 전, 대학교 졸업반 때 당시 제가 다니던 교회 대학부는 영적으로 뜨거운 부흥을 체험하며 다이내믹한 성장을 하고 있었습니다. 특히 매주 금요일 저녁 성경공부 시간에 빌려 쓰는 대학 강의실은 300명이 넘는 대학생들로 꽉꽉 들어찼습니다. 거기서 전도사님은 우리에게 1시간 내지 2시간씩 성경을 가르치셨는데, 말씀이 너무 달고 강력해서 시간 가는 줄 모르고 빠져들곤 했습니다.

한번은 2개월에 걸쳐서 우리 모두가 매주 시편을 한 편씩 외우기로 서약하고, 금요일 성경공부 시간에 와서 외운 말씀을 노트북에 다 같이 쓰곤 했습니다. 중간고사나 학기말고사를 보는 바쁘고 힘든 기간에도 다들 신이 나서 한 사람도 빠짐없이 성경 말씀을 암송했던 기억이 납니다. 당시 하나님을 안 믿던 중국인 룸메이트가 기숙사 샤워실에서도 계속 성경을 외우고 있는 저를 보고 혀를 내두르며 감탄하더니, 2년 뒤에 그도 예수님을 구주로 영접했습니다. 말씀에 대한 열정을 생각하면 그때 생각이 납니다.

특히 그 교회에 나오던 한 중년의 신사가 우리 모두를 부끄럽게 했던 사건이 있었습니다. 평생 독실한 불교신자로 살아오던 그 분이 그 교회에서 처음 예수님을 만나 크리스천이 되었습니다. 그는 예수 믿은 지 1년도 안 되어서 신구약 성경 66권을 다 읽었는데, 우리는 그의 성경읽기 노트를 보고 너무나 놀랐습니다. 그 분은 하나님의 말씀을 지극정성으로 읽기 시작했는데, 그냥 읽는 것이 아니라 큰 대학노트를 반으로 나눠서(요즘 Q.T 책자들처럼), 한쪽에는 말씀을 베껴 쓰고, 다른 한쪽에는 말씀 한 절 한 절에 대해 본인이 받은 은혜와 감동, 질문들을 일일이 기록하면서 읽는 것이었습니다. 구약의 경우는 열두 지파의 인구 증가와 감소 차트가 있었고, 아브라함과 야곱, 다윗 가문의 가계도까지 그려져 있었습니다.

이 분은 직업이 없어서 시간이 많은 사람도 아니었습니다. 샌프란시스코에서 마켓을 경영하면서 하루에 12시간 이상씩 계산대 옆에 서서 일하는 고된 하루하루를 살았습니다. 그러나 계산대 옆에 성경책과 노트를 놓고 부지런히 일하다가도 잠시 틈이 나면 바로 성경을 읽었습니다. 그 분을 보면서 마음이 문제지, 바빠서 못 한다는 것은 다 핑계라는 것을 깨달았습니다. 그때까지 저는 목회자의 아들로 태어나서 20년 넘게 교회를 다녔지만, 그 분이 1년간 보여준 말씀에 대한 사랑과 열정 앞에서 많은 부끄러움을 느꼈습니다.

# 하나님 자녀의 특권

## 하나님의 말씀을 향한 목마름

깨어 있는 크리스천의 가장 명확한 특징 가운데 하나는 하나님의 말씀을 향한 목마름이 있다는 사실입니다. 시편 42편 1절을 보십시오.

"하나님이여 사슴이 시냇물을 찾기에 갈급함같이 내 영혼이 주를 찾기에 갈급하니이다."

몸이 아프면 자연스럽게 식욕이 떨어집니다. 그러다가 건강을 되찾으면 식욕도 돌아옵니다. 영적 건강의 계기판은 말씀을 향한 목마름입니다. 그런 의미에서 볼 때 다윗왕은 참으로 건강한 영을 가진 사람이었습니다. 다윗이 도덕적으로 완벽한 삶을 살았다거나 실수가 없었다는 말이 아닙니다. 다만 그는 살면서 끊임없이 하나님의 말씀을 갈망했습니다. 성경에서 가장 긴 장이라고 하는 시편 119편을 보면 그의 마음을 알 수 있습니다(정확한 저자에 대한 논란이 있긴 하지만, 대부분의 학자들은 다윗이 썼을 것이라는 데 동의하고 있습니다). 시편 119편은 176절로 되어 있는데, 모든 구절에서 하나님의 말씀이 얼마나 좋으며, 자기가 말씀을 얼마나 사모하는지를 보여주고 있습니다. "주의 말씀은 내 발에 등이요 내 길에 빛이니이다"(105절)라고 고백하며 "제가 당신의 말씀을 목말라하나이다. 제가 당신의 말씀을 즐거워하나이다. 제가 주야로 당신의 말씀을 묵상하나이다"라는 마음을 담고 있습니다. 건강한 영혼은 말씀을 향한 끝없는 목마름을 가지고 있습니다.

## 목마름의 원인은 사랑

크리스천이 하나님의 말씀을 갈망하며 갈급해하는 것은 하나님을 사랑하기 때문입니다. 사랑에 빠진 사람은 사랑하는 사람에 대한 사소한 일까지도 모두 알고 싶어 합니다. 그런데 우리가 사랑하는 사람에 대한 모든 것을 담은 책이 있다고 가정해봅시다(그 사람의 성장 배경, 성격, 꿈, 좋아하는 취미, 친구들, 해왔던 일과 하고 싶은 일 등). 그런 책이 있다면 밤을 새워서라도 읽고 싶지 않겠습니까? 한마디를 놓칠 새라 읽고 또 읽으며 되새겨보지 않겠습니까?

다윗 같은 믿음의 사람은 바로 그런 마음으로 하나님의 말씀을 읽었습니다. 하나님을 너무나 사랑하기 때문에, 하나님에 대한 모든 것을 알고 싶었습니다. 하나님을 사랑하면 자동적으로 말씀을 사랑하게 되어 있습니다. 말씀 하나하나가 살아 역사하는 것은 살아 계신 하나님에 관한 것이기 때문입니다.

말씀에 목말라하는 것은 하나님을 사랑하기 때문입니다. 우리가 하나님을 사랑하는 것은 그분이 먼저 우리를 사랑하셨기 때문입니다. 성경 한 절 한 절이 하나님이 얼마나 우리를 사랑하는지를 말해주고 있습니다. 성경 말씀 하나하나는 나를 향한 하나님의 애틋한 사랑의 편지입니다. 선지자 스바냐의 입술을 통하여 하나님은 우리를 향한 당신의 사랑을 고백하셨습니다.

"너의 하나님 여호와가 너의 가운데에 계시니 그는 구원을 베푸실 전능자이시라 그가 너로 말미암아 기쁨을 이기지 못하시며 너를 잠잠히 사랑하시며 너로 말미암아 즐거이 부르며 기뻐하시리라 하리라"(습 3:17).

아가서 8장 6절에서는 "너는 나를 도장같이 마음에 품고 도장같이 팔에 두라 사랑은 죽음같이 강하고"라고 말씀하고 계십니다. 대학시절에 처음 이 말씀을 읽었을 때는 문자 그대로 성경을 내 가슴에 안고 다니며 이렇게 되뇌었습니다.

"하나님, 저를 사랑해주셔서 정말 감사합니다. 하나님, 당신만이 저의 영원한 연인입니다."

당신은 이런 경험을 해본 적이 있습니까? 수많은 사람들이 참석한 큰 집회인데도, 그날 전해지는 하나님의 말씀이 마치 맞춤옷처럼 개인적이고 친밀하며 정확하게 현재 내 인생에 꼭 필요한 말씀으로 다가오는 느낌 말입니다. 마치 하나님이 내게만 전화를 걸어서 특별한 메시지를 주시는 것처럼 느껴집니다. 사실이 그렇습니다. 4차원적인 세계에 거하시는 하나님이, 성령의 신비한 역사로 수천 년 전에 기록된 그 말씀으로 21세기를 사는 오늘의 내게 가장 필요한 편지를 보내주신 것입니다.

그러므로 말씀을 읽는 시간은 마치 하나님과 특별한 데이트를 즐기는 것과 같습니다. 거칠고 사나운 세상에서 기죽고 시달린 우리의 영혼을 하나님이 다정하게 만져주시는 역사가 말씀을 듣고, 읽는 시간에 이루어집니다.

"수고하고 무거운 짐 진 자들아 다 내게로 오라 내가 너희를 쉬게 하리라 나는 마음이 온유하고 겸손하니 나의 멍에를 메고 내게 배우라 그리하면 너희 마음이 쉼을 얻으리니 이는 내 멍에는 쉽고 내 짐은 가벼움이라 하시니라"(마 11:28-30).

당신의 하루 중에 가장 신선하고 집중력이 뛰어난 시간을 과감하게 떼어서 주님의 초대에 응해보십시오. 마치 타임머신을 탄 것처럼, 주님과 함께 말씀 속으로 한번 뛰어들어보십시오. 주님과 함께 아름다운 갈릴리 호수를 거닐고, 간음하다가 붙잡혀 왔으나 주님의 용서를 체험한 여인도 만나보십시오. 겟세마네 동산에서 땀방울이 핏방울이 될 정도로 간절히 기도하시던 주님의 십자가 사랑을 느껴보고, 죽음에서 부활하신 그분의 영광스런 모습을 바라보십시오. 그리고 신발이 닳도록 로마제국 전역을 복음 들고 뛰어다녔던 사도 바울의 발걸음도 한번 따라가보십시오. 성경을 읽을 때 예수님이 당신의 길라잡이가 되어주실 것입니다. 그때 하나님의 말씀 한 글자 한 글자가 살아서 당신의 영혼을 감동으로 떨리게 할 것입니다.

### 다양한 형태의 은혜

하나님의 말씀은 사람마다 각각 다른 형태로 다가와 은혜를 줍니다. 하나님은 우리 각자에게 맞는 재능과 성격, 독특한 사명과 인생 환경들을 허락하셨습니다. 그래서 우리는 아브라함의 하나님, 야곱의 하나님, 다윗의 하나님을 각각 따로 부르는 것입니다. 아브라함의 하나님은 약속을 지키시는 하나님이고, 야곱의 하나님은 우리의 부족함을 참고 기다려주시는 인내의 하나님이며, 모세의 하나님은 구원의 하나님이시고, 여호수아의 하나님은 승리의 하나님이십니다.

저는 성도들의 간증을 듣는 것이 좋습니다. 간증을 통해 각각 다른 모습으로 역사하시는 하나님의 얼굴을 보기 때문입니다. 똑같은 말씀인데도 각자의 상황과 성격에 맞는 은혜를 맛보게 해주십니다.

예를 들어 육군장성이셨던 제 삼촌은 이사야서 43장을 매우 좋아하셨습니다. 장교 시절부터 한미 연합 훈련이나 위험한 작전에 가실 때면, 항상 기도하면서 이 말씀을 읽으시곤 했습니다.

"너는 두려워하지 말라 내가 너를 구속하였고 내가 너를 지명하여 불렀나니 너는 내 것이라 네가 물 가운데로 지날 때에 내가 너와 함께 할 것이라 강을 건널 때에 물이 너를 침몰하지 못할 것이며 네가 불 가운데로 지날 때에 타지도 아니할 것이요 불꽃이 너를 사르지도 못하리니 대저 나는 여호와 네 하나님이요 이스라엘의 거룩한 이요 네 구원자임이라"(사 43:1-3).

삼촌은 이렇게 말씀하셨습니다.

"하나님은 군인이셨나 봐. 그렇지 않고서야 어떻게 군인의 마음을 이렇게 잘 알지? 우리는 작전 나갈 때마다 바로 이런 안전에 대한 확신이 필요해!"

그런가 하면 일본의 한 유명한 시인은 창세기 1장을 읽고 감명을 받아 하나님을 믿게 되었습니다.

"태초에 하나님이 천지를 창조하시니라"(창 1:1).

이 분은 아름다운 천지만물을 보며 사색하기를 즐겼고, 보통 사람들보다 훨씬 더 섬세하고 깊게 자연을 바라보며 평생 동안 시를 쓰면서 살아왔습니다. 그런데 성경을 펴자마자 첫 부분에서 그 아름다운 자연을 만드신 분이 하나님이심을 당당히 선포하고 있어서 매우 놀라며 감동했다고 합니다. 그 분은 눈물을 글썽거리며 이렇게 고백했습니다.

"그렇구나. 저 아름다운 산과 들과 바다와 강을 만드신 분이 바로 하나님이셨구나…."

그는 그 자리에서 무릎을 꿇고 하나님을 믿기로 결단했습니다. 다른 사람은 휙 지나쳐버리는 말씀을 가슴으로 받아 핵폭탄보다 강한 위력을 느낀 것입니다.

### 하나님의 말씀은 '그분의 계시'

성경 말씀을 읽었다는 행위 자체로 만족하는 것이 아니라 그 의미를 깨닫는 것이 중요합니다. 물론 우리는 하나님이 열어주시는 것만큼 듣고, 보여주시는 것만큼만 이해할 수 있습니다. 수많은 학자들이 성령의 도우심을 구하지 않고 하나님의 말씀을 지적으로 분석하며 연구하려는 우를 범했습니다.

그 결과 그들은 어떤 윤리나 철학, 종교 원리를 발견했을 뿐, 말씀에서 구원과 능력과 생명을 찾아내진 못했습니다. 하나님의 영이 충만하지 않은 사람은 결코 성경을 제대로 해석할 수 없습니다. 자신의 지식을 의지하는 사람은 말씀 속에서 살아 역사하시는 전능자, 부활의 주, 만왕의 왕이신 예수 그리스도를 만나지 못합니다.

한정된 인간의 지식으로 하나님 말씀의 깊은 의미를 이해하기란 불가능합니다. "모든 성경은 하나님의 감동으로 된 것"(딤후 3:16)이라고 했습니다. 말씀이 하나님의 영감으로 쓰여졌기 때문에, 그 말씀을 읽고 이해하는 데도 하나님의 도우심이 필요합니다. 하나님은 진실한 회개를 통해서 십자가를 통과한 사람, 그래서 하나님의 자녀가 된 사람에게 말씀을 열어주십니다. 겸손하고 가난한 마음을 가진 자, 하나님을 애타게 갈망하는 자, 하나님을 뜨겁게 사랑하는 자에게 말씀을 열어주십니다.

"나를 사랑하는 자들이 나의 사랑을 입으며 나를 간절히 찾는 자가 나를 만날 것이니라"(잠 8:17).

말씀은 하나님이 주시는 선물입니다. 사막에 가봐야 물이 귀한 줄을 알듯이 말씀이 얼마나 귀한 선물인지는 없어봐야 압니다.

"주 여호와의 말씀이니라 보라 날이 이를지라 내가 기근을 땅에 보내리니 양식이 없어 주림이 아니며 물이 없어 갈함이 아니요 여호와의 말씀을 듣지 못한 기갈이라 사람이 이 바다에서 저 바다까지, 북쪽에서 동쪽까지 비틀거리며 여호와의 말씀을 구하려고 돌아다녀도 얻지 못하리니"(암 8:11,12).

베트남 전쟁 때 포로가 되어 몇 년씩 포로수용소에서 지냈던 미군들은 그 지옥 같은 수용소 안에서도 예배를 드렸는데, 성경이 없었습니다. 일주일에 한 번씩 대표가 나가서 월맹군 장교가 선심 쓰듯 한 시간씩 보여주는 성경책을 최대한 빨리 베껴 써오면, 동료들이 한 장씩 나눠서 통째로 외워버렸습니다. 왜냐하면 베낀 종이를 다음 날 돌려줘야 했기 때문입니다. 그때 그들은 자신들이 외운 말씀 한마디 한마디를 붙잡고 용기를 낼 수 있었습니다.

"있을 때 잘해야 합니다." 성경을 마음껏 볼 수 있는 이때에 열심히 읽으십시오. 설교를 들을 수 있을 때, 열심히 들으십시오. 언제까지나 은혜의 강물이 항상 이렇게 넘쳐흐르는 게 아닙니다.

하나님을 사랑하는 사람은 하나님의 영으로 충만합니다. 그래서 하나님이 주신 말씀의 깊이와 파워를 제대로 알려면 성령으로 충만해야 합니다. 찬양하고 기도하면서 말씀을 읽는 것이 좋습니다. 기도하고 찬양할 때 하나님의 성령이 우리의 마음을 뜨겁고 부드럽게 만져주셔서 지혜의 말씀을 백퍼센트 빨아들일 수 있는 은혜를 주십니다.


하나님의 말씀은 '우리 인생의 길'

하나님의 말씀은 우리 인생의 방향을 알려주고 올바른 리더십을 부여하며 우리를 인도해줍니다.

"주의 말씀은 내 발에 등이요 내 길에 빛이니이다"(시 119:105).

여호수아서는 계속되는 승리의 기록들로 가득 차 있습니다. 꿈에 그리던 약속의 땅을 정복해나가는, 꿈이 현실이 되는 기적 같은 드라마입니다. 그러나 여호수아서 다음에 나오는 사사기에서는 정반대로 이스라엘 전체가 무법천지로 바뀌는 기록들이 나옵니다. 폭력과 음란과 우상숭배가 가득 넘친 결과 이스라엘은 수많은 이방 침략자들의 말발굽에 짓밟혔습니다. 무엇이 문제였습니까? '여호수아의 죽음'입니다.

여호수아의 히브리 이름은 '예수아'로서 예수님의 이름과 같습니다. 그는 구약성경에서 말씀이 성육신되신 예수 그리스도를 상징합니다. 여호수아가 죽었다는 것은 하나님의 말씀이 그 땅에서 사라졌다는 뜻입니다. 그래서 여호수아가 죽고, 영적 암흑기인 사사 시대에 접어들면서 "사람마다 자기 소견에 옳은 대로"(삿 17:6) 행하게 되었습니다.

우리 인생에서 하나님의 말씀이 사라지면, 우리는 삶의 방향성을 잃게 됩니다. 우리를 이끌고 나가는 거룩한 표준, 확실한 리더십이 없어집니다. 그렇게 되면 우리 인생이 무법천지가 됩니다. 우리의 죄성과 잘못된 욕구를 따라 함부로 살게 됩니다. 그 결과 방황하게 되고 파멸에 이르게 됩니다. 1960년대 초, 미국의 케네디 대통령이 미국 공립학교에서 성경 읽기와 기도 시간을 없애버린 후 40년 만에, 미국 중고등학교의 학력 수준은 엄청나게 하락했고, 십대들의 폭력과 마약, 가출과 성범죄 등이 천문학적으로 급증했습니다. 말씀의 물꼬를 차단하면 우리 인생과 우리 사회에 어둠의 물결이 흘러들어오게 됩니다.

두려움을 넘어서기

성경에서 하나님이 가장 자주 반복하신 명령이 무엇이라고 생각하십니까? "서로 사랑하라"는 말씀일까요? "겸손하라"는 말씀일까요? "정직하라. 순결하라. 전도하라. 기도하라. 이웃을 도우라." 이 모든 것이 다 중요한 기독교의 가르침이긴 하지만 가장 자주 하신 명령은 아닙니다. 성경에서 가장 자주 나오는 하나님의 명령은 놀랍게도 "두려워하지 말라"는 말입니다.

성경에는 "두려워하지 말라"는 말이 365번 정도 나옵니다. 즉, 일 년 내내 매일같이 우리가 기억해야 할 명령인 것입니다. 하나님이 그토록 자주 두려워하지 말라고 하신 이유는 무엇일까요? 두려움이 뭐가 그렇게 중요한 문제란 말입니까?

그것은 하나님이 인간에게 주신 사명을 시작하기도 전에 침몰시키는 가장 큰 원인이 '두려움'이기 때문입니다. 대개 하나님이 인간에게 두려워하지 말라고 명령하실 때는 정말 두려워할 만한 상황을 앞에 두고 있을 때입니다. 그러나 하나님을 믿고 도전하면 반드시 이루어지고 그만큼 믿음이 성장하는 축복의 기회가 됩니다. 두려움이 도전하는 행위를 막아버리기에 하나님은 그토록 자주 "두려워하지 말라"는 명령을 하신 것입니다.

위대한 지도자 모세의 후계자가 된 젊은 새 지도자 여호수아가 얼마나 힘든 상황에 있었는지를 상상해보십시오. 여호수아는 갑자기 벼락출세한 사람이 아닙니다. 그는 40년이나 모세를 도왔던 사람입니다. 그는 오랜 세월 동안 훌륭한 지도자 밑에서 철저하게 훈련받은 지도자였습니다. 모세가 시내산에 올라가서 40일이 넘도록 하나님과 독대하여 십계명을 받을 때 그를 수행했기에 옆에서 하나님의 영광을 눈과 귀로 체험하기도 했습니다. 또한 여호수아는 애굽을 나와 광야에서 사나운 아말렉 족속과의 싸움에서 이스라엘 백성을 이끌고 승리했던 뛰어난 장군이었습니다. 용기와 지혜가 뛰어나서 이스라엘 민족을 대표하는 12명의 정탐꾼 가운데 한 명으로 뽑혀서 가나안 땅을 탐색하고 돌아오기도 했습니다. 그때 다른 사람들과는 달리 무서운 전사들이 많은 가나안 땅도 하나님이 도우시면 문제없이 정복할 수 있다고 말했던 굳건한 신앙인이었습니다.

그러나 천하의 여호수아도 자신의 선임자 모세의 위대성을 생각하니 기가 눌리지 않을 수 없었습니다. 모세가 누구입니까? 애굽의 왕자로 정상급의 교육을 받은 엘리트입니다. 광야에서 다듬어진 영성을 가진 하나님의 사람으로서, 그가 지팡이를 들면 홍해가 갈라졌고, 애굽 군대가 삽시간에 수장되었습니다. 그가 기도하면 하늘에서 떡이 내렸고, 사막에서 샘물이 터졌습니다. 40년 동안 이스라엘 백성을 이끌었던 모세의 존재는 절대적이었습니다. 그러던 그가 약속의 땅 문턱에서 죽고, 이제는 여호수아가 그 자리를 잇게 된 것입니다. 탁월한 지도자의 후임자는 잘해야 본전이라는 말이 있는데, 바로 그 격입니다.

게다가 이제 약속의 땅으로 들어가 그 땅 백성들과 전쟁을 해야 했습니다. 그들은 오랜 세월 동안 전쟁을 통해 다져진 전사이자 거인들이었고, 성은 요새화되어 있었습니다. 그 상황에서 본격적인 전투 경험이 없는 노예 출신의 백성들을 데리고 어떻게 도전해야 하는 걸까요? 아무리 능력 있고 용기 있는 지도자일지라도 그 어깨에 걸린 책임감이 너무 크고 가진 자원이 없었기에 한없이 두려울 수밖에 없었을 것입니다. 이런 여호수아의 두려움을 아시는 하나님이 바로 그에게 나타나셔서 말씀하셨습니다.

"내 종 모세가 죽었으니 이제 너는 이 모든 백성과 더불어 일어나 이 요단을 건너 내가 그들 곧 이스라엘 자손에게 주는 그 땅으로 가라 내가 모세에게 말한 바와 같이 너희 발바닥으로 밟는 곳은 모두 내가 너희에게 주었노니"(수 1:2,3).

여호수아만큼은 아니더라도 우리는 각자의 인생에서 많은 두려움과 싸우고 있습니다. 두려워하는 것은 내가 문제에만 집중하기 때문이고, 문제에만 집중하는 이유는 문제보다 더 크신 하나님의 임재를 보지 못하기 때문입니다. 하나님의 임재를 잘 보지 못하는 것은 살아 있는 예배를 드리지 않기 때문입니다.

하나님이 예배를 그토록 강조하시는 이유는 우리가 예배를 통해서 비로소 문제에만 쏠려 있던 우리의 마음을 문제보다 훨씬 더 큰 하나님께 두며 집중할 수 있기 때문입니다. 그분을 찬양하고, 그분의 목소리를 들음으로써 우리는 현실의 태산 같은 장벽을 넘을 수 있는 사자의 용기를 가질 수 있습니다.

살아 있는 예배의 핵심은 말씀입니다. 하나님이 여호수아에게 두려워하지 말 것을 명령하시면서, 두려움을 극복하는 방법을 가르쳐주셨습니다. 그것은 주야로 말씀을 묵상하는 것입니다. 아무리 지혜로울지라도 인간의 소리는 결국 안 된다는 말, 어렵다는 말, 불가능하다는 말뿐입니다. 인간의 소리를 듣고 있으면 낙심이 되어 아무것도 할 수가 없습니다. 우리는 하나님의 말씀을 들어야 합니다. 인풋(input)이 좋아야, 아웃풋(output)이 좋은 법입니다. 쓰레기를 넣은 상자에서는 쓰레기밖에 나오지 않습니다. 당신이 늘 보고, 듣고, 느끼는 것들은 당신의 영혼 데이터베이스에 집어넣는 것과 같습니다. 당신은 지금 당신의 영혼에 무엇을 집어넣고 있습니까?

여호수아는 200만 명의 백성을 다스리는 정치 지도자였습니다. 크고 작은 전쟁을 계속 치러야 하는 장군이니 얼마나 바빴겠습니까? 그렇게 바쁜 여호수아에게 하나님은 말씀을 묵상하는 일을 최우선순위에 두라고 명령하십니다. 말씀을 묵상하는 일이 그만큼 중요하기 때문입니다. 아무리 바빠도 말씀을 묵상하는 일을 가장 중요하게 여겨야 합니다.


## 말씀을 묵상하는 방법

당신은 'PRESS' 말씀 묵상법에 대해 들어보았습니까? 이 지면을 통해 P.R.E.S.S 방법으로 말씀 묵상법을 정리해보겠습니다.

### P_기도(Pray for moments)

말씀을 묵상하기 전에는 반드시 기도해야 합니다. 말씀 묵상은 하루 중 가장 조용한 시간(Quiet Time)에 하나님의 말씀을 '듣는' 시간입니다. 결코 자신의 생각을 쏟아내는 시간이 아닙니다. 그러므로 오늘 말씀을 읽을 때, 성령 하나님이 나에게 꼭 필요한 말씀을 주시고, 그것을 잘 들으며 분별할 수 있게 해달라고 기도해야 합니다. 성경에서도 나오듯이 똑같은 씨를 뿌려도 어떤 밭에 떨어졌는가에 따라서 열매가

맺히기도 하고 그렇지 않기도 합니다. 말씀을 보기 전에 기도하는 시간은 씨앗이 뿌려지기 전에 마음 밭을 좋은 땅으로 기경하는 시간입니다. 이것은 굉장히 중요합니다.

기도할 때 말씀에 대한 목마름을 가져야 합니다. 말씀이 하나님의 감동으로 쓰여졌기 때문에, 그 말씀을 읽고 이해하는 데도 하나님의 도우심이 필요하다는 사실을 잊어서는 안 됩니다.

"먼저 알 것은 성경의 모든 예언은 사사로이 풀 것이 아니니 예언은 언제든지 사람의 뜻으로 낸 것이 아니요 오직 성령의 감동하심을 받은 사람들이 하나님께 받아 말한 것임이라"(벧후 1:20,21).

우리는 하나님이 보여주시는 것만큼 말씀을 보고, 성령님이 열어주시는 것만큼 말씀을 깨달을 수 있습니다. 그러므로 항상 진실한 회개를 통해서 십자가를 통과한 후 겸손하고 가난한 마음으로 주님 앞에 서야 합니다. 애타게 하나님을 갈망하며, 그분을 뜨겁게 사랑하는 삶을 사십시오.

### R_성경 본문 읽기(Read his word)

'묵상하다'는 말의 히브리어 뜻은 무언가를 계속 생각함으로써 그것이 차고 넘쳐 입 밖으로 자연스럽게 나오는 상태를 말합니다. 여호수아서 1장 8절의 "네 입에서 떠나지 말게 하며"라는 말은 "주야로 그것을 묵상하여"라는 말과 긴밀하게 연결되어 있습니다. 예를 들면 저는 힘들고 어려울 때마다, "두려워하지 말라 내가 너와 함께함이라 놀라지 말라 나는 네 하나님이 됨이라 내가 너를 굳세게 하리라 참으로 너를 도와주리라 참으로 나의 의로운 오른손으로 너를 붙들리라"(사

41:10)라는 말씀을 계속 읊조리면서 간절히 그 말씀을 붙듭니다.

그냥 형식적으로 성경 구절을 읊조리는 게 아닙니다. 마음의 깊은 묵상을 통하여 자연스럽게 입으로 흘러나올 수 있도록 일정 시간 동안 그 말씀을 끊임없이 생각해야 합니다. 현대인의 언어와 행동이 더러운 것은 생각이 더럽기 때문입니다. 묵상이 얕아서 사는 게 경박한 것입니다. 지도자가 되려면 경박해서는 안 됩니다. 우리는 세상을 바꾸려고 하기 전에 먼저 자신의 생각부터 정화해야 합니다.

이기적인 생각과 욕심을 버리고 진지하고 겸손한 자세로 하나님의 말씀을 깊이 생각하십시오. 그러면 말씀의 참뜻, 하나님의 마음을 이해하게 됩니다. 하나님의 심오한 지혜를 깨닫게 되어, 꽉 막힌 상황을 돌파할 수 있는 번뜩이는 리더십의 예지가 생깁니다. 인간적으로 아무리 똑똑해도 소용없습니다. 하나님의 말씀을 깊이 묵상해서, 하늘의 지혜를 소유해야 제대로 된 리더가 됩니다.

주어진 성경 본문을 다양하게 읽을수록 좋습니다. 빠르게 읽기도 하고, 천천히 읽기도 하며, 문맥을 살피고, 중요한 단어들을 유의하며 읽어야 합니다. 핵심 구절을 여러 번 읽어서 본문을 이해할 수 있어야 합니다. 그러기 위해서는 하루에 묵상할 본문을 너무 길게 잡지 않도록 주의해야 합니다. 본문의 내용이 어렵다면, 쉬운 번역의 성경을 참조하는 것도 도움이 됩니다.

말씀을 읽는 시간은 마치 하나님과 특별한 데이트를 즐기는 것과 같습니다. 사나운 세상에 기죽고, 사람들에 시달린 내 영혼을 하나님이 다정하게 위로하시며 말씀 속으로 초청합니다. 그것이 말씀을 듣고, 읽는 시간입니다. 4차원적인 세계에 거하시는 하나님이 성령의 신비한 역사로 수천 년에 걸쳐 전해져 내려온 그 말씀을 21세기에 사는 나에게 주시는 것입니다.

말씀을 읽고 있으면 어느 순간 말씀이 우리 안으로 들어오게 되며, 들어온 말씀은 우리 영혼의 실체를 드러내고 검증합니다. 내 안에 있는 열등감과 분노와 음란과 교만과 질투와 두려움과 가식이 속속들이 드러나게 됩니다. 그래서 처음에는 우리가 말씀을 읽었는데, 나중에는 말씀이 우리의 상태를 해석해줍니다. 처음에는 우리가 말씀을 판단하다가, 나중에는 우리의 적나라한 모습이 말씀 앞에 드러나게 됩니다. 이 과정을 통해 하나님이 우리 안에 있는 영혼의 독소들을 말씀의 불로 태워버리시는 것입니다. 우리 안에서 이런 놀라운 일을 행하시는 주님의 이름을 찬양합니다!

### E_주석하기(Exegesis)

'주석'은 쉽게 풀이한다는 뜻입니다. 성경을 주석한다는 말은 성경 본문이 그때 당시에 무엇을 의미하였는지를 살펴보는 과정입니다. 그러기 위해서는 먼저 본문의 배경을 이해하는 것이 중요합니다. 왜 이런 말씀을 하셨는지를 이해하고, 그 말씀이 당시의 사람들에게 어떤 의미가 있었는지를 연구해야 합니다.

이 부분이 중요한 이유는 본문에서 주는 메시지와 전혀 다른 내용으로 해석하는 것을 방지하기 위해서입니다. 사실 이러한 부분은 말씀 묵상의 도전적인 부분입니다. 전혀 다른 내용으로 해석하고 적용하는 일이 발생하지 않도록 주의해야 합니다. 저는 오래전에 어떤 목사님이 "성령이 비둘기같이 임한다"는 본문을 가지고, 희한한 해석을 하는 것을 들었습니다.

"비둘기는 장이 튼튼해서 실수로 유리나 작은 돌 같은 것들을 삼켜도 잘 소화해낼 수 있습니다. 그러므로 성령은 우리의 모든 까칠하고 딱딱한 부분들도 다 품어주시는 것입니다."

크리스천 표구사에서 가장 많이 팔리는 "네 시작은 미약하였으나 네 나중은 심히 창대하리라"(욥 8:7)라는 말씀은 사실 작은 가게를 시작하면서 그 가게가 크게 번성하기를 바라는 사람들에게는 위로가 되겠지만, 본문의 콘텍스트는 그게 아닙니다. 극심한 고난 중에 있는 욥에게 친구라는 사람들이 와서 불난 데 부채질하듯 함부로 충고하고 설교하던 말 가운데 하나입니다.

이런 식으로, 본문의 의미가 아닌 의미를 만들어내서 자기 혼자 은혜받은 내용을 일반화시켜서는 안 됩니다. 전문적인 신학 지식이나 성경 지식이 없는 일반 성도들이 아주 정확하게 '주석'하는 일이 힘들 수도 있습니다. 하지만 요즘은 훌륭한 주석성경이나 좋은 자료들이 많기 때문에 조금만 도움을 받으면 그렇게 어려운 일도 아닙니다. 한 단어나 문장에만 집중하지 말고 전체의 콘텍스트 안에서 본문이 말하고자 하는 핵심내용을 찾으면 됩니다.

또한 주석 과정에서 핵심 단어와 구절들을 주목하는 것이 중요합니다. 많이 반복되는 단어들, 문맥과 구절들의 상관관계를 잘 살펴야 합니다. 그것들을 반대로 비춰보면 당시 상황을 알게 되는 경우가 많습니다. 예를 들어, '사랑'이라는 주제가 강조된 고린도전서를 보면 당시 고린도교회가 미움과 질시, 분열이 많았다는 것을 알 수 있습니다.

그러므로 말씀을 주석하는 과정에서 중요한 것은 질문하는 것입니다. 먼저 육하원칙을 적용해서 간단하게 물어봅니다.

"언제? 어디서? 누가? 무엇을? 어떻게? 왜?"

예를 들어서 여호수아서 1장에서 "내가 모세와 함께 있었던 것 같이"라는 말을 읽고 나면 이런 질문들을 던져봐야 합니다. "모세와 함께 있었다는 것이 어떻게 있었다는 것이지? 모세에 대해서 좀 더 알아봐야겠어." "강하고 담대하라"는 말을 읽으면 '이상하다. 여호수아가 겁쟁이가 아닌데, 왜 이런 말을 하시지?'라는 의문을 던져봐야 합니다. 좋은 선생님은 좋은 질문자입니다. 바로 답을 주지 않고, 학생 스스로 답을 찾을 수 있도록 좋은 질문들을 계속 던집니다. 좋은 소그룹 리더는 좋은 질문자입니다. 주석과 자료들을 찾더라도 질문을 제대로 한 다음에 찾아야 합니다.

### S_나에게 적용하기(Share to me)

'적용'은 말씀을 실천하는 것입니다. 적용은 Q.T에 있어서 핵심이라고 할 수 있습니다. 말씀을 다 지켜 행하는 것이 중요합니다. 제자도란 행동이고 실천력입니다. 내게 편하고 유리한 것만 지키라는 말이 아닙니다. 힘들고 부담스러워도 하나님의 말씀 전체를 철저하게 지켜야 합니다. 적용한다는 것은 쉽게 말해서 하나님의 말씀에 순종한다는 것입니다.

200만 명의 이스라엘 백성을 다스릴 최고 지도자가 된 여호수아에게 내린 하나님의 첫 번째 명령은 먼저 하나님께 철저히 순종하라는 것이었습니다. A. W. 토저도 "하나님의 말을 듣는 그 사람의 말을 들으라"(Listen to the man who listens to God)라고 했습니다. 부모가 하나님께 전적으로 순종하지 않으면, 자식들도 그 부모에게 순종하지 않을 것입니다. 목회자가 말씀에 순종하지 않으면 성도들도 목회자의 권위에 순종하지 않을 것입니다. 그러므로 사람들이 자신의 말을 안 듣는다고 화를 내기 전에 자신이 먼저 하나님의 말씀을 잘 듣고 있는지를 점검해봐야 합니다.

반항이 체질화된 사람이 있습니다. 무슨 말을 해도 반항적으로 말하고, 똑같은 표현을 해도 가시가 있습니다. 그러나 우리는 순종이 체질화된 사람이 되어야 합니다. 하나님께 순종하고, 말씀에 순종하며, 교회의 권위에 순종하고, 부모와 스승에게 순종하는 훈련을 해야 합니다. 말씀을 묵상하는 훈련은 바로 이런 순종 훈련과 직결됩니다.

적용의 시작은 성경 본문이 현재 나에게 무엇을 의미하는지 살펴보는 것입니다. 말씀을 묵상한 후에 하나님의 음성을 듣고, 그 음성에 순종하여 실천하는 삶으로 결실을 맺어야 합니다. 그냥 '좋았다' '은혜로웠다'는 감정으로 끝나는 것이 아니라, 구체적이고 실제적으로 적용해야 합니다.

적용하는 방법에는 크게 세 가지가 있습니다. 그것은 '붙잡아야 할 약속', '버려야 할 죄들', '실행해야 할 것들'입니다. 이렇게 하면 자연스럽게 말씀 묵상의 결론이 기도제목으로 연결됩니다.

이것을 말씀 묵상의 중요한 포인트가 되는 본문인 여호수아서 1장 6-9절 말씀으로 적용해보겠습니다.

"강하고 담대하라 너는 내가 그들의 조상에게 맹세하여 그들에게 주리라 한 땅을 이 백성에게 차지하게 하리라 오직 강하고 극히 담대하여 나의 종 모세가 네게 명령한 그 율법을 다 지켜 행하고 우로나 좌로나 치우치지 말라 그리하면 어디로 가든지 형통하리니 이 율법책을 네 입에서 떠나지 말게 하며 주야로 그것을 묵상하여 그 안에 기록된 대로 다 지켜 행하라 그리하면 네 길이 평탄하게 될 것이며 네가 형통하리라 내가 네게 명령한 것이 아니냐 강하고 담대하라 두려워하지 말며 놀라지 말라 네가 어디로 가든지 네 하나님 여호와가 너와 함께하느니라 하시니라."

'붙잡아야 할 약속'은 '내가 주리라고 한 땅을 반드시 차지하게 될 것'이라는 말씀입니다. 예를 들어서 이렇게 적용해볼 수 있습니다. "오늘 중요한 거래처가 끊겼지만 낙심하지 말자. 반드시 하나님이 나에게 주신 비전을 추수하게 하실 거야."

'버려야 할 죄'는 다음과 같이 찾을 수 있습니다. "나는 정말 너무 쉽게 좌로나 우로나 치우친다. 자꾸 남의 말을 듣고 왔다 갔다 한다." 수년 전에 정치권의 접촉을 받고 출마를 결정하는 문제로 고민하던 집사님이 있었습니다. 주변의 지인들, 영향력 있는 인사들이 모두 자신에게 출마할 것을 권했다는 것입니다. 저는 잠잠히 듣고 있다가 이 말씀을 그 집사님께 암송해드렸습니다. 결국, 그 분은 주위 사람들의 말 때문에 좌지우지되는 자신의 모습을 회개하고, 기도하며 최종결정을 아주 현명하게 내릴 수 있었습니다!

또 '실행해야 할 것들'은 이렇게 찾을 수 있습니다. "주야로 말씀을 묵상하라고 했는데 나는 그렇게 하지 못했다. 이제부터 새벽기도를 하며 하루를 시작하자. 자기 전에 꼭 말씀을 묵상하고 기도하자." 이렇게 자기 자신에게 구체적이고, 실제적으로 말씀을 적용하는 것이 중요합니다.

한 가지 중요한 것은 자신의 묵상을 필기하는 습관을 갖는 것입니다. 'Q.T 노트 쓰기의 중요성!'을 알아야 합니다. 필기하는 것이 어렵게 느껴질 수 있지만, 처음에는 가장 마음에 와닿는 단어나 문장, 구절들을 적고 왜 그것이 마음에 들었는지를 적는 것으로 시작하면 됩니다. 그렇게 하다 보면 어느 순간 내가 무엇을 해야 할지 하나님이 음성을 들려주십니다. 다음 단어를 명심하십시오.

"적자" 생존!


**S_다른 사람들과 나눔(Share with others)**

올바른 말씀 묵상을 위해서는 공동체 훈련이 필수적입니다. 혼자만 말씀을 묵상하다 보면 어느 순간 지치게 됩니다. 서로 힘을 북돋아줄 수 있는 동료들이 있으면 Q.T가 더욱 재미있어집니다. 받은 은혜를 함께 나눌 수 있는 그룹을 만들 때는 매일 약속된 본문으로 맞추는 것이 좋습니다. 같은 본문인데도 각 사람에게 맞게 다양한 방식으로 말씀해주시는 놀라운 하나님의 지혜를 보게 될 것입니다. 그리고 서로에게 적용하며 새로운 힘을 얻게 될 것입니다.


- 동지의식 : "나 혼자만 이런 문제를 겪는 게 아니구나. 남편들은 다 똑같구나."
- 도전 : "저 형제는 나보다 훨씬 힘든데도 저렇게 사는데, 나도 분발해야지."
- 회개 : "나의 이런 점이 잘못된 것이구나. 버려야겠다."
- 위로 : "우리가 중보기도할게요. 힘내세요, 형제님!"

# 말씀 묵상의 축복

## 외적인 축복

말씀 묵상이 주는 축복 중에 외적인 축복은 비전을 추수하게 되는 것입니다. 여호수아서 1장은 이렇게 말하고 있습니다.

"내가 그들의 조상에게 맹세하여 그들에게 주리라 한 땅을 이 백성에게 차지하게 하리라"(수 1:6).

말씀 묵상은 철학자들의 지적 유희가 아닙니다. 말씀을 제대로 묵상하면 똑똑해지는 게 아니라 승리하게 됩니다. 모세를 비롯한 여호수아의 조상들에게 약속으로만 들려주었던 하나님의 비전을 여호수아는 실제 자기의 삶에서 응답으로 받게 됩니다. 그 응답을 받는 도구가 바로 말씀 묵상입니다.

살아 있는 말씀 묵상을 통하여 하나님이 주셨던 약속들이 실제로 우리 자신의 삶의 현장에 이뤄지는 축복을 경험하며 살게 되기를 바랍니다. 하나님이 준비하신 배우자를 만나는 역사가 일어나고, 오랫동안 아기를 갖지 못했던 집에 기쁜 소식이 생기며, 꽉 묶여 있던 재정에 숨통이 트여 안정되는 역사가 일어나기를 바랍니다.

똑같은 주제가 계속 반복됩니다.

"그리하면 어디로 가든지 형통하리니"(수 1:7).

당신이 말씀을 주야로 묵상하고 실천하기를 게을리하지 않는다면 당신이 어디에서 무엇을 하든지, 그 일이 형통하고 잘되는 역사가 일어날 것입니다. 당신이 어떤 직장으로 옮기거나 어떤 부서로 옮겨도 가는 곳마다 사랑받고 성공하게 될 것입니다. 어떤 일을 해도 그 일에 하나님의 은총이 담을 곳이 없을 정도로 넘쳐흐르게 될 것입니다. 이것이 말씀을 묵상하고 순종한 결과 하나님이 주시는 성공의 비법입니다.

"사랑하는 자여 네 영혼이 잘됨같이 네가 범사에 잘되고 강건하기를 내가 간구하노라"(요삼 1:2).

### 내적인 축복

말씀 묵상이 주는 축복 중에 내적인 축복은 담대함과 평안함이 생기는 것입니다. 강하고 담대할 수 있는 힘은 말씀을 주야로 묵상하고, 그 말씀대로 순종할 때 생깁니다. 말씀을 꽉 붙들고 있는 자는 어떤 돌발 상황이 발생하거나 어떤 무서운 대적이 몰려와도 흔들리지 않습니다.

세상에는 외적인 성공을 이루었지만, 내적인 담대함과 평안함을 갖고 있지 못한 사람들이 많습니다. 그것은 반쪽짜리 성공에 불과합니다. 아무리 돈이 많다고 한들, 늘 마음이 불안하고 두렵다면 그 돈이 무슨 의미가 있겠습니까? 아무리 높은 자리에 올랐다고 한들, 사람들의 눈치만 보고 살아야 한다면 그게 무슨 의미가 있겠습니까?

진짜 성공은 영혼이 풍성해지고 단단해지는 것입니다. 어떤 상황 속에서도, 내적인 담대함과 평안함을 갖는 것이 중요합니다. 그것은 말씀이 그 안에 가득 찬 사람만이 누릴 수 있는 특권입니다. ✽

### 하나님 자녀의 특권
건강한 크리스천은 하나님의 말씀을 향한 목마름이 있습니다. 하나님을 사랑하기 때문에 하나님에 대한 모든 것을 알고 싶어서 자동적으로 말씀을 사랑하게 되어 있습니다. 하루 중에 가장 신선하고 집중력이 뛰어난 시간을 떼어서 주님의 말씀에 집중할 때, 예수님은 인생의 길라잡이가 되어주셔서 세상을 두려워하지 않고 도전하는 삶을 살게 해주십니다. 우리는 예배를 통해서 문제보다 더 크신 하나님께 집중하며 현실의 태산 같은 장벽을 넘을 수 있습니다.

### 말씀을 묵상하는 방법
하나님의 말씀을 신뢰하고 인도함을 받기 위한 'PRESS' 말씀 묵상법이 있습니다. 먼저 말씀 묵상을 하기 전에 조용한 장소와 시간을 정하고 하나님의 음성을 듣는 기도로 시작합니다(Pray). 주어진 성경 본문의 문맥을 살피며 충분히 읽고(Read), 성경 본문이 당시에 무엇을 의미했는지 핵심 단어와 구절들의 상관관계를 살피며 주석합니다(Exegesis). 성경 말씀이 현재 자신에게 무엇을 의미하는지 살펴보고 실천하며(Share to me) 공동체 속에서 함께 나누고 격려하며 새 힘을 얻습니다(Share with others).

### 말씀 묵상의 유익과 축복
말씀 묵상은 철학자들의 지적 유희가 아닙니다. 하나님의 말씀을 제대로 묵상하면 주님을 닮아가고 하늘의 능력을 다운로드하며 늘 승리하는 삶을 살게 됩니다. 살아 있는 말씀 묵상을 통하여 하나님이 주셨던 약속들이 실제로 자신의 삶의 현장에 이루어지는 축복을 경험하게 됩니다. 말씀을 주야로 묵상하고 실천하는 사람은 외적으로 비전을 추수하게 되며, 형통한 삶을 삽니다. 말씀이 그 안에 가득 차서 내적으로 평안함과 담대함이 흘러넘쳐, 영혼이 풍성해지고 단단해지는 특권을 누리며 삽니다.

말씀 묵상

# 영적 전쟁

SPIRITUAL
WARFARE

끝으로 너희가 주 안에서와 그 힘의 능력으로 강건하여지고
마귀의 간계를 능히 대적하기 위하여 하나님의 전신갑주를 입으라
우리의 씨름은 혈과 육을 상대하는 것이 아니요
통치자들과 권세들과 이 어둠의 세상 주관자들과 하늘에 있는
악의 영들을 상대함이라 그러므로 하나님의 전신갑주를 취하라
이는 악한 날에 너희가 능히 대적하고 모든 일을 행한 후에 서기 위함이라

에 베 소 서  6 장  10 - 13 절

# 영적 전쟁

영화 〈사운드 오브 뮤직〉에 보면 여자 주인공이 아이들을 데리고 인형극 뮤지컬을 연출하는 장면이 나옵니다. 목동들과 아이들, 염소까지 다양한 나무인형들이 무대에서 춤을 추고 노래하는데, 실은 무대 뒤에서 사람들이 인형을 조종하는 것임을 모두가 다 알고 있습니다. 관객들 눈에 보이지는 않지만, 뒤에서 사람들의 손이 인형에게 연결된 줄을 계속 당기거나 밀어주고, 무대장치를 바꿔줌으로써 생동감을 부여합니다. 보이지 않는 무대에서 결정한 일들이 보이는 무대 위에서 펼쳐지는 것입니다.

우리가 이 땅에서 치르는 영적 전쟁도 이와 같습니다. 보통 우리 눈에 보이는 세상에서 일어나는 일들은 보이지 않는 영역에서 일어나는 무서운 전쟁의 결과입니다. 태고 때부터 이어져온 선과 악, 하나님의 군대와 사탄의 군대간의 무서운 영적 전쟁은 핵전쟁보다 더 치열하고 무섭습니다.

우리는 예수님을 믿고 크리스천이 된 순간부터 주님의 군사가 되었습니다. 우리가 원하든 원치 않든 이미 영적 전쟁이 시작되었습니다. 이것은 결코 피할 수 없는 운명적인 일입니다.


## 영적 전쟁의 양극단적 접근

영적 전쟁에 대해 먼저 알아야 할 것은 마귀에 관한 두 가지 극단적인 접근을 주의해야 한다는 사실입니다.

첫 번째 극단은 영적 전쟁의 실체를 부인하는 것입니다. 마귀의 존재를 비과학적이고 비이성적인 것으로 보며 전혀 인정하지 않는 경우입니다. 특히 엘리트 지성인이라고 자부하는 사람들이 이 함정에 빠지기 쉽습니다. "어떻게 이런 첨단과학의 시대에 그런 전설의 고향 같은 일이 일어나겠어?"라고 하면서 코웃음을 칩니다. 사탄은 오늘날 세상 곳곳에서 일어나고 있는 모든 악하고 더러운 일들의 배후 조종세력으로 왕성하게 활동하고 다니는데도, 사람들은 사탄에 대해 너무 무지합니다. 그냥 눈에 보이는 현상만 가지고 판단합니다. 문제에 대한 해법도 인간적인 방법으로 접근합니다. 교육이나 정권 교체, 외교협상이나 경제발전으로 문제를 해결하려고 합니다.

그러나 이것은 아픈 환자에게 진통제를 놓아주는 행위에 불과합니다. 진정으로 생명을 살리기 위해서는 병의 원인, 즉 뿌리를 찾아서 제거해야 합니다.

예수 그리스도의 보혈로 거듭난 사람, 즉 살아 계신 성령님으로 충만한 사람은 보이는 현상 너머로 움직이는 영적 세력들의 실체를 봅니다.

"또 아는 것은 우리는 하나님께 속하고 온 세상은 악한 자 안에 처한 것이며"(요일 5:19).

마귀와 그 세력들은 분명히 존재하며, 교회가 하나님 나라를 위해 애쓰는 것만큼 이를 대적하기 위해 온갖 몸부림을 치며 요동하고 있습니다. 폭력과 음란과 테러의 현장, 최고 권력층과 부유층, 대학 캠퍼스를 비롯한 세상 곳곳에서 마귀는 무섭게 암약하고 있습니다.

작년에 방영된 드라마 〈주군의 태양〉은 귀신이 자꾸 눈에 보여서 괴로워하는 여주인공의 스토리를 다루었는데, 어둠의 영들이 그렇게 아무에게나 보이는 게 아닙니다. 예수의 보혈로 거듭난 하나님의 사람들에게 영적으로 느껴질 뿐입니다. 태국이나 일본같이 우상신이 많은 곳에 가면 괜히 가슴이 답답하고 무거운 느낌을 받게 됩니다. 그것은 우리 안에 계신 성령님이 반응하시기 때문입니다. 제가 젊었을 때 친구들에게 이끌려 미국 십대들의 파티장에 한 번 갔었는데, 너무 마음이 불편해서 즉시 뛰어나오고 말았습니다. 제 안에 계신 성령님이 "이곳은 네가 있을 곳이 아니다"라고 말씀해주셨습니다. 그 후로 다시는 가지 않았습니다. 제 안에 계신 성령님이 그곳의 어두운 영적 세력들을 좋아하지 않는다는 것을 확실히 느꼈기 때문입니다.

하나님의 사람은 세상이 아무리 화려한 겉모습으로 치장하고 있어도, 그 이면의 무서운 영적 전쟁의 실체를 꿰뚫어봅니다. 겉으로 드러난 화려한 외모와 세련된 매너에 속지 않습니다. 성령충만한 사람들은 우리가 잠시 나그네로 이 세상에 있다는 것을 알며, 이 세상이 무서운 영적 전쟁터임을 알고 항상 깨어서 기도합니다.

영적 전쟁에 있어서 조심해야 할 두 번째 극단적인 입장은 마귀를 너무 깊이 알려고 하는 것입니다. 귀신론을 너무 깊이 연구하고 생각하면, 나중에는 하나님보다 귀신을 더 많이 묵상하게 됩니다. 인간은 많이 묵상하는 존재를 닮아가기 때문에 조심해야 합니다.

또 어떤 사람들은 모든 것을 귀신의 탓으로 돌리는데, 그렇게 되면 자신의 책임이 간과됩니다. 감기만 들어도 '사탄의 장난'이라고 말합니다. 물론 마귀가 주는 병도 있습니다. 그러나 모든 병이 다 사탄의 역사는 아닙니다. 자기가 성실하게 사업을 경영하지 않아서 어려움에 처하고도 '사탄의 방해'라고 하고, 자기가 무례하고 지혜롭지 못하게 처신해서 불신자 직장 동료와 다툰 후 "사탄의 세력이 나를 대적한다"고 하면 안 됩니다. 모든 것을 다 영적 전쟁이라고 보면 영적 노이로제에 걸리게 됩니다.

진정한 전사는 아무 데서나 칼을 휘두르지 않습니다. 크리스천은 영적 전쟁의 거짓된 거품을 말끔히 걷어내고 냉정을 유지해야 합니다. 우리의 주관심사는 마귀가 아니라 하나님입니다. 마귀는 우리가 꾸짖고 물리쳐야 할 존재이지 언제나 붙들고 묵상해야 할 존재가 아닙니다. 그러므로 지나치게 모든 것을 영적 전쟁으로 몰고 가선 안 됩니다.

적을 너무 과소평가해서도 안 되지만, 너무 과대평가해서도 안 됩니다. 냉정하게 사실에 근거한 판단을 해야 합니다. 우리는 "마귀 같은 것은 없다"라고 하는 소위 이성주의식 접근과 너무 모든 것을 마귀의 역사로만 돌려버리는 지나친 귀신론적 접근의 양극단을 피하고 균형을 잡아야 합니다. 성경적인 영적 전쟁에 대해 정확하게 이해해야 합니다. 그리고 하나님이 주신 무기와 능력을 사용해서 영적 전쟁에서 승리해야 합니다.

영적 전쟁은 피할 수 없는 엄연한 현실입니다. 예수님도 십자가에서 돌아가시기 전, 이 세상에 남겨놓고 갈 제자들을 위해 다음과 같이 기도하셨습니다.

"내가 비옵는 것은 그들을 세상에서 데려가시기를 위함이 아니요 다만 악에 빠지지 않게 보전하시기를 위함이니이다"(요 17:15).

여기서 '악'은 단순한 악이 아니라 '악한 자'(evil one)라는 뜻입니다. 하나님은 잠시 이 세상의 권세를 악한 자가 주장하도록 허락하셨습니다. 주님이 이 땅에 인간의 육체를 입고 오신 것은 마치 어둠의 권세가 장악한 땅에 진짜 왕이 상륙하셔서 본격적으로 전쟁을 선포하신 것과 마찬가지였습니다. 주님을 구주로 영접한 우리는 이 땅에서 하루하루를 사는 것이 적진 한가운데서 임무를 수행하는 전투병사와도 같습니다. 예수님을 믿는 그 순간부터 우리도 악한 자, 사탄의 표적이 되었기 때문입니다. 우리가 피하고 싶어도 피해갈 수 없는 것이 영적 전쟁입니다.

하나님은 그리스도인이 사탄의 세력 앞에 움츠러들지 않고, 담대하게 악한 세력을 대적하기를 원하십니다. "적을 알고 나를 알면 백 번 싸워도 지지 않는다"라고 하지 않습니까? 먼저 우리가 대적해야 할 사탄의 세력의 실체를 정확하게 파악해야 합니다. 적의 실체를 잘 모르고 무작정 전쟁에 뛰어들다가는 자칫 낭패를 보기 쉽습니다.

# 영적 전쟁의 대상

하나님의 자녀가 맞서야 할 적은 정확히 어떤 존재입니까?

"우리의 씨름은 혈과 육을 상대하는 것이 아니요 통치자들과 권세들과 이 어둠의 세상 주관자들과 하늘에 있는 악의 영들을 상대함이라" (엡 6:12).

먼저 우리의 싸움은 혈과 육에 대한 것이 아니라는 것을 주목하십시오. 우리의 적이 사람이 아니라는 말입니다. 성경은 사람을 정죄하지 말라고 합니다. 우리의 싸움의 대상이 사람이 아니기 때문입니다. 전쟁에서 승리하기 위해서는 적의 하수인보다 뒤의 조종세력을 찾아내서 제거하는 것이 더 중요합니다. 예수님도 죄와 타협하지 않으셨지만, 죄인들을 불쌍히 여기셨습니다. 사람과 싸우지 말고 사람에게 너무 예민하게 반응하지 마십시오. 악하고 못된 사람도 불쌍히 여기고 그를 위해 기도해주십시오.

바울은 우리가 맞서야 할 사탄의 세력을 네 가지로 나눠서 설명합니다. 영적 전쟁의 첫 번째 대상은 '통치자들'(principalities, rulers)입니다. 여기서 말하는 통치자는 어떤 특정 지역을 장악하고 있는 악한 세력을 의미합니다. 다니엘서 10장을 보면 하나님의 천사가 다니엘에게 오는 도중에 바사 왕국의 군주가 21일 동안 방해를 해서 지체되었다는 말이 나옵니다. '바사 왕국의 군주'는 바사 왕국을 지배하고 있는 어둠의 권세, 즉 그 지역의 악한 영을 가리킵니다. 지구촌 전체를 지역별로 나누어 구분했을 때, 그 지역을 장악하고 있는 사탄의 군주들이 있습니다. 선교사들에 의하면 우상숭배, 귀신숭배가 많은 지역에 들어가면 영적으로 눌리고 엄청나게 음산한 기운이 느껴진다고 합니다. 살인, 강간, 알코올중독, 폭력 같은 범죄율이 높은 대도시들도 그 지역을 장악하고 있는 악한 세력들의 영향권 아래 있습니다.

예를 들어, 미국에서 제작되는 대부분의 포르노는 캘리포니아의 새크라멘토라는 곳에서 제작되어 유통됩니다. 도시 자체에 음란의 영이 강하게 역사하고 있는 것입니다. 라스베이거스 같은 도박의 도시는 탐욕의 영이 강하게 잡고 있고, 또 어떤 도시를 가보면 특별히 각종 신당들과 우상숭배의 영이 강렬하여 전도하기가 쉽지 않습니다. 그런 곳에서는 영적으로 말할 수 없이 눌리고 답답한 느낌을 받습니다. 그래서 영적 전쟁을 할 때 특정 지역을 놓고 집중적으로 말씀을 선포하며 중보기도하는 것이 필요합니다. 예를 들어서, 네팔 같은 곳은 50년 전만 해도 크리스천이 30명도 안 됐는데, 지금은 10만 명이 훨씬 넘는다고 합니다. 수많은 그리스도인이 그 지역을 놓고 집중적으로 기도한 결과일 것입니다. 당신이 어디에 살고 있고, 어디에서 일하든, 매일 그 지역을 위해 집중적으로 기도하시길 바랍니다.

특정 지역을 장악한 악한 세력은 특정 분야를 장악할 수도 있습니다. 예를 들어, 사탄이 원래 찬양을 담당하던 천사여서 그런지, 음악 분야에서 아주 무섭게 역사합니다. 지난 몇십 년 동안 전 세계 젊은이들을 사로잡아온 헤비메탈, 로큰롤(rock'n' roll), 뉴에이지, 힙합송 중에는 정말 악한 가사들이 많습니다. 가사뿐 아니라 박자와 리듬, 과격한 무대 퍼포먼스로 사람들의 영혼을 뒤흔들어놓습니다. 폭력과 섹스와 마약, 권위에 대한 도전뿐 아니라 공개적으로 사탄을 숭배하는 노래도 많습니다. 이런 음악을 듣다가 청소년들이 가출하거나 마약을 하고,

범죄에 빠지거나 자살하고 싶은 충동을 느끼게 됩니다.

경제계에도 악한 세력들이 강하게 역사합니다. 사람들이 돈 때문에 서로를 배신하고, 싸우며, 모함하고, 몸과 양심을 팔며, 죽이는 일을 서슴없이 자행합니다. 증권, 부동산, 로또, 사채시장 같은 곳이 다 영적인 전쟁터입니다. 기도하면서 돈을 다루지 않으면 엄청난 시험에 빠지게 됩니다.

또 어떤 특정한 시기에 무섭게 악한 세력들이 기승을 부리기도 합니다. 대부분의 범죄는 밤에 많이 일어납니다. 감수성이 예민한 십대나 혈기방장(血氣方壯)한 20대에 죄의 유혹에 집중적으로 노출될 위험이 큽니다. 미국 젊은이들이 술과 섹스와 마약에 빠져 있던 1960년대와 1970년대는 사탄이 아주 기승을 부리던 시기입니다. 이렇게 어떤 지리적 공간이나 특정한 분야, 특별한 시간을 장악하고 활동하는 악한 세력들이 있습니다.

영적 전쟁의 두 번째 대상은 '권세들'(authorities)입니다. 권세는 악용된 힘, 나쁜 권위를 말합니다. 권세들이라 함은 한 마디로 세상에서 조직을 만들고, 힘을 휘두르는 기관이나 사람들을 말합니다. 예수님의 성품이 '겸손과 섬김'이라면, 사탄의 성품은 '교만과 지배욕'입니다. 사탄은 권력이 집중된 곳에서 아주 심하게 역사합니다. 크게는 백악관, 크레물린 궁, 청와대를 비롯해 작게는 검찰, 경찰, 시청, 구청, 군대 등에서 나타납니다. 힘을 가지고 다른 이들을 압박하는 모든 조직들은 다 영적 전쟁터입니다.

대부분의 사람들이 힘을 가지게 되면 휘두르고 싶어 하고, 자신을 신적인 존재처럼 여기며 우월감을 갖기 쉽습니다. 사탄은 바로 그런

욕망에 달라붙어서 사람들을 자신의 수하로 만듭니다. 그러므로 권력의 자리에 올라가려는 이들은 특별히 더 많은 기도를 해야 합니다.

교회도 이런 위험요소에서 자유롭지 못합니다. 교회가 커지고 유명해지면 그때부터 더욱 겸손해져야 하고, 타락하지 않도록 기도해야 합니다. 목사, 장로, 집사가 마치 세상의 힘의 구조처럼 움직이게 되면 사탄의 도구가 됩니다. 괜찮았던 사람인데 목회자가 되고, 장로가 되면서 변질되는 게 우연이 아닙니다. 지도자의 자리에 설수록 더 많이 기도하며 자신을 돌아봐야 합니다.

영적 전쟁의 세 번째 대상은 '어둠의 세상 주관자들'(powers of this dark world)입니다. 이것은 세상의 모든 죄악과 어두움을 생산하는 세력들입니다. 마피아나 야쿠자, 마약과 인신매매 그리고 도박과 살인을 전문으로 하는 거대한 조직 폭력 세력들, 유럽의 신나치당이나 미국의 KKK단 같은 인종차별 테러단체나 빈 라덴의 테러조직 같은 세력들은 우연히 생긴 게 아닙니다. 또한 연약한 사람들의 마음을 어둡게 하는 점성술, 무당, 갖가지 거짓 종교들이 얼마나 기승을 부리고 있는지 모릅니다. 이 모든 것들을 움직이는 어둠의 세상 주관자들이 있으므로, 우리는 어둠의 세력들과 단호히 영적 전쟁을 벌여야 합니다.

영적 전쟁의 네 번째 대상은 '하늘에 있는 악의 영들'(spiritual forces of evil in the heavenly realms)입니다. 이들은 구체적으로 사탄의 직속 부하세력을 지칭하며, 사탄이 직접 부리는 모든 악하고 더러운 귀신들을 말합니다. 이들은 철저하게 자기 정체를 숨기고 은밀하게 활동합니다. 그래서 언제나 대리인을 선택해서 나쁜 일들을 저지릅니다.

# 루시퍼의 실체와 목표

이 네 가지 세력들을 거느리고 세상을 장악하며, 하나님을 대적하는 악한 세력의 총두목 루시퍼! 그는 어떤 존재입니까? 그는 한때 '계명성'(morning star)으로 불리며, 하나님의 총애를 받던 천사장 중에 하나였습니다. 그러나 그는 교만이 가득하여 하나님을 대적하다가 타락하여 그의 추종자들과 함께 천국에서 쫓겨났습니다. 요한계시록에 보면 루시퍼와 함께 쫓겨난 천사들이 전체 천사들의 3분의 1이나 되는 엄청난 수라고 했습니다.

천국에서 쫓겨난 뒤 이를 갈고 있던 루시퍼는 감히 하나님과는 맞설 수 없자, 하나님이 사랑하는 인간을 이용하기로 했습니다. 사탄은 인간을 유혹해서 죄를 짓게 만들었습니다. 죄를 지은 인간은 소망이 없는 존재가 되었습니다. 이를 불쌍히 여긴 예수님이 우리를 대신해서 죄의 값을 치르고 돌아가셨습니다. 그러나 그 후 상황은 사탄의 생각과 정반대로 뒤집어졌습니다. 주님이 죽음을 이기고 부활하셔서 누구든지 십자가의 주님을 믿기만 하면 영원한 생명을 얻게 된 것입니다. 사탄이 전혀 예상치 못했던 엄청난 반전입니다.

뜻밖의 치명타를 얻어맞은 사탄이 그 후로 총력을 기울여서 매달리고 있는 것은 두 가지입니다. 첫째는 자신의 세력 안에 있는 어둠의 백성들이 예수님을 믿고 하나님의 자녀가 되는 것을 막는 것입니다. 그래서 교회가 전도에 힘쓰고 선교하려고 하면 지독하게 방해하며 저항합니다. 둘째는 이미 하나님을 믿은 사람들이 더는 영적인 영향력을 발휘하지 못하도록 만드는 것입니다. 그래서 신실한 크리스천들을 끊임없이 유혹하여 죄를 짓게 만들고, 게으르게 하며, 싸우게 만듭니다. 그중에서 크리스천들을 공격하기 위해서 사탄이 즐겨 사용하는 전략은 무엇일까요? 이제 "마귀의 간계"(the devil's schemes, 엡 6:11)를 하나씩 살펴보기로 하겠습니다.

## 사탄의 전략

### 대리인 세우기

사탄은 항상 대리인을 택해서 공격합니다. 사탄은 암흑의 영, 어둠의 영이기 때문에 자신을 잘 드러내질 않습니다. 대개 극렬한 시위에서 주모자들은 뒤에 모습을 감추는 것과 같습니다. 사탄은 항상 대리인을 앞세워서 역사를 어지럽게 만들고, 하나님의 백성을 타락시키며, 하나님의 교회를 파괴하고, 하나님의 역사를 방해합니다. 또한 교만한 마음을 품거나 우리 안에 옛사람의 악한 습관과 죄의 잔재를 남겨두고 있으면 사탄이 그것을 이용할 수 있기에 조심해야 합니다.

### 매력적인 유혹

1장에서 살펴본 것처럼, 사탄은 자신의 추악한 실체를 숨기기 위해서 아주 매력적인 모습으로 위장하고 우리에게 접근합니다. 하와에게 선악과를 먹게끔 유혹한 뱀은 에덴동산에서 가장 매혹적이고 아름다운 존재였습니다. 마찬가지로 현대에도 사탄은 매혹적인 가면을 쓰고 접근하여 사람들을 속입니다. 근래에 한국 교회뿐 아니라 해외 한인 교회 및 선교지들 곳곳에 신천지, 통일교, 여호와의 증인 같은 이단 세력들이 아주 교묘하게 침투해서 무섭게 세력을 확장하고 있습니다. 그래서 우리는 더욱 눈을 부릅뜨고 영적인 경계심을 늦추지 말아야 합니다.

### 이간질하기

사탄은 우리와 아버지 하나님과의 관계를 끊임없이 이간질하려고 합니다. 예수님의 보혈로 연결된 하나님과 사람의 관계를 끊을 수는 없으니까, 인간을 속여서 하나님을 오해하게 만들고, 상처를 받게 합니다. 하나님은 인간을 위해서 선악과를 먹지 말라고 하셨는데, 뱀은 하와에게 그것을 먹으면 하나님같이 될까 봐 일부러 그러신 거라고 하와를 흔들어놓았습니다. 사탄은 항상 우리로 하여금 하나님 가까이 가지 못하게 방해하고, 의심하게 만듭니다. 조금만 인생이 힘들어지고 답답해지면, '하나님이 나를 더 이상 사랑하지 않으시나 봐. 다른 사람을 더 편애하시나 봐' 하는 생각이 들게 합니다. 영적 타락은 하나님을 오해하는 것에서부터 시작되는 경우가 많습니다.

사탄은 거짓말쟁이입니다. 그리고 거짓말을 할 때마다 자기 뜻대로 되는 것 같지만 자기 정체를 드러내버립니다. 마치 전쟁터에서 몰래 숨어서 총을 쏴도 쏘는 순간 그 위치가 발각되는 것과 같습니다.

"너희는 너희 아비 마귀에게서 났으니 너희 아비의 욕심대로 너희도 행하고자 하느니라 그는 처음부터 살인한 자요 진리가 그 속에 없으므로 진리에 서지 못하고 거짓을 말할 때마다 제 것으로 말하나니 이는 그가 거짓말쟁이요 거짓의 아비가 되었음이라"(요 8:44).

진리의 말씀으로 무장하십시오. 그리고 사탄의 달콤한 거짓말에 속지 마십시오. 어떤 상황에서도 당신을 향한 하나님의 사랑을 의심하지 마십시오. 또한 거짓을 입에 담지 마십시오. 어떤 형제에 대해서, 또 특정한 사건에 대해서 정확히 검증되지 않은 이야기를 퍼뜨리지 마십시오. 사탄은 거짓된 혀를 통해 역사하기 때문입니다.

### 분열의 영

사탄은 동시에 분열의 영입니다. 그는 우는 사자같이 두루 다니며 삼킬 자를 찾는다고 했습니다. 사탄이 노리는 먹잇감은 크리스천입니다. 믿는 가정이 깨어지게 하고, 교단과 교파, 교회가 서로 반목하고 싸우며 분열하게 만듭니다. 아무리 좋은 취지에서 하는 일이라고 해도 그 일 때문에 성도들끼리 서로 언성이 높아지고 감정이 상하기 시작한다면 당장 멈춰야 합니다. 그리고 다 함께 기도해야 합니다. 누가 옳고 그른지 자존심 싸움을 할 때가 아닙니다. 예수님의 영이 그 위에 임하게 해달라고 간절히 기도해야 합니다. 하나님은 우리를 화목하게 하시고 하나가 되게 하시는 분입니다.

### 게으름의 습관

사탄이 즐겨 쓰는 전략 가운데 하나는 크리스천으로 하여금 시간을 낭비하게 하는 것입니다. 하나님의 일을 하지 말라고 하고, 미뤘다가 다음에 하라고 합니다.

"전도하고, 선교하며, 헌금하고, 헌신하는 것 다 좋다. 그러나 오늘은 너무 바쁘고 힘드니, 내일 해라. 아이들을 대학까지 보내고, 삶이 안정되는 때, 은퇴한 후에 해라."

사탄의 그럴듯한 논리에 속아 많은 크리스천이 하나님의 일을 하는 것을 자꾸 미룹니다.

또 마귀는 비본질적인 일들로 사람을 잡아매서 가장 중요한 일을 못하게 합니다. 예를 들어, 목회자로 하여금 이것저것 바쁘게 만들어서 말씀과 기도에 집중하지 못하게 하는 것도 사탄의 변하지 않는 전략 가운데 하나입니다. 그래서 저는 목회가 바쁘고 힘들수록 기도원에 가서 모든 것을 내려놓고 기도하며 엎드립니다. 그러면 희한하게도 현실의 복잡하고 바쁜 문제들이 정리됩니다.

성령충만한 사람은 시간을 낭비하지 않습니다. 영적으로 가장 중요한 일을 미루지 않고 즉시 최선을 다해 해냅니다. 영적인 우선순위가 분명한 삶을 사시길 바랍니다.

### 영적인 공격

사탄은 영적 지도자들을 집중적으로 공격합니다. 전쟁터에서 서로 상대편 장군과 장교들을 먼저 제거하려고 합니다. 스포츠 경기에서도 상대편 에이스를 집중 견제합니다. 사탄도 영향력 있는 영적 지도자들을 타락시키려고 총력을 기울이고 있습니다. 볼링을 칠 때 킹핀을 쓰러뜨리면 다른 모든 핀들이 연쇄반응으로 쓰러지듯이, 사탄도 리더를 넘어뜨리면 수많은 양 떼들이 같이 넘어진다는 사실을 잘 알고 있습니다. 무엇이 많은 목회자와 선교사, 예배 인도자들로 하여금 서로 싸우게 만들고, 우울증에 빠지게 하며, 성적 범죄를 저지르게 하고, 돈 문제로 죄짓게 하며, 가정이 깨어지게 합니까? 물론 각자의 인간적인 책임이 있겠지만 어떤 악한 세력이 배후에서 부추기고 있는 것입니다. 미국의 사탄교 신자들은 영향력 있는 기독교 목회자들의 타락을 위해 끊임없이 기도하고 있다고 합니다. 지금 당신 교회의 목회자, 선교사, 예배 인도자, 장로님 등 리더들을 위해 기도해주십시오.

"그러므로 하나님의 전신갑주를 취하라 이는 악한 날에 너희가 능히 대적하고 모든 일을 행한 후에 서기 위함이라"(엡 6:13).

아무리 하나님의 일을 열심히 한다고 해도 영적 전쟁에서 무너지면 다 잃는 것입니다. 눈에 보이는 교회를 크게 키워놓고 자신의 영혼 속의 교회를 제대로 지키지 못해서 무너지는 영적 지도자들이 많습니다. 영적 지도자들을 위해 항상 기도해주십시오.


## 어떻게 싸울 것인가

### 순결과 회복

당신은 맨손으로 암벽을 타는 클라이머들을 본 일이 있습니까? 그들이 암벽을 탈 때 사이사이에 틈새가 있어야 기어오르지, 아무 틈새가 없는 깨끗한 암벽을 기어오르지는 못한다고 합니다.

사탄도 항상 기회를 엿보며 우리 영혼의 틈새를 찾고 있습니다. 사탄이 찾는 틈새는 바로 회개하지 않은 죄들과 정리하지 못한 옛사람의 잔재들입니다. 형제와 싸우고 화목하지 않으며 미워하는 마음을 계속 품고 있으면 사탄이 금세 달라붙습니다. 청소년, 젊은이들이 자신의 방에 이상한 포스터를 잔뜩 붙여놓고, PC로 이상한 사이트를 습관적으로 검색하고 있으면 사탄의 밥이 되기 십상입니다.

주위 환경을 깨끗이 해야 합니다. 자주 보고 듣고 읽는 것들을 모두 하나님 앞에서 부끄럼이 없도록 깨끗하게 정리하십시오. 이상한 음악을 듣지 말고, 해로운 방송 프로그램이나 영화도 보지 마십시오. 자주 만나는 사람들 중에서 당신에게 죄를 전염시키는 사람들을 멀리하십시오. 그래야 사탄에게 틈을 주지 않습니다.

사탄은 우리의 약점을 너무 잘 알고 있습니다. 항상 보면 우리는 비슷한 문제로 계속 넘어집니다. 돈 문제로 사고치는 사람은 평생 돈 문제로 넘어지고, 여자 문제로 사고치는 사람은 평생 그 문제로 계속 넘어집니다. 그러므로 사탄이 이용하는 자신의 약점을 철저히 회개하고 경계해야 합니다.

누구나 완벽할 수 없기에 우리는 계속 죄를 짓습니다. 중요한 것은 날마다 주님 앞에 엎드려 진실하게 회개하는 것입니다. 그래야 크고 작은 죄 문제가 해결됩니다. 매일매일 몸을 씻듯이, 영혼도 씻어내야 합니다. 집에 음식물 쓰레기를 쌓아두고 있으면 바퀴벌레와 파리, 모기의 온상이 되듯이, 죄 문제를 해결하지 않고 방치해두면 영혼이 악한 세력의 온상이 됩니다. 오늘 당신 안에 방치된 채 쌓여 있던 죄들을 모두 나사렛 예수의 이름으로 몰아내시기를 바랍니다.

주님과의 교제

영적 전쟁은 내 힘으로 하는 게 아니라 하나님의 힘으로 하는 것입니다. 세 살짜리 꼬마가 아무리 태권도를 잘해도 큰 깡패를 이기지 못합니다. 유일하게 살길은 크고 강한 아빠 옆에 바짝 붙어 있는 길뿐입니다. 그래서 성경은 "하나님의 전신갑주를 입으라"고 하는 것입니다. 마귀를 이기는 유일한 길은 주님의 힘을 의지하는 것입니다. 종이 한 장이 그냥 홀로 있으면 쉽게 찢어집니다. 그러나 그 종이가 성경책 안에 들어가 있으면 상황이 달라집니다. 마찬가지로 우리는 예수님 안으로 들어가며, 하나님 품 안으로 꼭 들어가 있어야 합니다. 그러면 사탄이 건드리지 못합니다. 항상 성령충만하십시오. 그래야 우리는 영적 전쟁에서 승리할 수 있습니다.

우리는 하나님의 '전신갑주'를 입어야 합니다. 전신갑주란 문자 그대로 온몸을 다 가리는 갑주입니다. 우리 삶의 모든 부분에 하나님의 보호하심이 필요합니다. 거룩은 내 삶, 내 생각, 내 습관, 내 가정, 내 직장 등 모든 영역을 다 보호하는 것입니다. 우리는 그 어떤 지역도 사탄에게 내어줘서는 안 됩니다. 늘 우리의 삶 구석구석을 24시간 주의 보호막으로 지켜달라고 기도하면서 살아야 합니다. 유명한 CCM송 가사처럼 "주님 그 크신 팔로 날 안아주지 않으면, 난 한 순간도 못 삽니다."

에베소서 6장 10절에서 "너희가 주 안에서와 그 힘의 능력으로 강건하여지고"라고 했습니다. 우리가 어떻게 하는 것이 '주 안에' 있는 것일까요? 말씀과 기도를 통해 주님과 항상 교제하고 있는 것이 주 안에 있는 것입니다. 영적 전쟁의 초점은 마귀가 아니라 하나님께 맞춰져야 합니다.

영적 전쟁을 오해하여 너무 마귀를 물리치는 것에만 집중하면 잘못하다간 우리도 마귀 비슷하게 닮아갈 수 있습니다. 영적 전쟁을 한다고 하면서 말과 표정이 사납고, 다른 사람과 자주 다투며 얼굴에 평안함과 기쁨이 없으면 뭔가 잘못된 것입니다. 테러조직과 전쟁하면서 잘못하면 자기도 테러리스트와 비슷해진다고 하지 않습니까? 하나님은 우리가 하나님을 사랑하고 즐거워하며, 하나님의 영으로 충만하기를 원하십니다. 다른 곳이 아닌 하나님께 집중하기를 원하십니다. 그러면 사탄은 자연스럽게 물러가게 되어 있습니다. 주님이 내 안에, 내가 주님 안에 거하면, 그 어떤 무서운 마귀의 권세도 물리칠 수 있는 영적인 전사가 됩니다.

### 예수 이름의 권세 사용하기

필요하면 마귀의 세력을 향해서 담대히 예수 이름의 권세를 사용하십시오. 하나님의 자녀인 우리에게 주님이 마귀를 쫓아낼 영적인 권세를 주셨습니다.

"믿는 자들에게는 이런 표적이 따르리니 곧 그들이 내 이름으로 귀신을 쫓아내며 새 방언을 말하며 뱀을 집어올리며 무슨 독을 마실지라도 해를 받지 아니하며 병든 사람에게 손을 얹은즉 나으리라 하시더라" (막 16:17,18).

말씀의 능력을 사용하십시오! 예수님의 이름으로 선포하고, 꾸짖으십시오. 두려워할 이유가 없습니다.

중요한 것은 우리와 주님과의 관계입니다. 앞에서 언급했듯이 하나님과 우리가 친밀한 관계를 유지하고 있어야 합니다. 항상 성령충만, 말씀충만해야 합니다. 그래야 강한 영적 내공이 쌓여서 어둠의 세력을 두렵게 만들 수 있습니다. 그렇지 않고 섣불리 예수님의 이름을 사용하면 마귀에게도 역공을 당할 수 있습니다. 사도행전 19장에 실제 그런 예가 나옵니다. 대제사장 스게의 일곱 아들들이 바울의 흉내를 내며 "주 예수의 이름을 불러 말하되 내가 바울이 전파하는 예수를 의지하여 너희에게 명하노라"(13절)라고 했다가 오히려 그 귀신이 "내가 예수도 알고 바울도 알거니와 너희는 누구냐"(15절)라고 하면서 달려들어 때리는 바람에 혼쭐이 난 사건이 있었습니다. 이런 사건이 일어난 후 에베소 사람들이 두려워했고, 크게 회개했으며, 도시에 영적 부흥이 일어났다고 합니다.

마귀의 권세를 압도하는 그리스도의 능력이 이렇게 나타나지 않으면 사람들이 방자해집니다. 교회에서 함부로 예수님의 이름을 팔고 인간적인 소리를 냅니다. 그러나 제대로 된 영적 전쟁이 터지면 한꺼번에 정리가 됩니다. 마귀가 나가고, 가짜들이 드러나며, 하나님이 높임을 받으십니다.


### 함께 싸우기

아무리 신앙이 좋다고 해도 이 무서운 영적 전쟁을 혼자서 오랫동안 감당할 수는 없습니다. 군대는 혼자 싸우는 게 아니라, 팀워크를 이루어 전쟁을 치릅니다. 에베소서 6장 13절에 보면 "악한 날에 너희가 능히 대적하고"라고 되어 있습니다. 여기서 '너희가'라는 말은 함께 싸운다는 말입니다. 특히 '대적하고'란 말의 원어적 의미는 고대 그리스 병사들이 한 소대씩 방패를 마주 붙이고, 서서 함께 행진하며 쏟아지는 적의 화살을 막아내며 전진하는 모습에서 나왔습니다.

영적 전쟁은 혼자 싸우는 게 아니라 모든 믿음의 형제자매들과 함께 싸우는 것입니다. 당신은 혼자가 아닙니다. 용기를 내십시오. 혼자 싸우면 무너져도 두세 명씩 붙어 있으면 쉽게 흔들리지 않습니다. 서로 기도를 부탁하고 예배를 드리면서 힘들고 어려워도 예수님의 이름을 의지하며 조금 더 버텨내십시오. 당신이 그 자리를 버텨내야 다른 형제자매들이 살아납니다.

사탄의 세력은 마지막 날에 반드시 예수님의 최후 심판을 받게 되어 있습니다. 루시퍼와 그의 추종자들은 저 무서운 영원한 무저갱에 던져져서 비참한 최후를 맞이할 것입니다. 이미 결과를 알고 임하는 경기니까 중간에 힘들어도 자신감과 여유를 가지십시오. 마귀도 자신의 마지막 운명을 알고 있습니다. 그래서 주님이 오실 날이 가까울수록 더욱 기승을 부리고 발악을 하는 것입니다.

세상에 죄악이 기승을 부릴수록 주님이 다시 오실 때가 가까이 왔음을 믿으십시오. 우리 주님은 곧 다시 오십니다. 백마에 오르셔서, 눈에는 불꽃이 있고, 입에선 검이 나오며, 천둥 같고 많은 물소리 같은 목소리로 호령하시며, 구름을 타시고 수많은 천군천사들을 거느리고 이 죄악된 세상을 심판하시기 위해 반드시 오실 것입니다.

그러므로 이 세상에서는 환난을 당하나 담대하십시오. 우리 안에 계신 이가 세상에 있는 자보다 더 크십니다. 나사렛 예수의 이름으로 우리는 능히 승리할 것입니다. 아무리 흑암의 권세가 강해도, 당신의 가정은 살아날 것이고, 교회는 부흥할 것이며, 악한 세력은 이 땅에서 기를 펴지 못하게 될 것입니다.

## 하나님의 전신갑주

예수 그리스도를 구주로 영접한 그 순간부터 우리가 원하든 원치 않든 우리는 사탄의 타깃이 되었습니다. 영적으로 성숙해지면 성숙해질수록, 주님과 가까워지면 가까워질수록, 주님께 헌신하면 헌신할수록 사탄은 더욱 잔인하고, 교활하며, 끈질기게 우리의 약점과 방심한 틈을 찾아서 공격합니다.

그래서 바울은 우리에게 '하나님의 전신갑주'를 입어야 한다고 권면합니다. 전신갑주는 문자 그대로 온몸을 가리는 것입니다. 전쟁터에서 적군이 어디를 공격해올지 모르기 때문입니다. 전혀 안 다칠 수는 없습니다. 그러나 치명적일 수 있는 급소 부위만 다치지 않으면 다시 반격할 수 있습니다. 그래서 전신갑주는 적이 공격해올 수 있는 핵심 부위를 모두 보호합니다.

중요한 사실은 하나님의 자녀인 우리에게는 이미 하나님이 이 전신갑주를 주셨다는 점입니다. 없어서 못 입는 게 아닙니다. 입으려는 의지와 결단, 순종이 필요합니다. 우리는 자신에게 얼마나 큰 영적 능력이 있는지 잘 모르고 있습니다. 사탄은 무서운 적이긴 하지만 주님은 사탄보다 훨씬 크신 분입니다. 사탄은 우리를 잘 알고 있지만, 하나님은 사탄을 너무나도 잘 알고 계십니다. 하나님이 주신 갑옷을 입고, 하나님이 주신 무기로 싸우기만 하면 우리는 영적 전쟁에서 백전백승할 수 있습니다.

바울 시대의 로마 군인들의 전신갑주는 과연 어떤 것이었을까요? 먼저 허리띠가 있습니다. 허리띠는 갑옷의 중심입니다. 전투에 임할 때

병사들은 허리띠를 단단히 조여 매서 옷 전체가 흘러내리지 않도록 했습니다. 허리띠에 칼과 무기를 찼기 때문에 허리띠가 튼튼해야 했습니다. 그다음에 호심경, 가슴받이가 있습니다. 흉배(breastplate)라고도 하는 이 호심경은 촘촘한 쇠사슬이나 강철, 혹은 질긴 사자가죽 같은 것으로 만들어져 목에서부터 허리까지 몸통을 보호했습니다. 특히 심장을 보호했습니다. 또 로마병사는 가죽 샌들 같은 신발을 신었는데, 빠르게 달릴 수 있도록 전투 전에는 뒤꿈치까지 완전히 착 달라붙도록 조여 맬 수 있었습니다. 경사진 길이나 미끄러운 길을 갈 때 땅을 굳게 밟고 설 수 있도록 밑에 징이 박혀 있었습니다.

게다가 로마군의 방패는 좌우로 60cm 이상의 강한 철, 혹은 단단한 고무를 덮은 나무로 되어 있었습니다. 그것으로 날아드는 적의 창칼과 불화살 등을 막아냈습니다. 그리고 방패 모서리들은 서로 붙일 수 있게 되어 있어서 병사들이 함께 방패를 붙이고 적진으로 전진하면 요즘의 탱크와 같은 가공할 만한 위력을 발휘했습니다. 또 로마군의 투구는 안은 가죽으로 되어 있고, 바깥은 구리나 철로 이루어졌으며, 그 위에는 말총 장식이 있었습니다. 도끼나 망치로 내려치지 않는 한 뚫어지지 않을 정도로 단단하여 병사들의 머리를 보호했습니다. 머리는 심장과 함께 몸에서 가장 중요한 부위이며, 모든 결정을 내리는 곳이기 때문에 투구의 역할은 정말 중요했습니다.

마지막으로 공격 무기인 칼이 있습니다. 로마병사들은 접근전에 용이하도록 비교적 짧은 칼들을 차고 다녔습니다. 길고 무거운 칼을 휘두르는 적보다 훨씬 빠르고 효율적이었기 때문입니다. 아무리 전신갑주로 적의 공격을 잘 막아도, 자신이 직접 공격하지 못하면 전쟁은 지는 것이었습니다. 유일한 공격무기인 칼은 로마병사에게 있어서 위협용이나 장식용이 아닌 사느냐 죽느냐를 가늠하는 필수품이었습니다.

　로마제국은 강한 군대로 전 세계를 제패했습니다. 당시 초대 교회 사람들은 로마군의 무장에 대해서 너무나 잘 알고 있었으므로, 바울은 이 로마군의 무장을 예로 들어서 영적 전쟁에 관한 메시지를 전하고 있는 것입니다.

### 진리의 허리띠

　허리띠가 갑옷 전체를 흘러내리지 않게 단단히 붙잡고 있듯이, 승리하는 크리스천의 삶을 흘러내리지 않게 단단히 붙들고 있는 것은 하나님의 진리입니다. 진리는 예수 그리스도이십니다. 예수님은 "내가 곧 길이요 진리요 생명이니 나로 말미암지 않고는 아버지께로 올 자가 없느니라"(요 14:6)라고 하셨습니다. 진리는 주님이 주신 복음이며, 하나님의 말씀입니다. 진리를 제대로 알고 제대로 믿어야 합니다.

　놀이공원에서 무섭게 돌아가는 롤러코스터일수록 안전띠(안전바)가 사람을 붙잡아 꼼짝 못하게 매놓습니다. 마찬가지로 세상이 힘들고 어려워질수록, 우리는 하나님의 진리를 확실히 붙잡고 있어야 세상 풍조와 유혹에 흔들리지 않습니다. 그런데 사탄은 교활한 거짓말쟁이입니다. 항상 하나님의 진리를 왜곡하려고 하고 희미하게 만들려고 합니다. 인간이 죄를 짓고 에덴동산에서 쫓겨난 이유가 무엇입니까? 하나님의 진리만 붙들어야 하는데 사탄의 달콤한 거짓말에 속아넘어갔기 때문입니다. 사탄은 하나님 자체를 부인하게 만드는 것이 아니라, 일단 하나님을 오해하게 만듭니다. 그래서 점점 우리 마음이 하나님으로부터 멀어지게 만듭니다. 이것이 거짓의 영, 사탄이 쓰는 방법입니다.

하나님의 자녀들이 하나님의 진리만을 붙들지 않으면, 교회에 다니면서도 영적 전쟁에서 형편없이 패할 수 있습니다. 진리가 분명하지 않은 사람은 무당을 믿듯이 하나님을 믿기도 합니다. 복채를 주는 것이나 헌금하는 것이나 별 차이가 없습니다. 그냥 많이 내면 복을 주리라고 믿고, 안 내면 벌을 받을까 봐 적당히 드립니다. 진리가 분명하지 않습니다. 이렇게 자기중심적으로 믿으면 언젠가는 큰일납니다. 진리가 분명하지 않으면 거짓된 헌신을 합니다. 아나니아와 삽비라를 보십시오. 하나님을 속이고 헌금의 일부분을 착복하고 하나님께 드렸다가 부부가 순식간에 죽임을 당하지 않았습니까?

어떤 사람은 교회를 단순한 사교단체 정도로 생각하고 옵니다. 해외 한인 교회에 그런 케이스들이 많았습니다. 낯설고 힘든 이국땅에서 유학생들이나 처음 이민 간 사람들은 한국음식을 먹여주고, 한국 사람들에게 위로를 받으며 정보도 얻을 수 있으니까 교회에 다니는 경우가 많습니다. 그러나 시작은 그렇게 했다 할지라도 그들이 하나님의 진리를 바로 깨닫고 믿을 수 있도록 해야 합니다. 만일 진리에 바로 서지 못하면 그대로 사탄의 공격대상이 됩니다.

많은 사람이 이단에 빠지는 것은 이단이 설득력이 있어서가 아니라, 그들이 제대로 된 하나님의 진리를 처음부터 붙잡고 있지 못했기 때문입니다. 진짜를 확실하게 아는 사람에게는 가짜가 발붙일 틈이 없습니다. 그래서 제대로 된 교회는 하나님의 진리를 확실하게 가르칩니다. 얼마나 많이 모이느냐가 중요한 게 아니라 얼마나 하나님의 진리 안에서 확실히 뿌리내리고 있느냐가 중요합니다.

자신이 왜 교회에 나오는지, 자신이 무엇을 믿고 있는지, 하나님의 진리를 바로 깨닫고 그 안에 올바르게 서 있는지를 점검하십시오. 그게 확실해야 세상이 아무리 무섭게 흔들어도 신앙이 흔들리지 않습니다. "진리를 알지니 진리가 너희를 자유롭게 하리라"(요 8:32)고 했습니다. 진리는 주님 그 자체이며, 말씀입니다. 진리로 허리띠를 매라는 것은 하나님의 말씀을 제대로 알고, 그 말씀대로 순종하며 살라는 것입니다. 그래야 자신감과 안정감이 생기며, 영적인 분별력이 생깁니다. 경건의 모양이 아닌 경건의 능력이 생깁니다. 진리의 허리띠를 단단히 동여매고, 승리하기를 바랍니다.

### 의의 호심경

가슴받이는 몸통, 특히 심장을 보호합니다. 심장에 화살이 하나라도 박히면 즉사합니다. 원래 죄인이었던 우리 인간에게는 의가 없습니다. 그래서 인간은 항상 죄책감을 가지고 있습니다. 뭔가 잘못되면 자기 죄 때문에 벌을 받는다고 생각합니다. 축구 경기도 자기가 보면 진다고 생각하는 사람들이 있습니다. 인간을 잘 아는 사탄은 항상 죄책감을 이용해서 인간의 양심을 공격합니다.

"야, 너 친구를 욕했지? 너 어젯밤에 이상한 생각했지? 그러고도 네가 크리스천이냐? 하나님이 널 가만둘 것 같아? 집어치워라. 너 같은 게 무슨 집사냐?"

참소하고 고발하는 것이 특기인 사탄은 우리가 조금만 실수하고 잘못하면 득달같이 달려들어 우리의 마음을 흔들어놓습니다. 그러면 우리는 자신도 모르게 고개를 푹 떨구고 기가 죽어, 우울증에 빠지고, 하나님을 뵐 면목이 없어서 기도도 잘 안 하게 됩니다.

영화에 자주 나오는 레퍼토리가 있습니다. 과거 뒷골목 인생을 살다가 개과천선하고 사랑하는 사람을 만나 결혼해서 새 삶을 사는 주인공에게 옛날 어둠의 시절에 함께하던 동료가 다시 찾아와 과거를 들춰내며 협박합니다. 주인공은 그 협박이 두려워서 마지막 한 번만 가담하기로 하다가 결국 덜미가 잡혀서 더 깊은 죄의 수렁으로 빠져듭니다. 예수님을 믿으면서도 이렇게 죄책감과 자괴감에 빠져 영적으로 무기력해진 사람들이 많습니다. 특히 중요한 집회, 선교여행, 하나님께 헌신하는 기회를 앞두고 사탄이 우리의 작은 약점을 빌미로 이런 공격을 하는 경우가 많습니다.

하나님은 사탄이 우리의 마음에 이런 상처를 입히지 못하도록 의의 가슴받이를 대라고 하십니다. 여기서 말하는 의는 우리의 행위로 쌓는 의가 아닙니다. 우리를 위해 대신 십자가에서 돌아가신 예수님의 보혈의 공로로 얻어진 하나님의 의입니다. 하나님은 그 의를 우리에게 입혀주신 것입니다. 그래서 우리는 담대하게 말할 수 있습니다.

"사탄아! 내가 죄를 지었지만, 예수님이 십자가의 보혈로 씻겨주셨다. 이제 너는 나의 죄를 가지고 더는 괴롭힐 수 없다."

이렇게 말할 때 참소하던 사탄이 화들짝 놀라서 달아나게 되고, 우리는 떳떳하게 고개를 들 수 있게 됩니다. 예수의 보혈로 씻지 못할 죄는 없습니다. 하나님의 사람 다윗도 간음 같은 큰 죄를 지었지만, 가슴을 토해내는 진실한 회개를 함으로써 용서를 받았습니다.

과거에 지은 크고 작은 죄 때문에 사탄의 협박에 눌려 살아온 일이 있다면 회개하고, 주님의 보혈로 죄 씻음을 받게 되기를 바랍니다. 더는 그것을 빌미로 사탄이 당신을 조롱하지 못하도록 만드십시오. 우리의 죄는 주님 앞에 회개할 일이지, 사탄 앞에 떨고 변명할 일이 아닙니다. 내 의가 아닌, 주님의 의로 마음을 덮으십시오. 그러면 강하고 담대해질 것입니다.

### 평안의 복음의 신

복음은 좋은 소식, 구원의 소식입니다. 마음에 평안을 주는 하나님의 복음은 평화의 복음입니다. 먼저 사람과 하나님을 화목하게 하고, 그 뒤 사람과 사람을 화목하게 합니다. 그래서 평화의 복음입니다. 이 복음이 전해질 때 어둠의 세력이 물러가고, 하나님의 나라가 확장됩니다. 주님이 구원받은 하나님의 자녀들을 이 험한 세상에 남겨두신 까닭은 복음전파를 위해서입니다. 살아 있는 크리스천은 복음을 전파하는 크리스천입니다. 연주가는 음악 연주를 할 때 가장 아름답듯이, 크리스천은 복음을 전할 때 가장 아름답습니다. 로마서에서는 이렇게 말하고 있습니다.

"보내심을 받지 아니하였으면 어찌 전파하리요 기록된 바 아름답도다 좋은 소식을 전하는 자들의 발이여 함과 같으니라" (롬 10:15).

"평안의 복음이 준비한 것으로 신을 신고"(엡 6:15)라는 말은 교회와 믿는 자들이 언제든지 복음을 전할 만반의 준비를 갖추고 있다가 기회가 되면 뛰어나가야 된다는 말입니다. 영성이 병들면 전도의 열정, 선교의 열정이 죽습니다. 침체된 영성을 살리기 위해서는 전도와 선교를 해야 합니다. 삶의 의욕이 없고, 항상 피곤하며, 자꾸 마음이 답답해지는 사람은 복음전파의 최일선에 한 번 나서보십시오. 아무리 힘들어도 교회는 전도와 선교를 중지하면 안 됩니다. 그러면 바로 내리막길입니다. 아무리 현실적으로 어려운 상황일지라도 복음전파에 힘써야 교회가 살아나고 부흥합니다. 교회가 살아날 때 우리 개인의 삶도 살아납니다.

적극적으로 전도하고 선교하는 것이 마귀를 이기는 길입니다. 영적 전쟁은 복음 전파와 직결됩니다. 우리 이웃과 민족, 모든 열방에게 복음을 들고 나갈 때, 우리는 마귀에게 빼앗겼던 영혼을 찾아올 수 있으며, 마귀에게 빼앗겼던 지역을 다시 찾을 수 있습니다. 평화의 복음의 신은 모든 미움과 폭력과 전쟁을 종식시킬 것입니다.

### 믿음의 방패

사탄은 우리에게 불붙은 화살을 계속 쏘아댑니다. 그냥 화살도 아니고 불화살입니다(피해를 최대한 확대하고 퍼뜨립니다). 특히 우리의 약점, 죄책감, 회개하지 않은 부분을 겨냥해서 쏩니다. 그리고 우리를 조롱하고 비웃습니다. 양군이 대치한 상태에서 화살을 쏠 때 저 멀리서 쏩니다. 느리게 날아오는 듯 하다가 내 앞에 오면 가속도가 붙어 '쑥' 하고 순식간에 날아듭니다. 이 공격을 막기 위한 방패가 필요합니다. 이 방패의 이름이 믿음입니다.

여기서 말하는 믿음은 구원받기 위한 믿음은 아닙니다(우리는 이미 구원받았고, 바울의 편지는 구원받은 하나님의 백성들에게 쓴 것이기 때문입니다). 여기서 믿음은 이미 구원받은 사람이 매일매일 자신의 삶에서 활용하는, 행동하는 믿음입니다. 믿음은 우리 안에 계신 하나님의 약속과 능력을 신뢰하는 것입니다. 우리는 '모든 일에' 믿음의 방패를 들어야 합니다. 즉, 아침에 잠자리에서 깨어나 하루 종일 내가 움직이면서 관여하는 모든 부분에서 믿음을 적용하라는 뜻입니다. 학교에서, 가정에서, 직장에서, 휴가지에서, 교회에서 모든 결정과 행동을 믿음으로 하라는 것입니다.

사실 주일에 교회에서 예배드릴 때는 다들 충만한 은혜를 받습니다. 그렇지만 일단 월요일부터 세상 속으로 들어가서 살기 시작하면 인생이 얼마나 복잡하고, 힘듭니까? 모든 것을 걸고 시작한 사업이 수렁에 빠진 것처럼 어려워집니다. 믿었던 사람이 헤어지자고 합니다. 사랑하는 가족이 덜컥 힘든 병에 걸립니다. 사악하게 인생을 사는 동료가 나보다 훨씬 빨리 승진합니다. 힘들어지니까 주위 친구들도 나를 멀리합니다. 현실이 너무 어려운데, 미래도 별로 나아질 것 같지 않습니다. 이럴 때 사탄은 우리에게 의심과 불안과 원망의 불화살을 날립니다.

'과연 하나님만 믿고 있어도 될까? 하나님이 나를 잊어버리신 게 아닐까? 내가 하나님께 얼마나 충성했는데 하나님이 나한테 이러실 수 있지?'

이런 마음이 불끈불끈 생기는 것은 다 사탄이 내 가슴에 의심의 불화살을 날렸기 때문입니다. 그래서 인생이 힘들고 어려울수록, 우리는 믿음의 방패를 들어 사탄의 공격을 막아내야 합니다.

"사탄아, 물러가라! 하나님은 나를 사랑하셔! 하나님은 나의 반석, 나의 구원자, 나의 빛이시다. 비록 지금 내가 광야를 지나고 있지만, 하나님은 반드시 나를 축복의 땅으로 인도하실 거야!"

믿음이 생기면 모든 좌절과 불신앙이 물러갑니다. 이 믿음은 십자가 사랑으로부터 온 믿음이요, 성령께서 주시는 믿음입니다. 의인은 믿음으로 삽니다.

중요한 사실 한 가지를 꼭 기억하십시오. 믿음의 방패는 나 혼자 드는 게 아니라 형제자매들이 함께 들고 싸우는 것입니다. 에베소서 6장 16절을 정확하게 번역하면 "모든 것 위에 (너희는) 믿음의 방패를 가지고 이로써 능히 악한 자의 모든 불화살을 소멸하고"라고 할 수 있습니다. 서두에서 설명했듯이, 그리스나 로마병사들의 방패는 모서리를 서로 함께 붙여서 거대한 딱정벌레 괴물처럼 적진을 향해 방어벽을 형성했습니다. 이 작전은 혼자 방패를 들고 따로따로 떨어져서 싸우는 것보다 훨씬 큰 위력을 발휘했습니다.

에베소서 6장 14절에 나오는 "그런즉 서서"라는 말은 "굳건히 서라"(stand firm)는 뜻입니다. 군인들이 굳건히 서서 이 믿음의 방패를 수십, 수백 명이 함께 들고 거대한 방어공격진을 형성하는 장면을 상상하고 해석해야 합니다. 당시 훈련된 병사들이 징이 박힌 신발을 신고, 방패를 빈틈없이 하나로 붙이며 칼을 들고 함께 버티면 불화살이 비처럼 쏟아지거나, 전차대가 달려들어도 그것들이 튕겨나가곤 했습니다. 모두 이를 악물고 서로 팔짱을 끼고 '굳건히 서서' 버티는 것입니다. 우리는 예수님의 군대입니다. 모두 하나가 되어 믿음의 방패를 들고 강하게 버텨야 합니다.

'믿음의 방패'는 우리 모든 성도들이 팀워크를 이루어 함께 들고 싸우는 것입니다. 때로는 내가 믿음이 없어서 지치고 힘들 때, 옆의 형제자매들의 믿음의 지원으로 버틸 수 있습니다. 주일에 함께 예배드릴 때 혼자 예배할 때보다 수백, 수천 배의 감동이 폭발하는 것은 그 때문입니다. 태산같이 힘든 문제가 앞을 가로막아도 함께 힘을 모은다면 능히 이길 수 있습니다. 그래서 주님은 마지막 날이 가까워질수록 더 모이기를 힘쓰라고 하신 것입니다. 혼자 힘들고 외로우면 교회에 가십시오. 새벽기도에 나가고 여러 집회에 참석하며 믿음의 형제들에게 기도를 부탁하십시오. 믿음의 동지들이 함께 모이면, 주님은 몇 갑절의 힘을 주십니다. 어렵고 힘들수록 서로를 위해 중보하고, 서로를 격려하며, 힘을 모아 함께 버티어냅시다. 영적 전쟁에서 성도들의 연합은 엄청난 능력을 발휘합니다.

"진실로 다시 너희에게 이르노니 너희 중의 두 사람이 땅에서 합심하여 무엇이든지 구하면 하늘에 계신 내 아버지께서 그들을 위하여 이루게 하시리라"(마 18:19).

이것은 단순히 기도응답에 관한 말씀만은 아닙니다. 성도들이 함께 기도하며 전진하면 어둠의 세력이 큰 충격을 받고 뒤로 밀려나게 됩니다. 그래서 사탄은 성도들이 연합하는 것을 매우 싫어합니다. 교회 안에 그토록 내분이 많고, 질시와 험담이 넘치며, 당을 지어 싸우는 것은 다 사탄이 뒤에서 부추기기 때문입니다. 그러나 우리가 함께 믿음의 방패를 맞대고 나가면 사탄이 발붙일 틈이 없어집니다. 모든 교회가 건강하고 힘이 넘치는 교회가 되기를 바랍니다.

### 구원의 투구

투구는 머리를 보호합니다. 영적 전쟁에서 사탄은 항상 우리의 생각을 공격합니다. 생각을 더럽히면 자연스럽게 삶도 더러워지기 때문에, 사탄은 항상 폭력적인 생각, 이기적인 생각, 음란한 생각, 부정적인 생각을 우리 속에 주입하려고 합니다. 그래서 우리가 항상 예수님의 생각으로 꽉 차 있지 않으면 순식간에 시험에 들 수 있습니다. 특히 중요한 것은 구원의 확신입니다.

나의 선행 때문이 아니라 오직 하나님의 은혜로 구원을 받았으며, 그 누구도 이 구원을 앗아갈 자가 없다는 확신을 갖고 있어야 합니다. 구원의 확신이 없는 사람은 조금만 실수하거나 잘못해도 지옥에 가거나 벌을 받을까 봐 불안해서 어쩔 줄 모릅니다. 사탄은 항상 여기에 불을 지릅니다.

"너, 살림 좀 어렵다고 지난 달 십일조 안 했지? 너, 지난 번 사업 계약 체결할 때 상대를 속였지? 그러고도 네가 천국에 가길 바라니?"

만약 우리의 행위로 구원받은 것이라면 우리가 실수하고 잘못하면 구원을 잃어버릴 수 있을 것입니다. 그러나 우리의 행위가 아닌 하나님의 은혜로 구원을 받았기 때문에 어떤 일이 있어도 우리의 구원은 안전합니다. 그래서 사탄이 달려들 때마다 당당히 선포하십시오.

"누가 우리를 그리스도의 사랑에서 끊으리요. 사망이나, 생명이나, 천사나, 권세자들이나 그 어떤 것도 나를 우리 주 그리스도 예수 안에 있는 하나님의 사랑에서 끊을 수 없으리라!"

이 구원의 확신이 흔들리지 않으면 영적 전쟁은 확실한 교두보를 다진 것입니다. 이 구원의 확신은 이미 내가 받은 구원에 대한 확신이기도 하지만, 동시에 앞으로 주님이 다시 오실 때 이루어질 새 하늘과 새 땅에 대한 소망이기도 합니다. 데살로니가전서 5장 8절에 보면 "구원의 소망의 투구"라고 되어 있습니다. 아무리 화려하고 대단해 보여도 이 세상이 끝이 아니라는 믿음입니다. 언젠가는 반드시 우리가 만왕의 왕이신 주님의 권세와 함께 왕노릇하며 천국잔치에 참여하게 될 것이라는 확신입니다. 이것이 분명할 때 우리는 현재 눈에 보이는 현실에 절망하지 않고, 기죽지 않게 됩니다. 항상 당당하십시오. 우리의 임금이신 예수님이 다시 오실 그날을 기대하십시오.

### 성령의 검 곧 하나님의 말씀

마지막으로 유일한 공격무기인 칼이 남았습니다. 바울은 이것을 "성령의 검 곧 하나님의 말씀"이라고 했습니다. 장식용이나 위협용이 아닌, 접근전에서 순식간에 뽑아 쓸 수 있는 비교적 짧은 칼입니다. 성경에서 하나님의 말씀이 역사하실 때는 항상 성령이 같이 파트너로 등장합니다. 성령과 하나님의 말씀은 떼려야 뗄 수 없는 단짝입니다. 천지창조도 하나님의 신이 수면을 운행하는 가운데 말씀이 떨어지면서 이루어졌습니다. 에스겔서를 보면 마른 골짜기의 뼈들이 살아날 때도 하나님의 말씀이 선포되면서 성령의 생기가 사방에서 불어왔습니다. 말씀충만한 사람은 성령충만합니다. 성령이 말씀을 주시고, 말씀에 능력을 담아주십니다. 성령이 임하면 말씀에 대한 갈급함이 일어납니다. 성령이 기름 부으신 말씀을 들으면 사람들의 영혼에 불이 붙습니다.

하나님의 말씀은 우리 안으로 침투해 들어오는 어둠의 세력을 물리치는 성령의 예리한 검입니다.

"하나님의 말씀은 살아 있고 활력이 있어 좌우에 날선 어떤 검보다도 예리하여 혼과 영과 및 관절과 골수를 찔러 쪼개기까지 하며 또 마음의 생각과 뜻을 판단하나니"(히 4:12).

의사의 칼이 복부를 절개하고 종양을 도려내듯이, 말씀이 인간의 죄악된 마음에 떨어지면 영혼 깊은 곳의 어둡고 더러운 죄의 덩어리들을 도려냅니다. 말씀은 거짓과 어둠을 드러내고, 곪은 부위를 잘라내서 치유합니다. 그래서 살아 있는 말씀을 들으면 아프지만, 동시에 속이 시원합니다. 말씀이 선포되면 생명이 임하고 능력이 임합니다. 하나님의 자녀는 말씀을 먹어야 살아납니다.

우리는 하나님의 살아 있는 말씀을 통해 구원받았습니다. 그리고 구원받은 그 순간부터 우리 모두에게도 성령의 검, 말씀이 쥐어져 있습니다. Q.T하고, 성경공부하며, 설교를 듣는 시간은 다 우리의 말씀의 칼을 날카롭게 가는 시간입니다. 칼날이 무디면 적을 치더라도 죽지 않고 비틀거리기만 합니다. 크리스천이 말씀의 검을 날마다 새롭게 갈아놓지 않으면 영적 전쟁에서 사탄을 쳤는데 죽지 않고 비틀거리기만 할 것입니다. 어제의 은혜로 오늘의 전투에서 승리할 수 없습니다. 말씀의 검이 녹슬고 무뎌지지 않도록 날마다 갈아놓으십시오.

사탄은 어떻게 해서든 우리에게 말씀이 오는 것을 막으려고 합니다. 다니엘서에도 보면 하나님의 천사가 계시를 가지고 다니엘에게 오는 것을 막는 강한 어둠의 세력이 있었다고 했습니다. 항상 말씀을 가까이하십시오. 말씀을 전하는 자와 좋은 관계를 맺으십시오. 설교 시간에 졸지 말고 집중해서 듣고 그 말씀을 묵상하십시오. 성경 구절을 많이 외우고 말하는 것도 아주 좋습니다. 그러면 "내 입의 말과 마음의 묵상이 주님 앞에 열납"(시 19:14)됩니다.

외우고 묵상한 말씀을 하루에 하나씩이라도 삶 속에 적용해보십시오. 폭력의 칼은 쓸수록 무디어지지만, 말씀의 검은 사용할수록 날카로워집니다. 우리가 말씀을 듣고 묵상하며 순종하는 삶을 살면, 성령께서는 우리를 통해 어둠의 세력을 무찔러주십니다. 우리 모두가 말씀의 사람이 되기를 원합니다.

영적 전쟁은 쉬운 일이 아닙니다. 각오를 단단히 해야 합니다. 노르만디 상륙 작전은 연합군의 승리로 끝났지만, 이긴 쪽도 엄청난 대가를 치러야 했습니다. 예수님도 겟세마네 동산에서 땀을 피같이 흘리며 기도하신 후에 십자가를 지시고, 승리하셨습니다. 기독교 2천 년사에서 수많은 믿음의 선배들이 매를 맞고 왕따를 당하며, 고문당하고 투옥되며, 조롱당하고 죽임당했습니다.

그러나 위축되면 안 됩니다. 영적 전쟁은 해도 되고, 안 해도 되는 선택사항이 아닙니다. 그것은 하나님이 우리를 구원으로 부르신 목적 그 자체입니다. 우리가 서 있는 자리에서 반드시 감당해야 할 싸움을 감당해야 합니다. 물러서지 말고, 어둠의 군대를 그 자리에서 몰아내야 합니다. 우리를 구원하신 하나님, 우리에게 많은 사랑과 축복을 주신 하나님이 우리를 믿고 계십니다.

"믿음의 선한 싸움을 싸우라 영생을 취하라 이를 위하여 네가 부르심을 받았고 많은 증인 앞에서 선한 증언을 하였도다"(딤전 6:12).

에베소서 6장 14절 전반부를 보면 "그런즉 서서"라고 되어 있습니다. 누워서 빈둥거리거나 앉아서 싸우는 병사는 없습니다. '서 있다'는 것은 영적 전쟁의 긴박성과 중요성을 의미합니다. 한 번의 실수로 엄청난 재앙이 일어날 수도 있습니다. 하나님의 사람이 서 있다는 것은 전쟁이 시작되었음을 말합니다.

영적 전쟁은 겸손하게 기도하면서 치러야 합니다. 주님이 성령의 검을 빼고 서 계시듯이, 우리도 주님이 주신 성령의 검을 빼들고 나아가야 합니다. 전신갑주를 단단히 입고 그분의 뒤를 따라 일어서는 것입니다. 여호수아서 5장에 여리고성 공격을 앞두고 홀로 정찰하던 여호수아 앞에 나타난 여호와의 군대 장관을 기억하십니까? 그는 칼을 빼들고 서 있었습니다. 그분은 바로 하나님 자신이었고, 그가 빼든 칼은 성령의 검, 말씀의 검이었습니다. 여호수아는 여리고성을 공격하기 전에 먼저 대장 되신 하나님께 지휘권을 양도해야 했습니다. 영적 전쟁은 성령의 검을 빼드신 우리의 대장 예수님을 따르는 것입니다.

베드로전서에서 "근신하라 깨어라"(벧전 5:8)라고 말하고 있습니다. 이것은 언제든지 전쟁에 임할 수 있도록 영적인 긴장감을 늦추지 말라는 것입니다. 주님이 다시 오실 날이 정말 가까워졌습니다. 세계의 정치, 경제, 문화, 역사가 돌아가는 것을 보면 절실히 느낄 수 있습니다. 대충대충 낭비할 시간과 여유가 없습니다. 마지막 때가 가까이 왔음을 아는 사탄이 최후의 발악을 하고 있습니다. 기도하지 않으면, 교회는 그들의 공격을 당해낼 수가 없습니다. 믿는 자는 모두 말씀과 기도로 충만해야 합니다. 성령의 검을 빼들고 일어나 준비하십시오. 예수의 이름으로 우리는 반드시 승리할 것입니다. ❇

영적 전쟁에 대한 시각과 실체

마귀의 존재를 비과학적이고 비이성적으로 보며 그 실체를 부인하거나, 지나치게 마귀론에 심취하는 양극단적 관점을 주의해야 합니다. 영적 전쟁을 피할 수는 없지만, 우리가 맞서야 할 사탄의 실체를 알고 싸움에 임하면 악한 세력을 능히 대적할 수 있습니다. 우리의 싸움은 혈과 육에 대한 것이 아닙니다. 성경은 사탄의 세력을 '통치자들, 권세들, 어둠의 세상 주관자들, 하늘에 있는 악의 영들'로 나눠서 설명합니다. 이들은 특정 지역, 특정 분야, 특정 시기를 장악하고 역사합니다.

사탄의 전략과 목적

사탄은 자신의 추악한 실체를 감추고 대리인을 내세워 매력적인 모습으로 위장하여 접근합니다. 그래서 하나님을 오해하게 만들고 상처를 받게 해서 우리와 하나님과의 관계를 끊임없이 이간질하려고 합니다. 믿는 가정이 깨어지게 하고, 교단과 교파, 교회가 서로 반목하고 싸우며 분열하게 만듭니다. 크리스천으로 하여금 시간을 낭비하게 만들고 비본질적인 일로 잡아매서 가장 중요한 일을 하지 못하도록 만듭니다. 또한 영적 지도자를 집중적으로 공격하기 때문에, 자신의 영혼을 지켜 무너지지 않도록 주의해야 합니다.

크리스천의 전략과 전신갑주

죄 문제를 해결하지 않고 방치해두면 악한 세력의 온상이 되므로 주님 앞에 엎드려 진실하게 회개함으로써 영적인 틈새를 막아야 합니다. 마귀를 이기는 유일한 길은 주님의 힘을 의지하는 길임을 기억하며 하나님의 품 안으로 들어가 항상 성령충만을 받아야 합니다. 그러면 예수 이름의 권세를 사용하며 믿음의 형제자매들과 연합하여 담대히 나아갈 수 있습니다. 무엇보다 하나님의 전신갑주를 입고 승리할 수 있습니다(엡 6:13-17 참조).

영적 전쟁

# 종말론

## ESCHATOLOGY

그때에 인자의 징조가 하늘에서 보이겠고
그때에 땅의 모든 족속들이 통곡하며
그들이 인자가 구름을 타고 능력과 큰 영광으로 오는 것을 보리라
그가 큰 나팔 소리와 함께 천사들을 보내리니
그들이 그의 택하신 자들을 하늘 이 끝에서 저 끝까지 사방에서 모으리라

마태복음 24장 30,31절

# 종말론

무엇이든 시작이 있으면 끝이 있는 법입니다. 태어날 때가 있으면 반드시 죽을 때가 옵니다. 입학할 때가 있으면 졸업할 때가 있기 마련이며, 입사할 때가 있으면 퇴사할 때가 옵니다. 권력을 잡을 때가 있으면 그 권력을 놓아야 할 때가 옵니다.

이 세상의 역사도 시작이 있었으므로 반드시 그 끝이 있습니다. 천지만물을 창조하심으로써 우주의 역사를 시작하신 하나님은 반드시 어느 순간, 이 역사에 마침표를 찍으실 것입니다. 그가 역사를 시작하실 때 우리와 의논하지 않으셨듯이, 언제 어떻게 끝내실지에 대해서도 오직 그분의 뜻대로 행하실 것입니다.

역사의 시작은 하나님의 천지창조였는데, 역사의 끝은 무엇일까요? 성경은 분명히 말하고 있습니다. 역사의 끝, 세상의 끝은 예수 그리스도께서 이 땅에 다시 오시는 그 순간에 이뤄진다고 말입니다. 그날은 예수를 구주로 믿어 시인한 하나님의 자녀들에게는 축제의 날이 되겠지만, 하나님을 비웃고 믿지 않던 수많은 사람들에게는 그야말로 무서운 심판의 날이 될 것입니다. 우리가 살고 있는 이 세상이 송두리째 사라지고, 새 하늘과 새 땅이 세워질 것입니다. 그야말로 천지가 개벽하는 엄청난 사건이기 때문에, 예수 그리스도의 다시 오심은 수많은 사람들의 관심사로 자리 잡을 수밖에 없었습니다.

1992년 10월 28일, 제가 아는 한 목사님은 그때 군대에 있었습니다. 평소에 예수님을 믿는 자신을 핍박하던 고참들이 그날 밤만은 전부 자기 옆에 와서 자기 다리와 팔에 팔다리를 하나씩 걸고 자더랍니다. 혹시나 주님이 재림하셔서 예수님을 믿는 사람들이 들려 올라갈 때, 따라가려고 했던 것입니다. 그날 예수님의 재림을 기다리며 모여들었던 다미선교회, 휴거설을 주장했던 이장림 목사의 시한부 종말론은 단순한 해프닝으로 끝났습니다.

그러나 잘못된 종말론을 가진 이단들의 사건은 한국 사회에 반기독교적 문화를 조성하는 데 크게 일조하며, 한국 교회에 엄청난 부작용을 남겼습니다. 20세기 초 평양 대부흥 시절에도 그랬고, 1960년대와 1970년대 한국 교회가 급성장할 때도 그랬고, 한국 교회는 항상 종말 신앙을 강단에서 설교했습니다. 이 세상을 사랑하지 말고, 오직 하나님 나라 중심으로 살자는 불같은 메시지를 전했습니다. 그것이 한국 교회가 부흥하고 성장하는 중요한 요인 가운데 하나였는지도 모르겠습니다.

그러나 시한부 종말론이 한 번 휩쓸고 지나간 뒤부터는 그 누구도 종말론적 신앙을 교회 안에서 함부로 선포하지 못하는 분위기가 되었습니다. 이단 취급을 받을까 봐 두려워서 기피하게 되었습니다. 1992

년 10월 휴거는 이뤄지지 않았고 다미선교회는 와해되었지만, 성도들로 하여금 종말론적 신앙을 갖지 못하게 하려는 사탄의 목적은 성취된 셈입니다.

요한계시록 강해설교도 한국 교회 강단에서 될 수 있으면 피하려는 분위기입니다. 그러다 보니 신천지 같은 이단들만 다시 한 번 종말론을 왜곡해서 가르침으로써 성도들을 미혹하는 사태에 이르렀습니다. 우리가 이런 가짜들에게 흔들리지 않기 위해서는 진짜 주님이 복음서에서 말씀하신 재림에 관한 징조들을 정확히 알아야 합니다.


## 이스라엘의 회복과 주님의 재림

마태복음 24장은 신학자들이 상당히 해석하기 힘들어했던 장입니다. 그 이유는 이 장이 두 개의 다른 사건을 다루고 있기 때문입니다. 서기 70년, 즉 예수님이 돌아가시고 난 뒤 약 30여 년 뒤에 로마군에 의해서 예루살렘이 멸망당합니다. 이 사건을 가리키는 예언과 주님이 전 인류를 심판하시는 재림 사건을 가리키는 예언이 함께 섞여 있습니다. 물론 전반부에는 주로 예루살렘 멸망, 후반부에는 전 인류를 향한 심판을 다루고 있긴 하지만, 이곳저곳에 섞여 있는 경우가 많습니다. 1절과 2절에 나오는 성전의 파괴 사건이나, 16-20절에 나오는 유대에 있는 자들은 산으로 도망하고 아이 밴 자들이 불쌍한 지경에 빠질 것을 예언한 처참한 상황, 34절에 나오는 "이 세대(약 40년)가 지나가기 전에 이 일이 다 일어나리라"라고 하신 말씀들은 모두 예루살렘의 파괴를 의미합니다. 그리고 나머지 말씀들이 인류 최후의 종말을 의미하는 것입니다.

그런데 예수님은 왜 헷갈리게 두 사건을 동시에 다루셨을까요?

첫째로 2천 년 전, 예루살렘 멸망 전에 일어난 조짐들 가운데 많은 것이 바로 오늘을 살며 재림을 기다리는 우리들의 세상에도 적용되는 부분이 많습니다.

둘째로 이스라엘의 역사와 운명은 전 세계의 역사와 운명과 떼려야 뗄 수 없는 깊은 관계를 갖고 있습니다. 하나님은 이스라엘의 회복과 세계 복음화의 맥을 하나로 연결해서 경영하고 계십니다.

"내가 앗수르를 나의 땅에서 파하며 나의 산에서 그것을 짓밟으리니 그때에 그의 멍에가 이스라엘에게서 떠나고 그의 짐이 그들의 어깨에서 벗어질 것이라 이것이 온 세계를 향하여 정한 경영이며 이것이 열방을 향하여 편 손이라 하셨나니 만군의 여호와께서 경영하셨은즉 누가 능히 그것을 폐하며 그의 손을 펴셨은즉 누가 능히 그것을 돌이키랴"(사 14:25-27).

이스라엘을 억누르던 흑암의 세력들이 무너지고 그들이 예수님께로 다시 돌아오는 것이 '온 세계를 향하여 정한 하나님의 경영(purpose)'입니다.

2천 년 동안 세계를 방황하던 이스라엘 민족의 역사가 지난 백 년 동안에 급속히 변했습니다. 국가가 건국되고 예루살렘이 회복되었습니다. 이것은 주님이 다시 오실 날, 종말의 시기가 가까이 왔다는 것을 말해주고 있습니다.

사도행전 1장을 보면, 부활하신 예수님이 하늘나라로 올라가시기

직전에 제자들이 예수님께 질문하는 장면이 나옵니다.

"그들이 모였을 때에 예수께 여쭈어 이르되 주께서 이스라엘 나라를 회복하심이 이때니이까 하니"(행 1:6).

그때 제자들의 관심은 이스라엘 나라의 정치적인 회복이었습니다. 그들은 부활하신 주님이 다윗처럼, 로마를 몰아내고 강대했던 이스라엘 제국을 재건할 정치적인 메시아가 되어주길 원했습니다.

그러나 주님은 사도행전 1장 7절과 8절에서 이스라엘이 회복될 '때와 시기'는 아버지의 주권이기 때문에 너희의 알 바가 아니라고 말했습니다. 대신 너희에게 성령이 임하면 권능을 받고 예루살렘과 온 유대와 사마리아와 땅 끝까지 이르러 내 증인이 될 것이라고 하셨습니다. 여기에서 중요한 것은 땅 끝까지 가서 복음을 전하는 세계 복음화의 사명이 완성될 때 이스라엘도 회복될 것이라는 내용입니다. 그리고 나면 주님이 다시 오셔서, 새 하늘과 새 땅을 여실 것입니다. 따라서 세계 복음화의 완성과 이스라엘의 회복, 주님의 재림은 아주 밀접한 관계가 있습니다.

### 유대인 구원과 이방인 구원에 관한 바울의 예언

바울은 로마서 11장에서 결국에는 유대인들도 구원에 참여하게 될 것을 예언하고 있습니다. 그러나 모든 이방 백성들에게 복음이 전해지고 난 후에 그 일이 일어나게 됩니다. 예루살렘에서 시작된 복음의 불길이 서쪽으로 지구 전체를 2천 년 동안 빙 돌아서 마침내 예루살렘으로 돌아가게 된다는 것입니다.

"그러므로 내가 말하노니 하나님이 자기 백성을 버리셨느냐 그럴 수 없느니라 나도 이스라엘인이요…"(롬 11:1).

하나님은 결코 이스라엘인들을 버리지 않고 결국에는 다 회개하고 돌아오게 하실 것입니다.

"그러므로 내가 말하노니 그들이 넘어지기까지 실족하였느냐 그럴 수 없느니라 그들이 넘어짐으로 구원이 이방인에게 이르러 이스라엘로 시기나게 함이니라"(롬 11:11).

마지막 날에, 전 세계 사람들에게 복음이 들어가는 것을 보고 이스라엘이 시기하게 되어, 이스라엘도 결국은 복음을 받아들이게 된다는 것입니다.

"형제들아 너희가 스스로 지혜 있다 하면서 이 신비를 너희가 모르기를 내가 원하지 아니하노니 이 신비는 이방인의 충만한 수가 들어오기까지 이스라엘의 더러는 우둔하게 된 것이라"(롬 11:25).

복음이 전 세계 곳곳에 들어가 모든 족속과 백성 방언에서 하나님을 믿게 되는 세계 복음화의 마지막 단계가 되고, 이방인의 충만한 숫자가 차면 이스라엘이 마침내 복음을 받아들이게 되는 것입니다.


### 이스라엘 국가의 회복과 20세기 세계 복음화의 연결 흐름

가만히 살펴보면 이스라엘 현대사의 큰 사건과 20세기 전 세계 기독교 역사의 분수령이 되는 사건들 사이에는 아주 밀접한 관계가 있습니다. 김우현 감독이 《하나님의 심장》(규장)이라는 책에서 방송인 특유의 치밀한 관찰력으로 이것을 잘 분석해 놓았습니다. 이제부터 설명하고자 하는 이스라엘의 회복과 하나님의 계획은 그 책에서 많은 도움을 받았습니다.

먼저 이스라엘 현대사의 큰 사건을 살펴봅시다. 19세기 말에서 20세기 초, 유럽 전역에 흩어져 살던 유대인들은 전에 없던 잔혹한 핍박에 신음하기 시작했습니다. 그때 그들에게서 이제 이스라엘 땅으로 돌아가자는 시온주의(Zionism) 운동이 일어나기 시작했습니다. 성경의 언약을 따라 이스라엘 땅으로 돌아가 나라를 세우자는 것이었습니다.

이 시온주의 운동의 정신적 지주 가운데 한 명이 바로 벤 예후다(Ben Yehuda)였습니다. 그는 현대 히브리어를 회복시킨 사람입니다. 유대인들이 전 세계를 방랑하는 2천 년 동안 히브리어는 사멸한 고대언어로 종교의식에만 사용되고 있었습니다. 그런데 벤 예후다의 눈물겨운 노력으로 19세기 말, 히브리어가 현대적인 일상언어로 다시 태어나게 된 것입니다.

마침내 1948년에 이스라엘이 건국을 선언합니다. 그리고 1967년, 6일 전쟁이라고 불리는 중동전쟁이 일어납니다. 엄청난 전력을 가지고 이스라엘을 공격했던 아랍 연합군이 한순간에 패하고 요르단의 소유였던 예루살렘이 마침내 이스라엘의 소유가 되었습니다.

이 이스라엘 현대사의 큰 사건들이 20세기 세계 기독교 역사의 큰 사건들과 아주 긴밀한 관계가 있습니다. 먼저 19세기 말부터 20세기 초, 시오니즘 운동이 일어날 바로 그 즈음에, 세계적으로 큰 부흥운동들이 산불처럼 일어났습니다. 영국과 미국의 케스윅(Keswick) 성결운동이 일어났고, 이 영향으로 성령세례의 중요성을 강조하는 순복음(Full Gospel) 신학 혹은 오순절 신학들이 미국에서 정립되기 시작했는데, 이것은 20세기 세계 기독교 역사의 가장 큰 사건이 되는 성령운동의 시작입니다.

동시에 영국 웨일즈 대부흥(1904)이 일어났습니다. 그리고 20세기 성령운동의 본격적인 시작을 알리는 미국 아주사(Azusa) 거리 대부흥(1905)이 일어났습니다. 한국 평양 장대현 부흥운동(1907)도 있었습니다. 세계 곳곳에서 이렇게 몇 년 사이에 지역 전체를 뒤덮는 큰 부흥운동이 동서양에서 동시에 일어난 일은 처음이었습니다.

또한 19세기 말 벤 예후다가 히브리어를 회복하던 즈음에, 전 세계 교회에 방언이 열렸습니다. 방언의 은사는 초대 교회 몬타니스트들 이후, 중세 교회 시대, 종교개혁 시대를 거쳐오면서 근 2천 년 동안 제도권 교회에 의해서 거의 무시되고 부인되어 왔습니다. 서구 교회는 "방언과 신유의 은사 같은 은사는 초대 교회 시대 이후로 중단되었다"는 사실을 믿어왔습니다.

그러다가 19세기 말에서 20세기 초부터 "은사는 중단되지 않았다. 사도행전의 성령님은 오늘날도 똑같이 역사하신다. 성령세례를 받은 사람은 방언과 치유의 은사를 경험할 수 있다"는 오순절 운동이 폭발적으로 일어났습니다. 이 오순절 운동의 폭발점이 바로 현대판 오순절 다락방 사건으로 불리는 1906년의 미국 LA의 아주사 거리 부흥운동입니다. 이 운동의 특징은 남녀노소, 흑인, 백인 등 인종의 구별없이 수백 명이 좁은 목조건물에 모여서 기도와 말씀 집회를 한 것입니다. 이때 참석자들이 성령의 불을 체험하며 방언이 터지고, 병자들이 치유되는 기적들이 일어나기 시작했습니다. 그 후 몇 년간 지속된 아주사 부흥운동을 통해서 하나님이 방언과 치유의 은사를 다시금 이 땅의 교회 위에 부어주심을 보여주셨습니다.

그 이후, 오순절 운동은 급속도로 미국과 세계 전역으로 번져나가기 시작했습니다. 하나님의 성회(Assemblies of God, 1914)를 비롯한 성령운동 교단들이 탄생했고 전에 없는 속도로 세계 곳곳에서 급성장해갔습니다.

1948년도에 이스라엘이 건국되면서부터 미국과 남미, 아프리카와 아시아에서 부흥의 불길이 타오르기 시작했습니다. 미국에서는 빌리 그레이엄의 부흥운동이 본격적으로 대도시들로 번져가기 시작했습니다. 또 빌 브라이트 박사의 국제대학생선교회(CCC)를 비롯한 세계적 선교단체들이 태어나기 시작했습니다.

1967년 6일 전쟁의 승리로 이스라엘이 예루살렘을 회복한 뒤부터도 엄청난 일들이 일어났습니다. 먼저 미국에서 '지저스 무브먼트'(Jesus Movement) 부흥운동이 일어났습니다. 술과 마약과 섹스에 찌들어 있던 미국의 히피 젊은이들이 수천, 수만 명씩 회개하고 예수님을 영접하기 시작한 것입니다. 이때 특이할 만한 사항은 미국에 살던 유대인들이 엄청나게 많이 회심하기 시작한 것입니다. 교회사 2천 년 동안 강제 개종 외에는 유대인이 예수님을 믿게 되는 경우가 거의 없었습니다. 그런데 1967년 지저스 무브먼트 부흥운동이 시작되면서 수천 명의 유대인들이 한꺼번에 예수님을 메시아로 영접하고 따르는 역사가 일어났습니다. 예수님을 믿는 유대인들을 '메시아닉 유대인'(Messianic Jew)이라고 하는데, 그 핵심 리더들 대부분이 이 지저스 무브먼트 때 예수님을 영접한 사람들입니다. 현재 이스라엘에 사는 메시아닉 유대인들의 숫자가 2만 명에 달하고, 미국에도 수십만 명이 존재한다고 하니 정말 기적 같은 일이 아닙니까? 그들은 자신들의 조상이 찌른 바로 그분이 예수 그리스도, 하나님의 아들이심을 깨닫고 있습니다.

1960년대까지만 해도, 성령운동은 오순절파 교단들에게만 국한되었고, 기성 교단들로부터는 이단 취급을 당했습니다. 그러나 1960년도 중반 이후부터 성령운동이 초교파적으로 번지기 시작합니다. 그리고 기존의 복음주의 교회들과 중상류층, 엘리트 교인들에게도 광범위하게 번져나가고 수용됩니다. 1960년대 중반 이후 미국 기성 교단(미국 북침례교, 감리교, 메노나이트, 루터교, 캐나다 교회들, 장로교 등)의 대다수가 성령운동을 수용하게 됩니다.

1960년대 중반 이후, 갈보리채플, 윌로우크릭, 새들백 같은 영향력 있는 교회들이 LA와 시카고 같은 미국 대도시들에서 생겨나면서 폭발적으로 부흥하기 시작했습니다. 이들 교회의 특징은 이전까지 기존 교회가 끌어안지 못했던 남성들, 히피 젊은이들, 기독교에 대해 냉소적이고 무관심했던 도시의 엘리트 구도자들로 하여금 복음을 영접하게 했다는 데 있습니다.

1974년에는 한국의 엑스플로 '74(세계 기독교대회)가 전 세계 기독교인들을 놀라게 했습니다. 매일 수십만 명의 군중이 여의도 광장에 모여 하나님께 회개하고 기도했습니다. 기독교 역사상 유례를 찾아볼 수 없는 초대형 규모의 부흥운동이 처음으로 한국에서 일어나게 된 것입니다. 이후에 한국의 장로교회와 많은 보수 교단들도 성령운동을 수용하기 시작하면서, 한국 교회가 폭발적인 부흥을 경험하게 됩니다.

지난 100여 년 동안 일어났던 이스라엘의 회복과 세계 부흥의 핵심적 사건들의 연결이 과연 우연의 일치라고 할 수 있을까요? 결코 그렇지 않습니다. 하나님은 이스라엘의 회복과 세계 복음화의 맥을 하나로 연결해서 경영하고 계십니다. 그러므로 모든 하나님의 사람들은 세계 복음화와 함께 이스라엘의 회복을 위하여 열심히 기도해야 합니다. 예루살렘의 평화를 구하는 자, 이스라엘의 회복을 바라며 기도하는 자에게 하나님은 큰 영광과 부흥의 축복을 약속하셨습니다. 유대인들이 메시아이신 예수님을 믿는 믿음으로 나아올 때, 그것이 전체 그리스도의 몸된 세계 교회에 놀라운 생명을 풀어놓을 것입니다.

유대인과 이방인 형제들이 그리스도를 주로 고백하며 하나가 되는 일은 그리스도의 신부인 교회를 완전케 하는 것입니다. 그것은 주님의 재림을 준비하는 가장 확실한 첩경입니다. 메시아닉 유대인의 지도자들에게 이스라엘의 회복이 가지는 가장 큰 의미가 무엇이냐고 물어보면 이구동성으로 '예수님의 재림'이라고 대답합니다.

"무화과나무의 비유를 배우라 그 가지가 연하여지고 잎사귀를 내면 여름이 가까운 줄을 아나니 이와 같이 너희도 이 모든 일을 보거든 인자가 가까이 곧 문 앞에 이른 줄 알라"(마 24:32,33).

성경에서 무화과나무는 이스라엘을 가리킵니다. 예수님은 열매를 맺지 못한 무화과나무를 저주하셨는데, 그것은 강퍅한 마음의 이스라엘을 징계하시겠다는 의미입니다. 그러나 그 이스라엘의 마음이 연하여져서 복음을 영접하게 될 때가 온다는 것입니다. 이것은 재림의 가장 확실한 징조입니다.


## 심판과 십자가

슬프게도 예수님이 보여주시는 종말론의 핵심은 심판입니다. 예루살렘 파괴를 통한 유대 민족에 대한 심판이며, 말세에 세계 모든 민족에게 오는 심판입니다. 우리는 여기서 왜 예수님이 이 종말론의 메시지를 제자들에게만 해주셨는지를 알 수 있습니다. 예수님의 말씀에 순종하며 예수님을 위해 살려는 사람들은 심판에 숨어 있는 하나님의 사랑을 읽을 수 있기 때문입니다. 예수님의 사랑을 받아들인 사람에게 심판은 더 이상 심판이 아닙니다. 그러나 주님의 재림을 호기심 충족 차원의 재미있는 가십거리로 정도로 생각하는 사람들에게는 이 비밀을 알려주지 않으십니다.

특히 예수님이 십자가 고난을 당하시기 전에 장차 다가올 재림과 심판에 대한 예언은 의미가 깊습니다. 주님의 재림을 위해서 주님은 십자가를 먼저 지셔야 했습니다.

"그러나 그가 먼저 많은 고난을 받으며 이 세대에게 버린 바 되어야 할지니라"(눅 17:25).

예수님이 많은 고난을 받으시고 십자가를 지셨기 때문에, 사탄의 권세가 완전히 무너질 수 있었습니다. 그리고 하늘과 땅의 모든 권세를 하나님으로부터 받으실 수 있었습니다. 이제 주님이 그 권세를 가지고, 두 번째 다시 오실 때는 구원자가 아닌 심판주로 오시는 것입니다. 예수님이 재림과 관련해서 이 말씀을 하신 것은 십자가 없는 영광을 얻으려는 제자들을 경계하시기 위함이었습니다. 주님의 십자가 보혈을 통과하지 않으면 재림의 주님을 기쁨으로 맞이할 수가 없습니다. 십자가 보혈로 구원받은 사람들만이 재림의 주님을 심판주가 아닌 구원의 주로 영접할 수가 있습니다.

인간적인 눈으로 보면 십자가 사건은 예수님이 맥없이 이 땅의 왕국인 로마와 유대 종교 지도자들의 손에 심판받으신 비극적인 사건입니다. 그러나 영원의 눈을 뜨고 보면 주님은 부활하실 것이며, 언젠가는 전 우주의 심판주로서 영광 가운데 오셔서, 전 인류와 모든 역사의 왕국들을 심판하실 것입니다. 우리가 섬기는 예수님은 우주와 역사의 구주요, 심판자이기 때문입니다.

## 비밀에 부쳐진 재림의 타이밍

주님이 재림하실 그때는 오직 하나님만이 아십니다. 인간이 조급증을 낸다고 될 일이 아닙니다. 아무도 그 정확한 때를 예측할 수 없습니다. 주님이 오시는 날이 몇 월 며칠이라고 날짜를 찍어서 말하는 사람들은 다 가짜입니다.

"그러나 그 날과 그 때는 아무도 모르나니 하늘의 천사들도, 아들도 모르고 오직 아버지만 아시느니라"(마 24:36).

예수님이 다시 오신다고 하신 지 2천 년이 지났건만 주님은 아직 오시지 않았습니다. 어쩌면 그래서 세상 사람들은 더욱 예수님의 재림의 가능성에 대해 비웃으면서 함부로 살아가는지 모릅니다.

"먼저 이것을 알지니 말세에 조롱하는 자들이 와서 자기의 정욕을 따라 행하며 조롱하여 이르되 주께서 강림하신다는 약속이 어디 있느냐 조상들이 잔 후로부터 만물이 처음 창조될 때와 같이 그냥 있다 하니"(벧후 3:3,4).

이 말씀과 같이 사람들은 말합니다. "하나님이 어디 있어? 예수가 다시 오신다니 그게 말이 돼? 천지 역사는 예나 지금이나 변함없고 앞으로도 계속 이렇게 잘 굴러갈 거야."

그러나 내가 믿든 안 믿든 북극은 존재하듯이, 그들이 인정하든 안 하든 하나님의 최후 심판의 날은 반드시 옵니다. "그들은 결단코 피하지 못하리라"고 했습니다. 멸망은 해산의 고통같이 온다고 했습니다. 해산의 고통은 아기가 태어날 때까지 멈출 수 없듯이, 하나님의 심판날도 한 번 시작되면 새 하늘과 새 땅이 임할 때까지 무섭도록 이 땅 전체를 뒤덮을 것입니다. 그 누구도 도망갈 수 없고, 빠져나갈 수 없습니다. 하나님의 심판은 철저하고 완벽합니다.

하나님이 아직까지 세계 역사를 끝내지 않으시고 오래 참으시는 것은 하나님이 약속을 지키지 않기 때문이 아닙니다. 그것은 하나님이 우리의 스케줄과는 전혀 다른 스케줄로 움직이심을 증명할 뿐입니다. 그에게는 정말 하루가 천 년 같고, 천 년이 하루 같으신 것입니다. 예수님이 아직까지 오시지 않고 계신 것은 느리고 굼떠서가 아닙니다. 아직 구원하실 사람의 수가 다 차지 않았기 때문입니다. 아직 땅 끝까지 복음이 전해지지 않았기 때문입니다. 그분의 사랑의 범주는 우리가 생각하는 것보다 훨씬 넓고 큽니다.

여호와의 증인이나 신천지 같은 이단들은 요한계시록에 나오는 14만 4천 명의 숫자를 실수(實數)로 해석합니다. 문자 그대로 14만 4천 명이 모아지면 마지막이 온다는 것입니다. 그러나 요한계시록에 나오는 14만 4천은 실제 숫자가 아니라 상징적인 수입니다. 그것은 하나님이 택하기로 약정한 완전한 하나님 나라 백성들의 총수를 상징적으로 가리키는 것뿐입니다. 생각해보십시오. 지금 존재하는 세계 인구가 70억

명입니다. 지난 2천 년 동안 존재했던 인구는 얼마나 많겠습니까? 그중 예수님을 믿고 구원받은 사람이 아직 14만 4천 명도 안 된다는 말입니까? 하나님이 정하신 구원받은 백성들의 수가 얼마인지 그 누구도 모릅니다. 그러나 그 수가 차면 마지막 날이 오는 것은 확실합니다.

주님은 한 명이라도 더 하나님의 사랑을 알고 구원을 받게 되기를 기다리십니다. 한 번 심판의 칼이 들리면 누구도 피할 수 없는 무서운 재앙이 순식간에 모두를 덮기 때문에 하나님은 그 전까지 한 영혼이라도 더 하나님의 자녀가 되어 최후의 심판에서 보호받기를 원하시는 것입니다. 그러나 무지한 세상 사람들은 마치 하나님이 계시지 않는 것처럼 거짓 평화에 사로잡혀서 자신들이 언제까지나 희희낙락하며 마음대로 죄를 지으면서 살아갈 수 있을 것이라고 생각합니다.

## 재림의 징조

### 여러 재난들

재림의 첫 번째 징조는 전쟁입니다. 인류 역사에서 단 50년도 완전한 평화가 있었던 적이 없습니다. 인종, 이데올로기, 돈, 영토 확장 때문에 세계는 끊임없는 전쟁으로 얼룩져 왔습니다. 그리고 지난 1백 년 동안에 일어난 전쟁으로 죽은 사람들이 이때까지 인간의 역사 1만 년 동안 전쟁으로 죽은 사람들보다 훨씬 많을 정도로, 현대전의 피해는 참혹합니다.

재림의 두 번째 징조는 기근입니다. 세계 인구의 3분의 1이 배고픈 채로 잠든다고 합니다. 아시아에서 굶주리고 있는 사람이 7억 명인데, 당장 구제하지 않으면 곧 죽을 사람들만 3억 명에 이른다고 합니다. 세계가 잘살게 되었다고는 하지만, 이상하게도 기근의 피해자들은 갈수록 늘어만 갑니다.

재림의 세 번째 징조는 지진입니다. 지난 70년간 세계 각지에서 발생한 규모 7.0 이상의 지진은 600회가 넘습니다. 일본과 미국과 중국과 러시아의 지진으로 지난 20년 사이에 엄청난 인명 피해와 재산 피해가 있었습니다. 지난 2천 년 동안 있었던 지진들보다 지난 70년간 있었던 지진들이 훨씬 더 크고, 광범위하게 자주 일어나고 있습니다. 뭔가 심상치 않은 징조입니다.

### 심화되는 적대적 인간관계

마태복음 24장 10절에서는 이렇게 말하고 있습니다.

"그때에 많은 사람이 실족하게 되어 서로 잡아주고 서로 미워하겠으며."

지금 우리는 관계가 심하게 붕괴되는 현실들을 목격하고 있습니다. 갈수록 늘어나는 이혼율, 젊은 세대와 기성세대의 대립, 지역감정의 악화 등 특히 신세대의 폭력성은 말로 표현하지 못할 정도입니다. 남편이 아내를 죽이고, 자식이 부모를 죽이는 일들이 다반사로 일어나고 있습니다. 한국과 일본 학교들의 '왕따' 혹은 '이지메' 현상, 그리고 미국 십대들의 교내 총기 난사 사건 등이 우리의 가슴을 섬뜩하게 합니다.

"불법이 성하므로 많은 사람의 사랑이 식어지리라"(마 24:12).

여기에서 "불법"이란 하나님의 법을 무시하고 어기는 것을 뜻합니다. 하나님의 말씀을 무시하고, 그 말씀이 사회를 움직이는 잣대로 서지 않은 사회에서는 그야말로 짐승처럼 약육강식의 세계로 돌변합니다. 하나님의 법이 서지 않으면 자연히 사랑이 식게 되어 있습니다. 하나님을 향한 사랑도 식고, 이웃을 향한 사랑도 차갑게 식어갑니다.

### 가짜 그리스도들

마지막 때에는 많은 사람들이 자신이 그리스도라고 하면서 사람들을 미혹할 것이라고 했습니다. 세기말적인 현상인지 몰라도 세계 도처에서 이단 기독교 종파들이 갈수록 성행하고 있습니다. 특히 전 세계에서 자기가 예수라고 주장하는 사람 40여 명 중에서 절반 정도가 한국에 있다고 하니 기가 막힌 일이 아닐 수 없습니다. 통일교의 문선명, 신천지의 이만희, JMS의 정명석 등이 자칭 재림예수들입니다. 이들은 해외 한인 교회들과 여러 선교지에도 마수를 뻗어가고 있습니다. 세상이 불안하고 위험해질수록, 사람들은 절대자를 찾게 되므로, 사탄은 약해진 인간의 종교 심리를 교묘히 이용해서 파고드는 것입니다.

마태복음 24장 24절을 보면 "거짓 그리스도들과 거짓 선지자들이… 할 수만 있으면 택하신 자들도 미혹하리라"라고 했습니다. 시한부 종말론 이단들은 이미 교회에 다니고 있는 교인들만 타깃으로 삼습니다. 왜냐하면 그들의 목적은 영혼 구원이 아니라 교회를 무너뜨리는 데 있기 때문입니다. 그들은 기존 교회들의 단점만 세밀하게 연구해서 공격합니다. 예수님은 이들에게 미혹되지 말라고 단호하게 말씀하십니다. 호기심으로 구경을 가지도 말고, 아예 관심을 끊으라는 것입니다.

이단에 미혹되지 말고 건강한 교회 공동체에 꼭 붙어 있어야 합니다. 이단에 빠진 사람들은 대부분 정통 교회에 다니던 사람들입니다. 신천지 같은 이단들은 특히 목회자가 없는 교회, 내부 분열이 있는 교회들을 집중적으로 공략해서 무너뜨리고 있는데, 최근 전국 곳곳에서 그 피해가 극심합니다.

종말론적 이단들의 특징은 추종자들에게 성경공부를 많이 시키되, 성경을 편식시키는 것입니다. 자신들의 교리를 증명해줄 만한 말씀만을 뽑아내서 암송하고 공부시킵니다. 그러나 그들은 성경 전체를 체계적으로 통독하고 성경의 큰 흐름을 살펴보는 성경공부나 말씀 하나하나를 묵상하고 가르치는 강해설교나 Q.T는 절대로 하지 않습니다. 진리를 분별하여 결코 가짜들에 미혹되지 말아야 합니다. 그러기 위해서 교회는 성도들에게 지속적으로 성경 말씀을 잘 가르쳐주어야 합니다. 특히 성경 전체에 흐르고 있는 하나님 나라와 예수님의 복음의 맥을 잘 짚어주어야 합니다. 그래야 성경의 일정 부분만을 편집해내서 자기들 나름대로 해석하는 이단들의 유혹에 미혹되지 않습니다.

### 핍박받는 기독교인들

마지막 날에는 신자들이 환난에 처하고 죽임을 당하며 예수님 때문에 사람들에게 미움을 받을 것이라고 하십니다. 예를 들어서 아프리카 수단에서는 얼마 전까지 기독교인들을 문자 그대로 십자가에 못 박아서 처형했고, 인도네시아에서는 이슬람인들이 기독교인들을 죽이고 린치하는 일이 갈수록 늘어나고 있습니다. 바로 우리 코앞에서 지구상에서 가장 잔혹한 핍박을 반세기가 넘게 받아온 북한의 지하교인들이 있습니다. 통일이 되고 난 뒤 세계의 순교 역사는 북한 교회에 의해 완전히 다시 쓰여지게 될 것입니다. 재림이 임박할수록 사탄의 마지막 몸부림의 칼날이 신실한 하나님의 백성들의 피를 흘릴 것입니다.

### 사람들의 영적 무지와 방종

노아의 홍수 직전처럼, 오늘날도 세상 사람들은 영적 심판이 코앞에 닥칠 때까지 전혀 그 조짐을 깨닫지 못합니다. 세상 사람들은 주님의 재림을 농담으로 여기고, 전혀 준비되어 있지 않은 채로 바쁘게 살아갈 것입니다. 눈에 보이는 세상의 화려함에 도취되어서 다가오는 영적 심판에 대해 너무 안일하게 생각합니다. 그래서 함부로 죄를 지으면서 규모 없이 사는 것입니다. 오늘을 사는 사람들의 가장 큰 위기는 위기를 위기로 인식하지 못하는 데 있습니다. 그러다가 갑자기 재앙이 들이닥칠 때 어쩔 줄 모르며 당황해합니다.

"그들이 평안하다, 안전하다 할 그때에 임신한 여자에게 해산의 고통이 이름과 같이 멸망이 갑자기 그들에게 이르리니 결코 피하지 못하리라"(살전 5:3).

평화의 왕을 모르는 사람들은 가짜 평화를 진짜 평화로 착각하고 살고 있습니다. 사람들은 자신이 땅과 든든한 인맥, 돈과 건강을 갖고 있기 때문에 인생의 안전지대에 있다고 안심합니다. 그러나 폭풍 전야가 숨죽일 듯이 고요하듯, 지금 이 순간이 괜찮다고 해서 영원히 그럴 것이라고 믿는 것은 착각입니다. '멸망이 갑자기 임할 것'이라는 말은 마치 뒤통수를 얻어맞고, 습격을 당하듯이 하나님의 심판의 날을 맞이하게 된다는 것입니다.

### 절정에 다다르게 되는 세계 복음화

특히 중요한 것은 주님의 재림이 임박하게 될 때 '세계 복음화'가 절정에 다다르게 됩니다.

"이 천국 복음이 모든 민족에게 증언되기 위하여 온 세상에 전파되리니 그제야 끝이 오리라"(마 24:14).

선교가 본격적으로 범세계적으로 추진되기 시작한 것은 200년이 채 되지 않습니다. 특히 산업혁명 이후 교통과 통신 기술, 인쇄술의 발달로 지구촌 곳곳에 선교사들이 들어가기 시작했고, 인공위성을 통해 기독교 방송이 못 들어가는 곳이 없습니다. 게다가 주님의 재림을 앞두고 세계 곳곳에서 부흥과 복음화의 기적들이 일어납니다. 철벽같은 이슬람 국가인 이란에서도 지난 20년 동안 '조용한 부흥'이 일어나 수십만 명의 사람들이 예수님을 믿었습니다(독일로 이민 갔던 이란인들도 일년에 2천 명씩 세례를 받는다고 합니다). 현재 남미와 아프리카, 중남미 곳곳에서 유례없는 부흥이 일어나고 있습니다. 주님의 시계가 급하게 돌아가고 있다는 증거입니다.

## 재림의 순간

"번개가 동편에서 나서 서편까지 번쩍임같이 인자의 임함도 그러하리라"(마 24:27).

주님이 재림하실 때 몇 년에 걸쳐서 서서히 오시는 게 아닙니다. 눈앞에서 번개가 번쩍하듯이 순식간에 오시는 것입니다. 도저히 인간적으로 대책을 세울 짬이 없을 정도로 순식간에 일어나는 일입니다. 이때는 우리가 지금 살고 있는 천지만물이 송두리째 파괴될 것입니다. "해가 어두워지며 달이 빛을 내지 아니하며 별들이 하늘에서 떨어지며"(마 24:29)라는 말씀이 현실이 되는 것입니다. 일식과 월식이 일어나며, 유성들이 지구 곳곳에 떨어지는 끔찍한 상황을 상상해보십시오. 우리가 살고 있는 이 세상, 이 우주 만물이 완전히 파괴되는 것입니다.

### 영광의 왕으로 오심

"그때에 인자의 징조가 하늘에서 보이겠고 그때에 땅의 모든 족속들이 통곡하며 그들이 인자가 구름을 타고 능력과 큰 영광으로 오는 것을 보리라 그가 큰 나팔 소리와 함께 천사들을 보내리니 그들이 그의 택하신 자들을 하늘 이 끝에서 저 끝까지 사방에서 모으리라"(마 24:30,31).

다시 오실 예수님은 더는 말구유에 누이신 아기로서가 아닌 "구름을 타고 능력과 큰 영광으로" 오십니다. 그렇기 때문에, 그 어떤 사람도 확연히 알아볼 수 있는 놀라운 위엄과 온 땅에 충만한 광채로 오시게 될 것입니다.

또한 "큰 나팔 소리"로 오시는데, 이것은 지상의 악기와는 비교할 수도 없는, 온 우주를 울려대는 악기입니다. 이 소리는 왕이나 전쟁에서 승리한 장군의 도착을 알리는 승리의 음악입니다. 데살로니가전서 4장 16절에 보면 "주께서 호령과 천사장의 소리와 하나님의 나팔 소리로 친히 하늘로부터 강림"하신다고 했습니다. 하나님이 한 번 호령하시면 시내산이 흔들리고, 나이아가라 폭포 수천 개가 모이는 것 같은 많은 물소리 같으며, 천둥과 번개 소리보다 더한 소리들이 울린다고 성경은 말합니다. 하나님의 호령이 얼마나 엄청난 볼륨일지 가히 짐작도 되지 않습니다. 또한 하나님의 천군들을 이끄는 천사장의 고함 소리가 들릴 것입니다.

요한계시록에 보면 다시 오실 어린양, 백마를 타신 그분의 눈은 불꽃 같고, 하늘의 군대가 희고 깨끗한 세마포를 입고 그를 따르겠다고 했습니다. 그야말로 엄청난 광경이 펼쳐지는 것입니다. 지금까지 교회를 비웃던 세상의 세력들은 입이 딱 벌어져서 아무 말도 하지 못하고 두려움에 사로잡혀서 전전긍긍하게 될 것입니다.

### 부활과 심판

재림의 그날에는 사람들의 영적 운명이 완전히 달라집니다. 평소에는 모두가 똑같아 보입니다. 똑같이 밭을 갈고, 맷돌을 갈며, 커피를 마십니다. 그러나 영적인 세계는 엄연히 다릅니다. 어린양의 피로 거듭난 사람에게는 성령의 인(印)이 찍혀 있습니다. 마지막 심판의 날에는 하늘과 땅만큼 큰 차이가 납니다.

우리의 첫째 부활은 예수 믿고 나서 영혼이 구원받는 것입니다. 둘째 부활은 예수님이 다시 오실 때 일어납니다. 주님이 재림하시면서 제일 먼저 하시는 일은 그분의 피로 구원하신 성도들을 "하늘 이 끝에서 저 끝까지 사방에서" 불러올리시는 일입니다. 먼저 하나님의 품에서 잠자는 영혼(예수 믿고 죽은 성도들의 영혼)이 썩지 않을 새로운 몸을 입게 되어, 새 하늘과 새 땅에 영원히 살게 될 것입니다. 동시에 살아 있는 성도들이 순식간에 구름 위로 들어 올려져 하늘에서 예수님과 조우하게 될 것입니다.

"주께서 호령과 천사장의 소리와 하나님의 나팔 소리로 친히 하늘로부터 강림하시리니 그리스도 안에서 죽은 자들이 먼저 일어나고 그 후에 우리 살아 남은 자들도 그들과 함께 구름 속으로 끌어올려 공중에서 주를 영접하게 하시리니 그리하여 우리가 항상 주와 함께 있으리라"(살전 4:16,17).

여기서 '끌어올려진다'는 말은 먼저 지상의 어떤 힘보다도 강한 초자연적인 힘에 의해서 올려진다는 뜻입니다. 동시에 이것이 순식간에 일어나는 사건이라는 의미도 있습니다. 이것은 위험에서 완전히 벗어났다는 것을 뜻하며, 완전히 새로운 곳으로 옮겨진다는 것을 의미합니다. 결국 우리는 항상 주님과 함께 빛과 생명의 나라에서 영원히 살게 되는 것입니다. 그것은 우리가 이제 영광의 몸으로 변했기 때문입니다. 지상의 어떤 상식으로도 이해가 안 될 정도로 아름답고 영광스러우며 감격스러운 만남이 될 것이며, 다시는 헤어질 필요가 없는 영원한 만남이 될 것입니다. 이는 구원받은 백성들에게 주어지는 최고의 상입니다.

하늘로 들림 받는 사람들은 바로 성령의 인이 찍힌 사람들뿐입니다. 몇십 초도 안 되는 짧은 순간에 그 사람들이 하늘로 들림 받으며 사라져버립니다. 곧 멸망할 세상에 남겨지는 사람들은 모두 하나님을 믿지 않고 함부로 살던 사람들뿐입니다. 마태복음 24장 30절에 주님이 다시 오실 때 통곡할 사람들이 바로 그들입니다. 전도는 예수님의 재림 전에 모두 끝납니다.

또 한 가지, 신천지 이단은 예수님이 재림할 때에 성도들이 육체로 부활할 것을 믿지 않습니다. 육체의 부활 대신 순교자의 영혼이 산 자의 육체에 들어와서 영육합일이 되는 것을 첫 번째 부활이라고 주장합니다. 그러나 그것은 성경의 가르침과 전혀 다릅니다. 주님의 재림 때는 죽은 자들의 부활이 있습니다. 모든 육체가 다 부활하여 심판대에 서게 될 것입니다. 선한 자와 악한 자가 모두 부활하여 심판대 앞에 섭니다. 믿는 사람들에게는 순식간에 주님의 형상대로 변화하여 하늘나라에서 영원토록 아버지와 함께하는 축복의 부활입니다. 그러나 안 믿는 자들에게는 무서운 심판이 기다립니다. 모든 인류가 어린양의 보좌 앞에서 심판을 받게 됩니다.

하나님의 자녀들에게는 예수님의 재림이 두려운 것이 아닙니다. 그때는 어린양께서 우리의 모든 눈물을 닦아주시고, 영광의 나라로 인도하시는 때입니다.

## 재림을 준비하는 자의 삶의 자세

한 경건한 하나님의 사람에게 누가 물었습니다. "만약 내일 지구의 종말이 오고 주님이 다시 오신다면 선생님은 오늘 어떻게 하실 것입니까?" 그러자 그분은 잔잔한 미소를 지으면서 대답했습니다. "어떻게 하기는요. 평소에 하던 대로 오늘도 사는 거지요."

이 말은 지금 재림이 임박했음을 아는 크리스천으로서 최선을 다해 살고 있다는 뜻일 것입니다. 공부를 잘하는 아이는 시험을 언제 보든 상관이 없습니다. 평소에 공부를 해서 기본적인 실력이 있기 때문입니다. 그러나 공부를 못하는 아이는 언제 시험 보는가가 중요합니다.

벼락치기를 해야 되기 때문입니다. 그래서 하나님이 벼락치기를 하지 말라고, 우리에게 재림의 때를 가르쳐주시지 않습니다.

그렇다면 성경은 재림을 준비하는 자의 삶의 자세는 어떤 것이어야 한다고 가르쳐줍니까? 자신이 지금 서 있는 '사명의 자리에 충실'해야 합니다. 현실로부터 도망가서는 안 됩니다. 시한부 종말론을 믿는 이단들의 특징은 신자들을 세상과 격리하도록 만드는 것입니다. 사람들에게 휴거를 대비해서 직장과 학교를 그만두라고 한 후에 특정한 장소에 모이게 합니다. 이런 식으로 자꾸 신자들을 세상과 격리시키는 쪽으로 몰아가니까, 사회에서 적응을 못하는 현실 부적응자들이 이단에 쉽게 빠져드는 것입니다. 그들은 하는 일마다 안 되고 미래에 대한 소망이 없으니까, 세상이 하루빨리 망했으면 좋겠다는 바람이 있습니다. 주님이 정하신 때까지는 하나님의 나라가 이 땅에서도 이뤄져야 한다는 사실을 망각한 것입니다.

이단들은 말세심판, 천지개벽, 전쟁 발생 등 사회적인 혼란과 불안감을 조성하는 유언비어를 계속 유포하여 사람들을 극도로 불안하게 만든 후, 자신들을 의존하게 합니다. 그러고 나서 일확천금, 만사형통, 소원 성취 등의 구호를 사용해서 추종자들을 경제적으로 착취합니다.

결국 시한부 종말론 이단의 지도자들이 원했던 것은 돈입니다. 이제 재림이 임박했는데, 세상 재물이 무슨 소용이냐고 속이면서 추종자들에게 막대한 헌금을 거둬들였습니다. 추종자들에게는 재림이 임박하여 돈이 필요 없으니 다 바치라고 해놓고, 정작 재림을 주장하는 자신들은 그 돈으로 재산을 불린 것입니다. 결국 돈 때문에 무지한 사람들을 유혹한 사기극으로 하나씩 판명이 나고 있습니다.

주님이 성도들에게 명하신 올바른 재림 준비는 마지막 그 순간까지 하나님이 우리를 두신 현실의 자리, 사명의 자리를 지키는 것입니다.

"그때에 두 사람이 밭에 있으매 한 사람은 데려가고 한 사람은 버려 둠을 당할 것이요 두 여자가 맷돌질을 하고 있으매 한 사람은 데려가 고 한 사람은 버려둠을 당할 것이니라"(마 24:40,41).

이 말씀을 보면 어떤 사람은 밭을 갈고, 어떤 사람은 맷돌질을 하다 가 주님의 재림을 맞이할 것이라고 합니다. 손 놓고 하늘만 바라보며 살다가 하늘로 올라가는 게 아닙니다. 각자 자신의 일터에서 최선을 다하며 살다가 주님의 부르심을 받게 되는 것입니다. 내일 당장 주님 이 오신다고 해도 하나님의 사람은 오늘 하던 그대로 살 것이라고 대 답할 수 있어야 합니다. 말씀대로 순종하고, 복음을 전하며, 서로 사랑 하면서 사는 것입니다. 특별한 종말 대비법이 있는 것이 아닙니다. 하 나님이 내게 주신 사명의 자리를 매일매일 성실히 잘 지키고 있으면 됩니다.

### 단순한 삶

성경은 "이 세상이나 세상에 있는 것들을 사랑하지 말라"(요일 2:15) 라고 했습니다. 그것은 집착하지 말라는 것입니다. 주님이 다시 오실 날을 기다리며 살아가는 사람들은 세상의 것들을 기본적으로 누리되 언제라도 내려놓을 수 있도록 느슨하게 붙잡고 있어야 합니다. 주님 이 다시 오실 날을 기대하며 사는 사람들은 세상 것에 대한 집착을 버 리라는 것입니다. 주식이나 부동산 투자에 목숨 걸지 마십시오. 진짜 하나님을 믿는 사람들이라면 형제들끼리 재산 싸움으로 힘을 소진하지 마십시오. 세상에서 높은 자리에 앉기 위해 안달하지 마십시오. 어지간한 세상 것은 다 양보하고 희생하십시오. 우리에게는 영원한 나라의 상급이 있지 않습니까?

식사도 절제해서 먹고, 취미 생활에도 마음을 너무 뺏기지 않으며, 지나치게 자기중심적인 쾌락적 행위를 절제해야 합니다. 그 대신 기도하고 말씀 묵상을 하며 침묵하는 시간을 더 자주 가져야 합니다. 하나님과 이웃을 위해 조용히 섬기는 일들을 의식적으로 많이 하도록 하십시오. 우리는 '새 하늘과 새 땅을 바라보는 사람들'입니다. 이 땅의 화려함에 집착하지 말고, 도취되지 않으며, 하늘의 상급을 바라보며 살아갑시다. 이 땅에서는 심플(simple)하게 삽시다. 간단하게 먹고, 입으며, 단순하게 살아가십시오.

### 경건한 삶

"이 모든 것이 이렇게 풀어지리니 너희가 어떠한 사람이 되어야 마땅하냐 거룩한 행실과 경건함으로 하나님의 날이 임하기를 바라보고 간절히 사모하라 그날에 하늘이 불에 타서 풀어지고 물질이 뜨거운 불에 녹아지려니와 우리는 그의 약속대로 의가 있는 곳인 새 하늘과 새 땅을 바라보도다"(벧후 3:11-13).

우리는 주님이 다시 오실 날이 임박했음을 압니다. 이 땅의 모든 것이 멸망당할 그날이 순식간에 닥쳐올 것을 압니다. 그렇다면 하루하루 사는 것이 달라져야 합니다. '거룩한 행실과 경건함'을 가져야 합니다. 마지막 날이 가까워질수록 세상은 더 악해지고, 음란해지며, 폭력적이 되고, 쾌락을 사랑하게 됩니다. 타락한 세상 속에서 살다 보니 그렇게 사는 사람이 정상같고, 그렇지 않은 사람들이 비정상적이며 세련되지 못한 것 같습니다.

한 여 집사님이 강남 헬스클럽 라운지에 둘러앉은 주부들의 대화를 듣다가 충격을 받았습니다. 남자친구가 없는 사람이 자기밖에 없었던 것입니다. 세상이 이렇게 타락했습니다. 이제는 거룩한 사람이 정상이 아닌 것처럼 되었습니다. 그러나 하나님의 백성은 그런 유혹에 흔들리지 말아야 합니다. 부흥의 시작은 불신자를 전도하는 것이 아니라 믿는 사람들이 회개하는 것입니다. 세상에 물든 우리의 더러운 죄악들을 하나님 앞에 통회자복하며 회개하는 종말론적인 경건운동이 모든 교회들로 번져나가야 합니다.

특히 우리 크리스천은 남자나 여자, 기혼이나 미혼이나 상관없이 모두 성적으로 순결해야 합니다. 말과 행동에서 음란과 폭력과 욕심이 자리 잡지 않게끔 생각을 정결하게 하고 가정을 사랑하고 돌보십시오. 세상 풍조와 유행에 뒤떨어질 걱정은 접어두고, 오직 하나님이 보기에 거룩하고 아름다운 신부로 설 생각만 하십시오. 신부와 창녀의 차이는 아름다움이 아니라 순결함입니다. 거룩을 잃어버린 교회는 아무 능력이 없고, 사탄의 조롱거리가 될 뿐입니다.

### 사랑의 공동체

"서로 돌아보아 사랑과 선행을 격려하며 모이기를 폐하는 어떤 사람들의 습관과 같이 하지 말고 오직 권하여 그날이 가까움을 볼수록 더욱 그리하자"(히 10:24,25).

재림을 기다리는 성도들에게 주님이 원하시는 것은 사랑지수를 높이는 것입니다. 마귀는 자꾸 우리를 세상적으로 바쁘게 만들어서, 믿는 사람들이 모이는 것을 방해합니다. 모여도 서로 헐뜯고 불평하다 마치기를 원합니다. 그러나 하나님의 사람들은 서로 사랑하기 위해서 모입니다. 모여서 은혜를 나누고, 사랑을 나누며, 서로가 잘하고 있다고 격려합니다. 서로 사랑하는 일을 게을리하지 말고 계속해야 합니다. 이것이 천국 공동체 연습이요, 사탄의 공격을 떨쳐내는 예방책입니다.

### 전도와 선교하는 삶

주님이 언제 다시 오실까 궁금해할 시간이 있으면 지금 한 영혼이라도 더 전도할 생각을 하십시오. 전 세계의 구원받을 사람들의 숫자가 차야 주님이 오십니다. 하나님은 세상 모든 민족이 구원을 얻기까지 쉬지 않으십니다. 그래서 우리는 그분의 손과 발이 되어 부지런히 움직여야 합니다. 주위 사람들에게, 특히 항상 얼굴을 보는 직장 동료, 이웃사촌들, 가족 친지들에게 한 번도 복음을 전하지 않은 사람들은 결심하고 실천하시기 바랍니다.

교회에서 하는 선교 프로그램에 헌금이나 시간을 드리지 않았던 분들은 새해부터 결심하고 실천해보십시오. 주님이 다시 오실 날이 정말 가까이 왔기 때문입니다.

준비된 자는 주님의 재림을 평안함과 기쁨으로 기다립니다. 예수님이 다시 오실 정확한 때를 모르는 것은 크리스천이나 불신자나 다 마찬가지입니다. 예수님이 다시 오시는 그날에는 모두가 놀랄 것입니다. 사람이 놀라는 때에는 좋은 일이기 때문에 놀라는 '축제의 놀람'

이 있고, 너무 큰 재앙이 닥쳤기 때문에 간이 떨어지는 '비극적 놀람' 이 있습니다. 어린양 예수 그리스도를 믿고 구원받은 사람들은 재림의 날이 언제가 되든, 이미 어린양의 피로 예방주사를 맞았기 때문에 걱정하지 않고 기쁜 마음으로 축제의 그날을 기대하고 기다립니다. 우리도 당황하지 말고, 지금 하는 대로 꾸준히 잘해나가면 됩니다. 종말이 가까이 왔다고 흰 옷을 입고 산에 올라가서 소란을 떨 필요가 없습니다. 주님이 언제 오시더라도 기쁘고 평안하게 맞이할 준비를 하십시오. ✹

## 다시 오실 예수님

하나님의 천지창조로 시작된 역사는 예수 그리스도께서 이 땅에 다시 오시는 순간에 마무리될 것입니다. 세계 복음화의 완성과 이스라엘의 회복, 주님의 재림은 밀접한 관계가 있습니다. 예수님은 십자가 고난을 당하시기 전에 장차 다가올 재림과 심판에 대해 말씀하셨습니다. 그 후 십자가를 지심으로 사탄의 권세를 무너뜨리셨습니다. 주님이 그 권세를 가지고 이 땅에 다시 오실 때는 구원자가 아닌 심판주로 오십니다.

## 재림의 징조와 순간

주님이 재림하실 그때는 오직 하나님만 아시지만, 다음과 같은 현상이 생깁니다. 전쟁과 기근, 지진 등 여러 가지 재난과 심화되는 적대적 인간관계, 가짜 그리스도들의 등장과 교회와 성도들의 환난, 사람들의 영적 무지와 방종이 넘치는 가운데 부흥과 복음화의 기적들이 일어납니다. 주님이 영광 가운데 오실 때, 믿는 자들은 순식간에 주님의 형상대로 변화하며 영원토록 하나님 아버지와 함께하게 될 것입니다.

## 종말론적 삶의 자세

내일 당장 주님이 오셔도 믿는 자들은 각자 자신의 일터에서 최선을 다해 살다가 주님의 부르심을 받게 됩니다. 특별한 종말 대비법이 있는 게 아니라 하나님이 내게 주신 사명의 자리를 매일매일 성실하게 잘 지키고 있으면 됩니다. 말씀대로 순종하고, 복음을 전하며, 서로 사랑하면서 사는 것입니다. 하늘의 상급을 바라보며 이 땅에서는 간단하고 단순한 자세로 살면서 기쁜 마음으로 축제의 그날을 기다리면 됩니다.

종말론

# 사명

MISSION

예수께서 나아와 말씀하여 이르시되 하늘과 땅의 모든 권세를 내게 주셨으니
그러므로 너희는 가서 모든 민족을 제자로 삼아
아버지와 아들과 성령의 이름으로 세례를 베풀고
내가 너희에게 분부한 모든 것을 가르쳐 지키게 하라
볼지어다 내가 세상 끝날까지 너희와 항상 함께 있으리라 하시니라

마 태 복 음  2 8 장  1 8 - 2 0 절

# 사명

"왜 기독교인들은 가만히 자기들끼리만 믿지 다른 나라, 다른 종교 사람들에게 가서 기독교를 믿으라고 강요합니까?"

세상 사람들은 우리를 향해 이렇게 비판하곤 합니다. 그러나 이는 마치 물보고 흘러가지 말라는 말과 같습니다. 우리가 믿는 하나님은 역동적인 분이십니다. 창세기 3장 8절에도 여호와 하나님이 에덴동산에 '거니시는 소리'가 있었다고 했습니다(히브리어로 '왔다 갔다 하셨다'는 뜻).

예수님도 역동적인 분이십니다. 하루에 서너 동네를 돌아다니시고, 수많은 병자들을 고치시며, 설교하고 사역하셨습니다. 얼마나 역동적인 분이면 제자들의 배가 뭍 가까이 오는 것을 못 기다리시고 물 위로 걸어오셨겠습니까? 그것도 폭풍이 일고 있는데 말입니다. 부활하신 예수님이 하늘나라로 가시기 전에 제자들에게 주신 마지막 명령이 "가서 제자를 삼으라"는 것입니다. 아직 준비도 많이 안 되어 있고 두려움과 혼란에 빠져 있는 제자들에게 예수님은 "가라"고 명령하십니다. 기독교는 움직이는 종교입니다. 오순절 다락방에 성령이 임할 때, 급하고 강한 바람 같은 소리가 있었다고 했습니다.

우연의 일치인지는 몰라도, 영어로 '하나님'을 'God'이라고 하는데, 이 단어의 처음 두 철자는 'Go'(가라)입니다. 그런데 'Satan'의 처음 세 글자는 'Sat'(앉았다, 앉다의 과거형)입니다. 하나님은 우리가 일 분도 낭비하지 않고 부지런히 살면서 주님의 일을 하기 원하시는데, 사탄은 자꾸 우리로 하여금 주님의 나라를 위해 일하는 것을 뒤로 미루게 합니다. 우리를 게으르게 하고, 자기 쾌락을 추구하게 만들며, 현실에 안주하게 만듭니다.

그러나 우리는 전진해야 합니다. 시간은 한정되어 있는데 우리에게 주어진 사명은 엄청나게 크고 중대하기 때문입니다. 그 사명은 절대 미룰 수 없고 선택의 여지가 없는, 교회가 존재하는 의미와도 같은 사명입니다. 그 사명이 없었다면, 저는 하나님이 왜 우리가 예수님을 믿자마자 천국에 데려가지 않으셨는지 이해하지 못했을 것입니다. 우리가 살아 있는 것은 하나님이 살려두시기 때문이고, 하나님이 살려두시는 이유는 우리에게 사명이 있기 때문입니다. 삶의 길이가 중요한 게 아니라 삶의 밀도와 질이 중요합니다.

영어로 사명을 '미션'(mission)이라고 하는데, '선교'도 같은 단어인 '미션'을 씁니다. 선교란 하나님이 하나님의 백성들에게 특정한 사명을 주셔서 세상 곳곳으로 보내시는 것을 말합니다. 하나님이 우리를 세상 속으로 보내셨다는 것을 교회의 사도성(apostolicity)이라고 합니다. 하나님은 움직이는 분이며, 복음은 본질적으로 움직이고 흘러가게 되어 있는 것입니다. 크리스천이 세상 속으로 들어가지 않고 가만히 있으면 그것은 교회의 본질을 역류하는 것입니다. 크리스천 스스로도 제대로 이해하지 못하고 있는 기독교 교리 가운데 하나가 바로 이 선교에 관한 것입니다.

교회의 절대 다수는 목사가 아닌 성도입니다. 성도들은 교회보다 세상 속에서 훨씬 많은 시간을 보냅니다. 세상의 영향을 더 많이 받을 수밖에 없는 상황입니다. 세상 속에서 크리스천이 어떻게 살아야 할 것인가는 항상 쉽게 풀 수 없는 숙제로 남아왔습니다. 예수님은 우리에게 '세상의 빛'이라고 하셨습니다. 이 말은 하나님이 보시기에는 세상이 어둡다는 것입니다. 낮에는 불을 켤 필요가 없습니다. 우리가 빛이 되어야 하는 이유는 세상이 어두운 곳이기 때문입니다. 이 세상이 화려하고 괜찮아 보이지만, 사실은 추악한 죄로 가득 차 있습니다. 그 세상에 사는 사람들은 모두 하나님의 빛이 필요합니다. 우리는 바로 그 하나님의 빛을 세상에 전달하는 사명을 받았습니다.

그렇다면 구체적으로 어떻게 세상의 빛이 되어야 할까요?


## 다리 놓는 사람들 vs 요새를 쌓는 사람들

2세기 기독교는 세상으로부터 무서운 오해와 지탄을 받고 있었고, 인육을 먹는다거나 도덕적으로 무분별하다는 등 각종 악성 루머에 시달리고 있었습니다. 민심이 사나워질 때마다 로마정부는 기독교에 대한 핍박의 강도를 높였기 때문에 크리스천들은 지하로 숨어야 했습니다. 이때 기독교 신앙을 변호하는 변증가(apologetic)들이 일어났습니다. 그들은 당시 핍박받고 공격받던 교회의 최전방에 서서 신앙에 대한 오해와 공격에 맞서 싸웠습니다.

변증가들은 크게 두 부류로 나뉘는데, 첫번째 부류는 '다리 놓는 사람들'(bridge-builders)로서 '시대문화와 대화하는 그리스도'(Christ in Dialogue with Culture)를 주장했습니다. 그들은 교회가 기독교 신앙과 세상 철학과의 공통점을 찾아내서 양쪽이 서로 대화하고 화목할 수 있는 다리를 놓아야 한다고 믿고 당시 세상 철학을 주도하던 헬라 철학과 기독교 신앙을 접목시키려고 했습니다.

이들과 정반대의 입장을 고수하는 사람들이 있었으니, 이들은 '시대문화에 대립하는 그리스도'(Christ against Culture)를 가르치는 교회를 세상으로부터 지키기 위해 '요새를 쌓는 사람들'(Fortress Builders)이었습니다. 그들은 진정한 교회는 세상의 문화와 철학을 처음부터 결연히 거부해야 한다고 주장했습니다. 헬라와 로마의 문화를 포용한다는 것은 믿음의 근간을 흔드는 것이라고 했습니다. 그들은 모든 것을 빛과 어두움, 옳고 그름의 흑백논리로 판단했습니다. 그래서 크리스천은 세상과 단호히 단절되어야 한다고 믿었습니다. 크리스천은 군대를 가서도 안 되고, 정부에서 일해도 안 되며, 핍박을 피해 도망가서도 안 된다고 했습니다. 세상 앞에서 자신이 크리스천임을 당당히 밝히고 핍박당하며 순교하라는 것입니다. 이들은 세상 철학과 기독교와의 접촉점을 찾으려고 하는 사람들의 시도를 비난했습니다.

"도대체 아테네(철학자들의 도시)가 예루살렘(하나님의 도시)과 무슨 상관이 있는가? 학교가 교회와 무슨 상관이 있는가?"

카르타고의 교부 터툴리안의 이 말은 요새를 쌓는 사람들이 가졌던 세속 철학을 향한 깊은 혐오를 보여줍니다. 그는 당시의 수많은 이단들이 세속 철학과 기독교 교리의 접촉점을 찾으려고 한 데서 비롯되었다고 믿었습니다. 그래서 아주 단호하게 세상과 교회의 단절을 요구했습니다.

하지만 양극단 모두 폐해가 있었습니다. 다리 놓는 사람들은 그 시대 문화와 학문을 적극적으로 수용했지만, 요새를 쌓는 사람들은 시대 문화와 학문을 경계했습니다. 이들이 양극단으로 치달으면서, 다리 놓는 사람들은 세속주의로 타락했고, 초대 교회 사상 가장 무서운 이단인 영지주의(靈智主義)와 아리우스주의를 탄생시키게 됩니다. 그러나 요새를 쌓는 사람들은 세상과 교회를 완전히 단절시킨 극단적인 보수주의와 폐쇄주의로 인해 점점 새신자들을 잃고, 내부적으로는 교회가 서로 대립하고 분열되는 아픔을 겪게 됩니다.

하나님은 우리가 양극단이 아닌 균형을 잡기 원하십니다. 세상 속에 들어가지만 세상에 의해 타락하지 않는 빛이 되라고 하셨습니다.


교회 밖은 다 선교지

'너희는 가서 모든 민족을 제자로 삼으라'고 한 마태복음 28장 말씀 때문에, 보통 크리스천들은 '선교'를 해외로 나가는 것으로 착각하는 경우가 많습니다. 그러나 꼭 해외로 나가야 하는 것은 아닙니다. 존 웨슬리는 '온 세상이 다 나의 교구'(The world is my parish)라고 했습니다. 선교는 우리가 교회 밖으로 나가는 순간 시작되는 것입니다. 하나님 나라의 문화와 언어가 아닌 세상적 문화와 언어가 있는 영역과 분야로 들어가는 순간 우리는 선교지로 들어가는 것입니다. 그러므로 우리가 직장에 출근하거나 동네 반상회와 학교 동창회, 그리고 지역 자전거 동호회에 나갈 때, 선교는 이미 시작되는 것입니다. 우리는 자신이 속한 장소에서 하나님의 나라의 빛을 흘려보내는 통로가 되어야 하는 것입니다.

예수전도단의 창설자 로렌 커닝햄 목사는 1975년, 하나님으로부터 열방의 제자화를 위한 7대 영역에 대한 비전을 받았습니다. 신비하게도 이때 그는 콜로라도 스프링스의 한 호텔방에 있었는데, 마침 그 시각에 같은 지역에 와 있던 국제대학생선교회 창설자 빌 브라이트 박사의 전화를 받았습니다. 만나자마자 빌 브라이트 박사가 말했습니다. "로렌, 하나님이 이 시대 열방의 제자화를 위해 7대 영역에 대한 비전을 주셨소." 그는 흥분된 목소리로 말하며 작은 노트를 보여주었습니다. 7대 영역은 가족, 종교, 교육, 문화, 미디어, 경제, 정부였습니다. 순간 로렌 커닝햄 목사의 눈에서 눈물이 왈칵 쏟아졌습니다. 바로 하나님이 자신에게 보여주신 비전과 똑같았기 때문입니다. 하나님은 그 시대의 걸출한 두 크리스천 지도자들에게 동일한 비전을 주셨던 것입니다. 그리고 그 후 두 선교단체는 이 사명을 이루기 위해 적극적으로 협력해왔습니다.

복음은 교회 안에만 머무는 것이 아니라, 이 7대 영역 속으로 들어가야만 합니다(요즘은 '과학'까지 더해서 8대 영역이 되었습니다). 그래야 진정한 열방의 제자화가 이루어집니다. 단순히 어느 지역에 교회를 몇 개 세웠느냐가 중요한 것이 아닙니다. 이 8대 영역 안에 하나님의 영향력이 얼마나 들어가 있느냐가 문제입니다. 그래서 성도들의 역할이 절대적입니다. 크리스천이 8대 영역을 복음으로 정복해야 하는 것입니다. 물이 바다를 덮음같이 여호와의 영광이 각 영역에 흘러넘쳐야 하는 것입니다. 기독교인들은 보이는 교회에만 집착해서는 안 됩니다.

교회는 건물이 아닙니다. 교회는 구원받은 하나님의 백성들입니다. 하나님은 이 백성들에게 가만히 앉아 있지 말고 세상 속으로 행군하여 들어가라고 하십니다. 크리스천은 교회와 직장, 가정, 공공장소로 이동할 때마다 다른 옷을 입습니다. 교회에서는 집사이지만 회사로 가면 과장이라는 옷을 입고, 가정으로 가면 아버지라는 옷을 입으며, 동네에 가면 반상회 반장이라는 옷을 입습니다. 그러나 우리의 정신은 동일한 기독교적 가치관으로 가득 차 있습니다. 그래서 로렌 커닝햄 목사의 말처럼 '크리스천은 교회뿐 아니라 어디를 가든 하나님의 주권이 그곳에 임하도록 해야 하는 것'입니다.

그러므로 교회는 신자들을 교회 안에만 묶어둬서는 안 됩니다. 물론 어느 정도 수준에 이를 때까지 강한 영적 훈련을 시키는 것은 필요합니다. 그러나 그들이 직장생활을 할 때 타격을 받지 않도록 짧고 밀도 있는 훈련 프로그램을 운영해야 합니다. 그리고 훈련이 끝나면 성도들을 세상이라는 영적 전쟁터로 돌려보내고 뒤에서 지원해줘야 합니다.

사탄의 전략은 크리스천들로 하여금 교회 내에서만 머물게 하고, 세상을 두려워하게 만드는 것입니다. 그러나 우리는 그것을 뚫고 나아가야 합니다. 사역을 교회 안에만 한정시킴으로써 다른 8대 영역을 잃어버려서는 안 됩니다. 목회자들은 주일에 봉사하는 것만 보고 교인들이 좋은 크리스천이라고 판단해서는 안 됩니다. 평일에 직장과 가정에서 그들이 무엇을 하고 있는지 알아야 합니다. 교회 임직자를 임명할 때 그것을 필수 평가 기준에 넣어야 합니다. 진짜 영적 실력은 그때 보여지기 때문입니다. 토미 테니의 말처럼, '부흥이란 하나님의 말씀이 교회의 벽을 뚫고 나가서 세상에서 폭발하는 것'입니다.

과학과 경제, 교육, 문화 등 모든 분야에 있어 영적으로 무장된 리더들을 세상 속으로 쏟아놓아야 합니다. 하나님은 그렇게 이 땅을 경영하기를 원하십니다. 복음에는 세상을 바꿀 능력이 있습니다. 개인과 교회를 뛰어넘어, 도시와 마을까지 변화시켜야 진짜 부흥입니다. 예수의 정신이 이 사회 모든 분야에 스며들게 해야 합니다. 우리의 자녀들을 8대 영역의 선교사로 보낼 준비를 해야 합니다.

저는 지난 10여 년 동안 한국 사회의 많은 기업과 정부기관 등에 가서 리더십 강의를 했습니다. 삼성, LG, 농심 등 기업들과 법조인, 예술인, 언론인들의 다양한 모임에 다녔습니다. 목사로서 저는 그런 곳에 가서 강의할 때마다 선교지로 간다는 신념이 있었습니다.

교회와는 완전히 다른 언어와 가치관, 문화가 있는 곳에서의 강의는 정말 지혜롭게 해야 했습니다. 종교적인 언어를 쓰지 않으면서도 하나님의 가치관을 담아야 했습니다. 지루하지 않게, 재미있으면서도 깊이 있는 내용을 전달하기 위해 교회 설교보다도 몇 배 더 신경을 쓰고 기도하면서 준비했습니다. 당장 그들이 내 리더십 강의를 듣고 예수님을 믿지는 않아도, 강의 속에 담긴 성경적 가치관(비전, 희생, 팀워크, 겸손, 창조성, 사랑)이 전달됨으로써, 그들이 생각하고 행동하는 데 거룩한 영향을 주기를 기도하며 강의했습니다.

리더십 강의는 목사인 제가 자연스럽게 세상과 정기적으로 만날 수 있는 선교의 접촉점이었습니다. 그렇게 그들과 정기적으로 만나면서 성도들이 몸담고 있는 세상의 현실을 보다 잘 이해할 수 있게 되었고, 그것이 저의 설교와 목회 전략에 엄청난 영향을 미쳤습니다.

우리 모두에게는 "가서 제자 삼으라"는 거대한 비전이 주어졌습니다. 그러나 같은 전쟁을 해도 육군과 해군의 사명이 다르고, 육군 안에서도 보병과 포병의 사명이 다르듯이, 우리도 각각 주어진 은사와 열정에 따라 지상 명령을 실천하는 데 있어서 맡은 역할이 다릅니다. 그러므로 각 사람은 자신의 삶의 현장에서 어떻게 이 지상 명령을 수행할 것인지에 대한 명확한 비전을 수립하고 헌신해야 합니다.

유명한 미국의 과일 주스 회사인 웰치(Welch)의 창업자 웰치 회장은 젊은 시절 선교사로 헌신했는데 몸이 너무 약해서 파송을 받지 못했습니다. 그러나 어떤 방법으로든 선교를 하고 싶어서, 비즈니스를 시작했고 거기서 나오는 수익금으로 선교 사업을 지원했습니다. 국가대표 출신의 유명한 태권도 사범이었던 한 선교사님은 아프리카나 중남미 지역에서 순회 태권도 전도사역을 합니다. 동양무술에 대한 신비감을 갖고 있는 지역주민들에게 폭발적인 영향력이 있다고 합니다.

이렇게 모든 제자들은 자신들의 삶의 현장에서 하나님이 주신 지상 명령을 어떤 형태로든 실천할 수 있는 비전을 세우고 거기에 헌신할 수 있습니다. 선교란 허황된 돈키호테의 꿈이 아닙니다. 하나님의 마음을 알고, 자신에게 주어진 상황 속에서 구체적으로 하나님의 뜻에 순종하려고 애쓰는 사람이 깊이 고민하고 기도해서 확신한 구체적인 비전입니다.

# 일터는 거룩한 사명의 자리

*"형제들아 너희는 각각 부르심을 받은 그대로 하나님과 함께 거하라"*
(고전 7:24).

하나님은 크리스천을 삶의 현장으로부터 불러내어 믿는 사람들끼리만 안전하게 거하는 요새로 부르시는 것이 아닙니다. 교회의 집회에서만 하나님을 경험하고, 세상 직장에서는 참고 지내라고 하지도 않으십니다. 하나님의 전략은 내가 현재 처한 위치에 머물면서, 그 상황 가운데로 주님을 모시는 것입니다. 우리는 하나님의 빛을 세상 속으로 가지고 들어가는 것입니다.

하나님은 교회에만 계시는 분이 아니라, 삶의 모든 영역에 함께 계십니다. 그분의 임재는 우리의 가정과 직장과 사회와 온 지구상에 이루어질 것입니다. 교회는 그동안 가정, 교육, 예술, 문화, 스포츠, 정치, 경제, 군대 등 세상 모든 분야를 도외시했던 것을 반성해야 합니다. 우리는 치열한 전투를 치르지 않은 채 원수 사탄의 손에 이 세상의 영역들을 너무 많이 넘겨줬습니다. 교회가 교회 안에만 웅크리고 있었던 것이 가장 치명적인 작전 실수였습니다. 〈반지의 제왕〉에서 프로도가 악의 본부 한가운데로 들어가서 '절대 반지'를 파괴시켰을 때, 비로소 모든 전쟁이 끝났습니다. 이처럼 하나님의 사람들은 세상 한가운데로 들어가서 어둠의 실체를 드러내고 몰아내야 합니다.

목사가 되고 싶어했으나 하나님이 허락지 않으셔서 성공적인 인터넷 벤처기업 CEO가 된 밥 프레이저는 일터 영성의 중요성을 부르짖는 사람입니다. 그의 책과 강의를 통해서, 그리고 한국에 올 때마다 그와 나눈 대화를 통해서 이 장에서 다루고자 하는 세상 속으로 뛰어들어가는 역동적인 크리스천의 영성에 대해 정말 많이 배우고 생각했습니다.

그는 우리가 아는 성경의 영웅들은 대부분 제사장(오늘날의 목회자)이 아니었음을 지적합니다. 아브라함은 목장주이자 사업가였고, 요셉은 경제 감각이 탁월한 행정관료였으며, 느헤미야는 건설 감각이 탁월한 고위공무원이었고, 여호수아는 장군이었습니다. 다윗은 목동이자 장군이었고 왕이었습니다. 모두가 세상 직장에서 열심히 일하는 사람들이었습니다. 오늘날 기독교는 일터에서 예수님을 향한 열정을 가지고 일하는 사람들을 좀 더 부각시켜 성도들로 하여금 그렇게 살고 싶게 만들어줘야 합니다.

현대 교회는 교회 안에서 모이는 여러 가지 훈련 프로그램들과 모임을 강조합니다. 그래야 역동적인 교회라고 생각합니다. 물론 교회는 신자들을 강하게 훈련시켜서 그리스도의 군대로 만들어야 합니다. 그러나 훈련만 시키고 실전에 병사들을 투입시키지 않는 군대가 있습니까? 신구약 성경을 자세히 읽어보면 신앙인의 사명을 다룰 때 교회 내부 모임만을 강조한 게 아니라 오히려 가정과 직장, 일반 사회 안에서의 구체적인 믿음의 실천을 더 자세히 표현했습니다.

신실한 크리스천들이 직장에서 일하는 것은 세속적인 것이라고 생각하고, 교회 울타리 안에서 사역하는 것만 거룩한 일이라고 생각합니다. 그래서 직장에서 일할 때 전력을 다해서 일하지 않는 경우가 많습니다. 최대한 빨리 은퇴하고 '진짜 하나님의 일'을 하고 싶다는 신자들도 많습니다.

또한 크리스천들이 세상 직장을 단순히 생계유지와 교회 헌금을 위해서 돈을 벌어오는 곳으로만 생각합니다. 그렇기 때문에 많은 크리스천들이 본의 아니게 세상 일터에서는 가장 요령을 피우는 사람들이 되고 말았습니다. 그들은 직장에서 적당히 일합니다. 가능한 한 늦게 출근하고, 최대한 빨리 퇴근하며, 적게 일하면서도 많은 돈을 벌려고 합니다. 이것은 결코 하나님 원하시는 바가 아닙니다.

물론 하나님은 하나님의 사람들이 건강한 노동의 대가로 세상에서 가져온 재물을 가지고 하나님의 일을 해나가십니다. 출애굽한 이스라엘 백성들이 광야에서 성막을 지을 때 하나님은 그들이 애굽에서 가져온 재물들을 다 가져오게 해서 사용했습니다. 부요한 것이 세상적이라는 생각을 버려야 합니다. 아브라함, 이삭, 야곱 모두가 부자였습니다. 재물을 버는 능력 또한 하나님이 허락하신 재능입니다.

"네 하나님 여호와를 기억하라 그가 네게 재물 얻을 능력을 주셨음이라 이같이 하심은 네 조상들에게 맹세하신 언약을 오늘과 같이 이루려 하심이니라"(신 8:18).

재물을 많이 버는 것은 축복이라기보다는 하나님이 주신 재능입니다(축복이었다면 모든 크리스천들이 다 부자가 되게 하셨을 것입니다). 하나님은 소수의 크리스천들에게 재물을 모으는 능력을 주셨습니다. 그래서 하나님의 역사에 사용하십니다. 이사야서 60장에도 열방의 자녀들이 재물들을 가지고 여호와의 전으로 와서 찬양과 경배를 드리는 모습이 나옵니다.

선교사를 꿈꾸었던 시카고의 게리 건터라는 신실한 크리스천이 있었습니다. 그러나 하나님은 그를 선교사가 아니라 사업가의 길로 인도하셨습니다. 그는 시카고 무역 연구소라는 회사를 시작했는데, 폭발적으로 성공하면서 엄청난 돈을 벌었고 수백만 불의 선교헌금을 할 수 있게 되었습니다(그러나 전과 같은 소박한 생활수준을 유지하고 있습니다). 그는 말합니다. "하나님은 나에게 엄청난 돈을 벌도록 능력을 주시고 부르셨으니, 저는 가능한 한 단순하게 살고 남은 모든 것을 다시 주님께 돌려드리도록 하겠습니다."

누가 그를 향해서 성직자가 아니라고 할 수 있겠습니까?

세상의 재물을 가져오는 과정에서 우리의 땀을 흘려야 합니다. 오래전 미국의 한인 교회에서 한 집사님이 이렇게 말씀하시는 것을 들었습니다. "교회 건축도 해야 하고, 가난한 이웃들을 돕는 구제 사역도 해야 하는데, 저도 가난하고 교회도 형편이 어려우니 안타까워요. 그래서 꾸준히 복권을 사고 있어요. 시간이 되면 라스베이거스에 가서 슬롯머신도 당겨보고요." 실제 있었던 일입니다. 이것이 어떻게 하나님이 원하시는 방법이겠습니까?

"도둑질하는 자는 다시 도둑질하지 말고 돌이켜 가난한 자에게 구제할 수 있도록 자기 손으로 수고하여 선한 일을 하라"(엡 4:28).

내가 아무것도 하지 않으면서 얻은 것으로 하나님의 일을 하려는 생각을 버려야 합니다. 하나님은 우리가 세상에서 가져오는 재물이 땀 흘려 일한 노동의 대가이기를 원하십니다.

### 하나님의 가치를 창출하는 곳

직장은 단순히 교회 사역을 하기 위해서 돈을 벌어오는 곳이 아닙니다. 하나님은 우리가 세상에 몸담고 있는 일터에서 하나님의 가치를 창출하기를 원하십니다.

얼마 전에 현역 은퇴를 선언한 역도 선수 장미란은 단순한 올림픽 금메달리스트가 아니었습니다. 그녀는 주변의 코치, 스태프, 후배, 동료들을 지극 정성으로 세워주고 격려했습니다(수영선수 박태환도 힘들 때마다 장미란 선수의 격려가 큰 힘이 되었다고 합니다). 또한 그녀는 결과에 상관없이 늘 최선을 다했고 변명하지 않았습니다.

지난 올림픽 때도 최선을 다했지만 바벨을 들어올리지 못하자 눈물을 흘리며 바벨을 놓고 물러났습니다. 자신의 실력이 한계에 왔음을 인정하는 그 담담한 모습에서 수많은 사람들이 깊은 감동을 받았습니다. 그런 선수가 크리스천이라고 하니, 얼마나 하나님께 영광이 되는지 모릅니다. 단순히 운동실력이 뛰어난 선수는 많지만, 그렇게 스포츠 정신이 살아 있는 고결한 품격의 사람은 드뭅니다. 자신보다 남을 먼저 생각하고 격려하며 매 순간 성실하게 최선을 다하는 모습이 아름답습니다.

이런 모습이 하나님의 가치를 창출하는 것입니다. 하나님이 주신 재능과 열정으로 하나님의 가치를 직장에서 창출하는 것이 세상의 빛이 되는 것이요, 그것이 바로 성직입니다.


하나님을 위하여 일하는 곳

당신이 신입사원인데 만약 사장님이나 직속 상사 그리고 몇몇 직장 선배나 동료들이 크리스천인 것을 알았다면, 주의하십시오. 회사는 교회가 아닙니다. 또한 당신을 그냥 먹여 살리려는 자선단체도 아닙니다. 당신은 어떤 전문 분야에서 역할을 감당해달라는 기대를 받고, 월급을 받으면서 그 자리에 있습니다. 그러면 맡은 일을 탁월하게 잘해야 합니다. 식당 안에 성경 말씀이 있는 액자를 걸어놓는 것 이상으로 중요한 것은 음식을 맛있게 하고 친절한 서비스를 하는 것입니다. 카센터에서 일한다면 당신에게 맡겨진 차를 정성을 다해 최상의 컨디션으로 고쳐 놓는 것이 당신이 40일 금식기도를 하고, 교회 성가대 봉사를 하는 것 이상으로 중요한 하나님의 일입니다. 회사 근무 시간에 컴퓨터로 슬쩍 슬쩍 드라마를 보거나 게임을 하면 안 됩니다. 또 상사와 동료들, 부하 직원들을 겸손과 사랑으로 섬겨야 합니다.

많은 크리스천이 자신이 술과 담배를 하지 않고, 교회를 다닌다는 이유로 직장에서 불이익을 당한다고 생각합니다. 그러나 그건 사실이 아닙니다. 회사 상사들에게 물어보면 직장에서 불이익을 당하는 주된 이유는 두 가지입니다. 일을 못하고, 태도와 관계가 안 좋기 때문입니다. 이런 사람이 크리스천이라고 하면 직장 동료들에게 하나님에 대한 이미지가 좋을 수 없고, 전도의 문이 닫혀버리고 맙니다. 직장에서 일의 탁월함과 지혜로운 인간관계로 인정을 받아야 합니다. 그래야 거룩한 영향력을 발휘할 길이 열립니다.

세상 일터에서 일하는 크리스천이 꼭 붙들어야 할 말씀은 골로새서 3장 23절입니다.

"무슨 일을 하든지 마음을 다하여 주께 하듯 하고 사람에게 하듯 하지 말라."

사회생활을 하다 보면 정말 다양한 사람을 만납니다. 좋은 상관들도 있지만, 부하의 공로를 가로채는 사람, 종 부리듯이 일을 시키는 사람, 형편없는 도덕성을 가진 사람, 일보다는 아부와 정치에 더 밝은 사람 등 나쁜 상사들과 선배들도 많습니다. 그러므로 사람을 보스로 삼으면 지속적으로 직장생활을 열심히 할 동기를 부여받을 수 없습니다. 그래서 하나님은 우리가 세상 직장에서 일할 때 주님을 보스로 삼으라고 하셨습니다. 주님을 보스로 삼고 일하게 되면, 당신이 존경할 수 없는 상사도 더는 당신을 괴롭게 하지 못합니다. 그 사람이 당신의 진정한 보스가 아니며, 그의 칭찬과 인정을 받기 위해서 일하는 것이 아니기 때문입니다. 그가 당신에게 일을 지시하지만, 당신은 하나님의 평가를 구하며 신실하게 일해야 합니다. 모든 세상 조직에는 욕심과 정치와 음모가 난무합니다. 그러나 하나님을 보스로 삼은 사람들은 그 진흙탕 싸움 위로 솟아오르는 영적인 초연함이 있습니다.

직장생활을 하면서 하나님을 내 마음의 보스로 삼을 때, 남들이 하기 싫어하는 일, 천하고 냄새나는 일까지도 기쁜 마음으로 담담하게 받아들일 수 있는 자세를 갖게 됩니다. 제가 아는 한 집사님은 학교 선생님입니다. 요즘 중학교 아이들이 너무 드세어서 선생님들이 담임교사를 맡지 않으려고 하는데, 그 집사님은 항상 자원해서 말썽꾸러기가 많은 반 담임을 맡아서 지극 정성으로 아이들을 돌보십니다. 누구보다 일찍 출근하시고 늦게 퇴근합니다. 학습 성적이 부진한 아이들을 위해 늦게까지 개인지도도 해줍니다. 그렇게 한다고 월급을 더 주는 것도 아닌데 말입니다. 이분은 목회자보다 더 거룩한 성직자입니다.

이 집사님에게 보스는 눈에 보이는 교장이 아니라 하나님이셨습니다. 우리가 이런 마음으로 일하면 우리는 지구상에서 최고의 일꾼이 될 수 있습니다. 무슨 일을 하든지 주님을 사랑하는 마음으로 최선을 다한다면 일은 곧 예배가 됩니다. 하나님이 그 자리에 당신과 함께, 당신을 통하여 임재하실 것이고, 그분의 영광과 축복이 당신의 일터로 흐를 것입니다.

### 기독교 기업과 직장을 꿈꾸는 이들에게

많은 신자들이 사업을 시작하면서 기독교 기업을 만들겠다는 꿈을 꿉니다. 마태복음 5장 16절에 보면 "너희 착한 행실을 보고 (불신자들이) 하늘에 계신 너희 아버지께 영광을 돌리게 하라"라고 했습니다. 기독교 기업을 만든다는 것이 어떤 뜻일까요? 많은 상사들이 순진한 마음으로 예수 믿는 사람을 고용합니다.

앞에서 소개한 밥 프레이저도 사업 초기에 교회에서 알던 성도들을 직원으로 고용했습니다. 개인적으로 알던 사이이다 보니, 직장에서 그들이 게으름을 피우고 작업에서 실수를 해도 징계하거나 해고시키지 못했습니다. 그러나 근무 태도가 나쁘고 일을 제대로 하지 않는 사람들을 방치하는 것은 경영자로서 직무유기입니다. 곧 회사 분위기는 엉망이 되었고 매출도 형편없어졌습니다. 기도하며 고민하던 그는 어느 순간 분연히 일어서서 문제 직원들을 대면하여 징계하고 근신시켰습니다. 그리고 어떤 이들을 단호히 해고시키기도 했습니다. 물론 그들을 사랑과 존경으로 대했지만 단호한 조치는 취해야 했습니다.

기업에서는 직원들에게 명확한 보상과 인정을 해줘야 하는데, 이때 영적인 기준이 아니라 반드시 객관적인 공로를 기준으로 해야 합니다. 왜냐하면 신앙이라는 것은 객관적으로 측정할 수가 없기 때문에, 크리스천 사장과 관계가 좋은 사람에게만 혜택이 돌아갈 것입니다. 이렇게 되면 직장 분위기가 망가지고, 직원들이 열심히 일하고자 하는 동기가 사라집니다. 직원들은 보상과 인정을 받기 위해 신앙이 있는 척, 영적 겉치레만 신경 쓰게 될 것입니다. 근무 시간에 지난 주일 예배 동영상을 인터넷으로 보는 동료를 보고도 같은 교회를 다닌다는 이유로 질책하지 않는다면 어떻게 경영이 제대로 이루어지겠습니까? 그래서 크리스천만으로 회사 직원들을 채우면 안 되는 것입니다.

반대로 회사 내에 크리스천이 너무 없으면 영적으로 건강한 분위기를 만드는 데 필요한 힘이 부족해집니다. 크리스천들은 자신의 정체성을 드러내지 않고 세상 사람과 똑같이 행동할 것입니다. 그러면 세상의 빛이 되라는 주님의 사명을 다하지 못하는 직장을 만들게 됩니다. 그러므로 기도하며 어느 정도의 신실한 크리스천 직원들을 보내 달라고 주님께 기도하십시오. 그러나 이들에게 믿음 이상으로 직장생활에 필요한 전문성과 근무 태도가 있는지를 철저히 확인하십시오.

밥 프레이저는 숱한 시행착오 끝에 불신자와 신자 직원 비율을 7대 3 정도로 하는 것이 좋다고 권합니다. 전에는 믿음 좋은 사람이면 다 용납되던 분위기가 불신자 직원들이 들어오면서부터는 객관적인 실력, 전문성과 성실함으로 평가받는 분위기로 변했습니다. 직장은 마땅히 그래야 합니다. 직원은 회사가 성공하도록 전문성을 가지고 기여해야 한다는 분위기를 불신자 직원들이 불어넣어준 것입니다.

크리스천도 불신자들이 섞인 환경에서 일하면 영적 긴장감을 유지하게 됩니다. 사실 크리스천은 불신자들과 섞여 있을 때 더 발전합니다. 크리스천들끼리만 있으면 마음이 더 편협해지고, 신앙 문제로 서로 갈등하는 경우가 많습니다. 그러나 불신자들과 섞여 있으면 믿는 사람들끼리는 하나가 되어야 한다는 생각을 갖게 됩니다. 그리고 불신자들 앞에서 잘하지 않으면 하나님께 영광을 돌릴 수 없다는 거룩한 긴장감이 생겨서 좋습니다.

또 한 가지, 크리스천 상사들을 모시고 있는 이들은 한층 더 조심하고 성실한 모습을 보여야 합니다. 직장은 냉정하게 일의 결과로 서로를 판단하는 곳입니다. 그래서 저는 되도록 같은 교인들끼리 한 직장에 있는 것을 권하지 않습니다. 그러나 같은 교회 교인이 아니더라도 만약 당신의 상사가 크리스천일 경우, 그리고 회사에 크리스천이 많을 경우 몇 배로 더 신경 써서 일해야 합니다.

"믿는 상전이 있는 자들은 그 상전을 형제라고 가볍게 여기지 말고 더 잘 섬기게 하라 이는 유익을 받는 자들이 믿는 자요 사랑을 받는 자임이라 너는 이것들을 가르치고 권하라"(딤전 6:2).

새벽기도를 갔다 온다고 회사에 지각하고, 근무 시간에 성경을 읽는다고 하면서 일 실수를 많이 하며, 저녁에 부흥회 간다고 마무리가 되지 않은 상태에서 칼퇴근을 한다면 무슨 덕이 되겠습니까? 성경은 근무시간이 아닌 개인적인 시간에 읽고, 새벽기도를 간다면 회사 출근 시간에 절대 늦지 않아야 하며, 부흥회 때문에 일찍 퇴근해야 한다면 그만큼 일찍 출근해서 동료들에게 피해가 가지 않을 정도로 열심히 일해야 합니다. 다시 말하지만 그것이 성경일독과 금식기도 이상으로 중요한 하나님의 일입니다.

### 세상을 이겨내는 생명력을 주신 하나님

어느 분야에서 무슨 일을 하든지 세상에서 사는 것은 쉽지 않습니다. 목회하면서 수많은 직종에서 일하는 수많은 성도들의 애환을 들어서 그 아픔을 잘 알고 있습니다. 그러나 하나님이 세상을 이길 수 있는 힘을 우리 안에 주셨다는 사실을 믿어야 합니다.

세상 속에서의 크리스천의 책임에 대해서 자주 오해를 불러일으키는 말씀이 마태복음 6장 25절과 26절입니다.

"그러므로 내가 너희에게 이르노니 목숨을 위하여 무엇을 먹을까 무엇을 마실까 몸을 위하여 무엇을 입을까 염려하지 말라 목숨이 음식보다 중하지 아니하며 몸이 의복보다 중하지 아니하냐 공중의 새를 보라 심지도 않고 거두지도 않고 창고에 모아들이지도 아니하되 너희 하늘 아버지께서 기르시나니 너희는 이것들보다 귀하지 아니하냐."

이 말씀을 잘못 해석하면 신자는 돈이나 옷이나 먹는 문제를 무시하고 살아도 된다는 것처럼 들립니다. 사업이나 공부를 대충 하고 "나는 교회 가서 성경 읽고 기도하면 하나님이 세상 일을 다 책임져주실 거야"라고 할 수도 있습니다. 그러나 그것은 결코 이 말씀에 담긴 주님의 의도를 제대로 해석한 게 아닙니다.

제가 사랑하고 존경하는 분 중에 부산 수영로교회 이규현 목사님이 계십니다. 그 분이 이 말씀을 새로운 각도로 해석하는 설교를 듣고 저는 무릎을 쳤습니다. 주님은 "공중의 나는 새를 보라 내가 다 기른다. 들의 백합화를 봐라. 내가 다 입히고 있다"고 말씀하십니다. 그런데 새를 보라고 하실 때는 그냥 보라는 게 아니라 좀 묵상해보자는 뜻입니다. 새는 가만히 있지 않습니다. 하나님이 기르신다고 해서 입만 벌리고 있으면 먹이가 날아들어 오지 않습니다. 새는 먹이를 먹기 위해서 쉬지 않고 날갯짓을 합니다. 성실하고 부지런하며 적극적으로 움직이지 않으면 먹이를 구하지 못합니다. 하나님이 염려하지 말라고 했다고 해서, 팔짱 끼고 빈둥빈둥 놀면서 아무것도 안 하고 있어도 자동적으로 먹고살 것이 생긴다는 말이 아닙니다.

세상이 만만치가 않습니다. 어떤 때는 두 눈을 부릅뜨고 기도해야 합니다. 하나님의 도우심을 구하지만 자신이 살아가야 할 현장에서 땀 흘리며 치열한 삶을 살아야 합니다. 공짜로 주어지지 않습니다. 공중의 나는 새는 일찍 일어나서 날아야만 지천에 깔려 있는 먹이를 찾을 수 있습니다. 그것을 위해서 주님이 날카로운 눈과 튼튼한 날개와 부리를 주신 것입니다. 우리도 세상을 살면서 기도 가운데 주님이 주신 능력을 가지고, 자신이 감당해야 할 몫을 치열하게 감당해야 합니다. 일용할 양식을 구할 때, 하나님의 도우심을 구하면서 열심히 노력해야 합니다.

참새보다 더 작은 상모솔새란 새가 있습니다. 몸길이가 약 10센티미터로 엄지손가락만한 작은 새입니다. 이런 작은 몸집으로 영하 30도를 넘나드는 북극의 겨울숲에 삽니다. 이 새를 연구한 독일의 한 조류학자의 말에 따르면 이 새는 찬바람이 불기 시작하면 깃털을 외투로 만들기 시작한다고 합니다. 먼저 둥지를 보강해서 습기를 제거하고 무리를 지어서 함께 밤을 지냄으로써, 온기를 나누어 겨울의 추위를 이겨냅니다(운명 공동체 전략입니다). 북극 시베리아는 어디를 보아도 먹을 것이 보이지 않는 순백의 세계입니다. 그런데 이 새는 지칠 줄 모르고 쉴 새 없이 먹이를 찾아다닙니다. 1분에 평균 45회를 날갯짓하며 이동한다고 합니다. 한 마디로 정신없이 계속 바쁘게 움직이면서 체온을 유지하는 것입니다. 이렇게 다니면서 겨울나무 껍질 사이에 숨어 겨울을 보내는 나방의 유충을 찾아내어 먹습니다. 쉴 새 없이 찾아

다닌 결과 먹잇감을 찾아낸 것입니다.

살아남기 위한 마법은 없습니다. 체온을 유지하기 위해 계속 날게 되고, 부지런히 날다 보니 새로운 먹잇감이 있더라는 것입니다. 이러한 상모솔새를 만드신 분이 하나님이십니다. 아무것도 없는 것 같은 추운 북극의 겨울숲에서도 상모솔새가 자기만의 방법으로 살 수 있도록 해주신 것입니다.

철새들은 어떻습니까? 어떤 첨단 GPS보다 더 정확하고 유연하며 뛰어난 내비게이션이 머릿속에 들어 있어서 몇 천 킬로미터나 되는 장거리를 길도 안 잃고 매년 날아갑니다. 또 지혜가 있어서, 알프스 같은 높은 산이나 수천 킬로미터에 달하는 대양을 넘어갈 때는 많은 영양가를 보충해서 날아갑니다. 제일 앞에 날아가는 리더 기러기가 지칠까 봐 서로 리더의 자리를 교대해서 날아가는 스마트한 팀워크도 갖췄습니다. 하나님이 이 작은 생명체 하나에도 심어놓으신 생명력, 파워, 지혜, 에너지는 상상을 초월합니다.

크리스천이 거짓과 술수와 온갖 악이 가득 찬 세상에 들어가서 먹을 것을 찾아내는 것이 만만치 않습니다. 그렇다고 해서 교회가 세상으로부터 힘들어서 도망쳐 오는 도피처는 아닙니다. 교회는 최전방 전투기지입니다. 주님의 군대인 하나님의 백성들이 교회에서 영적으로 재충전된 뒤, 다시 세상 속으로 치고 들어가면 하나님이 승리하게 해주실 것입니다.

아무리 세상이 어려워도 하나님이 우리에게 세상을 이길 힘을 주셨다는 사실을 믿어야 합니다. 진정한 병사의 진가는 오직 전쟁터에서 드러나듯이, 진짜 믿음의 진가는 교회가 아닌 세상 한가운데서 드러나

야 합니다. 교회가 상황을 탓하고 부모를 탓하는 패배주의자들의 모임터로 전락해서는 안 됩니다.

어떤 환경에서도 살아낼 수 있는 힘을 하나님이 작은 새에게도 주셨는데, 하나님의 자녀인 우리 인간에게 안 주셨겠습니까? 특히 그리스도인에게 주신 생명력은 예수의 생명력, 부활의 생명력입니다. 어떤 절망도 이겨내는 내적 능력을 주셨습니다.

"내게 능력 주시는 자 안에서 내가 모든 것을 할 수 있느니라"(빌 4:13).

그러므로 세상에 들어가서 적극적으로 부딪쳐야 합니다. 장사가 안 된다고 "나 선교나 갈까? 이것저것 다 잘 안 되는데 목사나 될까?" 하면 안 됩니다. 선교와 목회는 아무나 하는 것이 아닙니다. 물론 하나님이 여러 문들을 닫으심으로써 목회의 길로 인도하시는 경우도 간혹 있습니다. 그러나 신학교가 패배주의자들의 맹목적인 도피처가 되어서는 안 됩니다.

하나님의 사람들이 입술을 깨물고 좀 더 힘을 낼 필요가 있습니다. 치열한 현장 속에 뛰어들어 신앙의 꽃을 피워야 합니다. 힘들어도 직장에서 잘 버텨내시기 바랍니다. 사업을 제대로 운영하십시오. 그리스도인들이 운영하는 좋은 사업, 좋은 식당, 좋은 학교들이 많이 나와야 합니다.

불교는 속세를 떠나라고 합니다. 그러나 기독교는 세상 속으로 들어가라고 합니다. 세상이 어둡기 때문에 더더욱 들어가라고 합니다. 우리가 내버려두면 세상은 엉망이 됩니다. 그리스도인들이 망가진 세상의 대안을 만들어야 합니다. 그래서 예수님을 믿는 내가 있는 직업 환경 속에서 어렵지만 능력을 드러내고 뚫고 들어가야 합니다.

# 일터에서 전도하기

많은 크리스천이 자신의 일터에서 주된 책임은 말씀을 전파하는 것이라고 오해하고 있습니다. 이것은 어느 정도 사실이지만 꼭 그렇지만은 않습니다. 마태복음 28장의 '제자 삼으라'는 명령은 개인에게 주시는 말씀이라기보다 사도들과 교회 전체에 주신 것입니다. 말씀을 전하기 전에 중요한 것은 먼저 성령의 능력으로 상대방의 마음을 여는 것입니다.

"내 말과 내 전도함이 설득력 있는 지혜의 말로 하지 아니하고 다만 성령의 나타나심과 능력으로 하여 너희 믿음이 사람의 지혜에 있지 아니하고 다만 하나님의 능력에 있게 하려 하였노라"(고전 2:4,5).

여기서 "성령의 나타나심과 능력"으로 하라는 말은 직장에서 일할 때 주님이 보스라는 생각으로 최선을 다하라는 것입니다. 누가 봐도 혀를 내두를 정도로 탁월하고 성실하게 일을 해야 합니다. 겸손한 자세로 지혜롭게 사람들을 섬겨야 합니다. 일을 잘하고 관계를 잘 맺으면, 불신자 회사 동료들이 호기심과 함께 존경심을 갖게 됩니다. 그때 그들에게 믿음에 대한 긍정적인 호기심이 생깁니다. 기독신우회를 만들고 싶다면 먼저 실력과 인품으로 직장에서 인정받는 사람이 되어야 합니다. 이때 우리가 겸손하면서도 확신을 가지고 자연스럽게 주님을 증거할 준비가 되어 있어야 합니다.

"너희 마음에 그리스도를 주로 삼아 거룩하게 하고 너희 속에 있는 소망에 관한 이유를 묻는 자에게는 대답할 것을 항상 준비하되 온유와 두려움으로 하고"(벧전 3:15).

여기서 "대답할 것을 항상 준비하되 온유와 두려움으로 하고"라는 말을 주목하십시오. 한번은 서울역에 갔는데 봉고차 한 대에서 찬송가를 크게 틀어놓고, 몇 사람이 서서 "예수 믿으세요. 예수 믿지 않으면 지옥에 갑니다"라는 말을 크게 외치면서 행인들에게 전도하고 있었습니다. 봉고차 전체에는 "예수 천당, 불신 지옥"이라고 쓴 종이들이 붙어 있었습니다. 저는 이것을 보면서 복음을 부끄러워하지 않고 담대히 전하는 것은 좋지만 '이 귀한 복음을, 이 귀한 예수님을 좀 더 품위 있게 전할 수 없을까'라는 생각을 하지 않을 수 없었습니다. 물론 그런 방법으로도 구원받을 사람이 있겠지만, 그로 인해 기독교를 무례하게 여기며 오히려 교회와 담을 쌓아버릴 사람이 더 많지 않을까 하는 걱정이 되었습니다.

20년간 미국 풀러신학대학원 총장으로 재직한 저명한 신학자 리처드 마우 박사는 크리스천이라면 '신앙적 신념과 시민 교양'(Conviction and Civility)을 겸비해야 한다고 강조합니다. 복음의 진리에 확실히 거하면서도, 이 사회의 상식에 벗어나지 않는 교양이 있어야 한다는 것입니다. 오늘날 크리스천들의 문제 가운데 하나는 교양과 예의가 있는 사람은 종종 강한 신앙적인 신념이 없고, 반면에 강한 신앙적인 신념을 가진 사람은 예의가 없다는 것입니다.

서울역 광장에서 행인들의 눈살을 찌푸리게 할 정도로 찬송가를 크게 틀어놓고 전도하는 사람은 신앙은 있는데 시민 교양이 부족한 사람입니다. 반대로 복음을 전해야 할 자리에서마저 입을 닫고 있는 사람은 교양은 있지만 복음적 신념이 결여된 사람입니다.

"사람이 등불을 켜서 말 아래에 두지 아니하고 등경 위에 두나니 이러므로 집 안 모든 사람에게 비치느니라"(마 5:15).

　우리가 복음을 부끄러워하거나 하나님의 자녀라는 사실을 부끄러워해서는 안 됩니다. 권력자 앞이라고 해서, 많은 사람들 앞이라고 해서, 자신이 크리스천임을 부끄러워해서는 안 됩니다. 무례하지 않으나 조용하고 겸손하게, 그러면서 확실하게 자신의 정체성을 밝히는 용기가 있어야 합니다. 교양과 신념, 이 두 가지를 결합해서 최적의 교집합을 만드는 것이 세상 속에서 복음을 전해야 하는 크리스천의 임무입니다.

　일찍이 빌리 그레이엄 목사님은 이렇게 예언하셨습니다. "내가 믿는 바, 차세대의 새롭고도 위대한 하나님의 부흥 역사는 일터의 성도들을 통하여 일어날 것이다." 저 또한 전적으로 이 말에 동의합니다. 진정한 부흥은 단순히 교인 숫자가 많아져서 교회가 커지는 것이 아닙니다. 진짜 부흥은 영향력입니다. 하나님의 진리로 인격과 비전이 새로워진 크리스천이 세상 속으로 들어가서 자신이 체험한 하나님을 삶으로 풀어놓을 때, 어둠의 세력이 뒷걸음질치고 하나님의 임재가 세상 곳곳으로 퍼져나가게 됩니다. 이것이 진짜 부흥입니다. 세상 속으로 담대히 들어가는 크리스천이 되십시오. ✿

## 교회와 세상의 관계

크리스천은 세상 속에서 어떻게 살아야 할까요? 교회에는 시대 문화와 대화하는 다리 놓는 사람들과 시대 문화와 대립하는 요새를 쌓는 사람들이 있습니다. 그러나 예수님은 양극단의 폐해가 있으므로, 교회 안에만 머무는 것이 아니라 세상 속에 들어가되 타락하지 않고 빛과 소금이 되라고 말씀하십니다. 우리는 자신이 속한 장소에서 하나님 나라의 빛을 흘려보내는 축복의 통로가 되어 하나님의 주권이 그곳에 임하도록 해야 합니다.

## 거룩한 사명의 자리

크리스천에게 세상 직장은 단순히 생계유지와 교회 헌금을 위해서 돈을 버는 곳이 아니라 선교지입니다. 하나님은 크리스천이 건강한 노동의 대가로 세상에서 가져온 재물을 가지고 하나님의 일을 해나가십니다. 그러므로 자신의 재능을 가지고 열정적으로 땀 흘리며 일해야 합니다. 회사는 자선단체가 아니라 하나님의 가치를 창출하는 곳입니다. 하나님을 내 마음의 보스로 삼고 주먹을 불끈 쥐고 기도하며 현장 속에 뛰어들어 신앙의 꽃을 피워야 합니다.

## 일터에서 전도하기

일터에서 전도할 때는 교양과 신념의 적절한 조화가 필요합니다. 자신의 일터에서 말씀을 전하기 전에 먼저 성령의 능력으로 상대방의 마음을 여는 것이 중요합니다. 누가 봐도 혀를 내두를 정도로 탁월하고 성실하게 일하며, 겸손한 자세로 지혜롭게 사람을 섬김으로써 자연스럽게 주님을 증거할 준비를 해야 합니다. 하나님의 진리로 인격과 비전이 새로워진 크리스천이 세상 속에서 복음을 전함으로써 하나님의 임재가 곳곳에 임하게 하는 진정한 부흥의 불길을 일으켜야 합니다.

사명

# 말씀과 성령의 교회

THE
WORD
AND
HOLY SPIRIT
CHURCH

주여 이제도 그들의 위협함을 굽어보시옵고
또 종들로 하여금 담대히 하나님의 말씀을 전하게 하여 주시오며
손을 내밀어 병을 낫게 하시옵고 표적과 기사가
거룩한 종 예수의 이름으로 이루어지게 하옵소서 하더라
빌기를 다하매 모인 곳이 진동하더니
무리가 다 성령이 충만하여 담대히 하나님의 말씀을 전하니라

사도행전 4장 29-31절

# 말씀과 성령의 교회

L E S S O N

**12**

성경에서 보여주는 좋은 교회에는 여러 가지 모습이 있지만, 그것들을 간단하게 요약하면 '말씀과 성령의 교회'로 정리된다고 생각합니다. 사도행전 4장 29-31절 말씀을 보십시오.

"주여 이제도 그들의 위협함을 굽어보시옵고 또 종들로 하여금 담대히 하나님의 말씀을 전하게 하여 주시오며 손을 내밀어 병을 낫게 하시옵고 표적과 기사가 거룩한 종 예수의 이름으로 이루어지게 하옵소서 하더라 빌기를 다하매 모인 곳이 진동하더니 무리가 다 성령이 충만하여 담대히 하나님의 말씀을 전하니라."

교회의 지도자인 사도들이 성도들과 함께 기도하는데, 그 첫 번째 기도제목이 말씀을 담대하게 전하게 해달라는 것이었습니다. 그다음에는 병을 치유하는 능력, 예수님의 이름으로 표적과 기사가 일어나는 능력을 달라고 했습니다. 그 기도가 끝나고 나니 땅이 진동하고, 그들은 다 성령충만하여 하나님의 말씀을 담대하게 전했습니다. 기도하며 말씀을 전하는 가운데서 성령의 충만과 기적들이 일어나는 교회, 말씀과 성령의 교회, 이것이 바로 사도행전적 교회의 모습입니다.


## 말씀과 성령_ '복음주의'와 '은사주의'

안타깝게도 현대 교회는 말씀과 성령을 조화시키는 게 아니라 갈라 놓는 모습을 보이고 있습니다. 말씀을 강조하는 교회를 '복음주의(Evangelicalism) 교회'라고 하고, 성령을 강조하는 교회를 '은사주의(Charismatism) 교회'라고 합니다. 복음주의와 은사주의는 20세기 기독교를 양분하는 거대한 두 강줄기와도 같습니다.

말씀의 교회를 대표하는 복음주의는 성경 66권이 완전하며, 교회는 어떤 일이 있어도 말씀을 있는 그대로 믿고 설교하며 공부해야 한다고 믿습니다. 또한 삶의 모든 영역에서 말씀에 복종하는 삶을 가르쳤습니다. 대부분의 보수 장로교회, 침례교회들, 개혁주의자들이 이 복음주의 진영에 속합니다(전 세계 15억 정도의 성도들이 있습니다).

또 하나의 강물은 성령의 교회를 대표하는 은사주의입니다. 은사주의는 크리스천의 삶과 교회의 힘의 원동력은 성령의 임재와 능력에 있다고 가르칩니다. 은사주의 교회는 하나님을 체험하고, 그분의 능력을 구하며, 성령님을 통한 기적과 변화를 기대하라고 요구합니다. 하나님의성회, 순복음, 오순절 교회들이 다 이 은사주의 진영에 속합니다(세계에 약 5억 4천 명의 성도들이 있습니다).

그런데 안타깝게도 오랜 세월 이 두 진영은 서로를 적대시한 경우가 많았습니다. 은사주의는 복음주의를 가리켜 열정이 없이 경직된 현대판 율법주의라고 비난했습니다. 복음주의는 은사주의를 감정적이고, 신비주의적이며, 기복이 심한 믿음이라고 하여 이단시해왔습니다.

그러나 하나님의 은혜로 지난 20년 동안에는 이 두 강줄기가 서로 적대시하던 태도를 버리고, 하나가 되어가는 놀라운 일들이 세계 곳곳에서 일어나고 있습니다. 복음주의의 대변자이던 〈크리스차니티 투데이〉 같은 잡지에서 은사주의자들의 글을 게재하기 시작했습니다. 그리고 매년 5월 미 전역에 방영되는 '전국 기도의 날' 연합기도회 집회에도 복음주의자와 은사주의자 목사들이 함께 기도하고 설교하기 시작했습니다. 한국에서는 복음주의 진영의 사랑의교회 옥한흠 목사와 은사주의의 대표주자격인 순복음교회 조용기 목사가 서로 주일 강단을 교류했습니다. 온누리교회나 오륜교회 같은 교회들은 장로교회지만 은사주의 성령운동을 적극적으로 받아들였고, 순복음교회는 복음주의 목회자들을 많이 초청하여 세미나와 집회 강사로 세웠습니다. 중남미의 선교지에도 이런 연합 운동이 눈에 띄게 늘어났습니다.

저는 새로운교회를 개척하고 담임목사로 섬기면서 말씀과 성령이 겸비된 교회, 복음주의와 은사주의의 장점이 잘 조화된 교회가 되게 하려고 노력했습니다('기름 부으심이 있는 복음주의'). 저는 말씀과 성령의 조화를 이룬다는 것이 과연 어떤 것인지, 우리가 지향해야 할 균형 잡힌 영성이 어떤 것인지를 함께 고민해보고 싶습니다. 저는 이러한 주제를 다룬 더그 배니스터 목사님의 《훌륭한 교회에서 위대한 교회로》라는 책을 읽고 무릎을 치며 감탄했습니다.

더그 배니스터 목사님도 저처럼 복음주의 교회의 목사였다가 성령

체험을 하고 은사주의에 눈을 뜨게 된 사람입니다. 현재 그 교회는 약 3천 명의 성도가 말씀과 성령이 잘 조화된 예배를 드리고 있습니다. 이 책을 통해 제가 꿈꿔왔던 부분에 대한 많은 해답을 얻었으며, 이 장의 핵심 내용을 정리할 수 있었습니다. 이제 구체적으로 말씀과 성령의 교회란 어떤 것인지를 살펴보도록 하겠습니다.

## 하나님 나라_"이미 그러나 아직"

"이미 그러나 아직"(Already, but not Yet)이라는 말이 있습니다. 말씀을 중시하는 복음주의자들은 "아직 아니다"라는 것을 강조합니다. 예수님은 하나님의 나라가 아직 완전히 임하지 않았다는 사실을 인정하셨습니다. 로마 황제가 보좌에 앉아 있음을 인정하셨기에 "가이사의 것은 가이사에게, 하나님의 것은 하나님께 바치라"(막 12:17)라고 하셨습니다. 가난한 자들이 음식 부스러기를 구걸하는 상황은 달라지지 않았고, 베데스다 못가에서 38년 된 병자를 제외한 나머지 병자들은 계속 아픈 채로 있었습니다. 만왕의 왕이신 예수님도 배신당하고 죽임당하셔야 했습니다. 즉, 우리는 타락한 세상에 살고 있기 때문에 고난과 고통은 불가피합니다.

"피조물이 다 이제까지 함께 탄식하며 함께 고통을 겪고 있는 것을 우리가 아느니라"(롬 8:22).

복음주의자들은 세상에는 눈물이 있고, 그런 눈물 가운데서 하나님을 만날 수 있음을 가르칩니다. 고통을 아름답게 견뎌내는 '조용한 능력'의 힘, 암에 걸려 죽어가면서도 평안을 잃지 않고 오히려 주위 사람들을 격려하는 크리스천, 이혼한 배우자를 용서하는 기적, 술과 마약을 끊고 다시 집으로 돌아오는 자녀들! 이런 조용한 기적들을 통해서 우리는 세상을 아름답게 하고, 죄 많은 이 세상이 우리의 영원한 고향이 아님을 깨닫습니다. 복음주의는 혁명으로 세상을 뒤집는 것이 아니라, 견뎌내는 영성과 인내와 절제의 영성을 가르쳤습니다.

반면에 성령을 강조하는 은사주의는 "이미 그러나 아직"이라는 부분에서 '이미'를 강조합니다. 예수님이 세상에 오실 때 하나님 나라가 이미 도래한 것입니다.

"그러나 내가 하나님의 성령을 힘입어 귀신을 쫓아내는 것이면 하나님의 나라가 이미 너희에게 임하였느니라"(마 12:28).

주님은 가시는 곳마다 병을 치유하시고, 귀신을 쫓아내셨으며, 십자가에서 사탄에게 결정타를 날리셨고, 죽음을 이기고 부활하셨습니다. 하나님의 나라는 이미 세상에 임했습니다. 그리고 우리 안에 계신 이는 세상에 있는 자보다 강합니다. 주님은 이렇게 말씀하셨습니다.

"세상에서는 너희가 환난을 당하나 담대하라 내가 세상을 이기었노라"(요 16:33).

은사주의는 막힌 담을 헐고, 무너진 성벽을 구축하며, 닫힌 문을 두드려서 여는 공격적이고 개척적인 영성을 가르쳤습니다.

특히 은사주의는 사도행전과 고린도전서 14장에 언급된 초대 교회의 은사들이 오늘날 교회에도 부어지고 있음을 가르칩니다. 서구 교회는 "방언과 예언, 신유의 은사 같은 은사는 초대 교회 시대 이후로 중단되었다"는 사실을 믿어왔습니다. 그러다가 19세기 말에서 20세기

초부터 "은사는 중단되지 않았고, 사도행전의 성령님은 오늘날도 똑같이 역사하신다. 성령세례를 받은 사람은 방언과 예언과 치유의 은사를 경험할 수 있다"라는 오순절 운동이 갑자기 폭발했습니다. 그리고 앤드류 머레이, 마틴 로이드 존스, 존 파이퍼 같은 대부분의 복음주의 신학자들과 목회자들도 이 사실을 받아들이고 있습니다.


## '기독교 세계관'과 '영적 전쟁'


복음주의에서는 '기독교적 세계관'을 아주 강조합니다. 복음주의에서 가장 잘 쓰는 단어 가운데 하나가 '제자훈련' 혹은 '제자도'(Discipleship)인데, 제자도의 가장 큰 과제 가운데 하나는 삶의 모든 것을 기독교의 관점으로 생각하는 법을 배우는 것입니다. 어떤 주제를 다루든지 거기에 대한 성경의 구체적인 가르침을 파악하고, 그 가르침을 삶에 적용하기 위해 노력해야 합니다. 예를 들어서 다음과 같습니다. "예수님이 이 회사의 CEO라면 어떻게 회사를 운영하실 것인가? 직원들이나 고객들을 대할 때 예수님이라면 어떻게 할 것인가? 도시 빈민 구제 문제를 예수님이라면 어떻게 하실 것인가?"

한 마디로, 교회는 세상 속으로 들어가야 한다는 것입니다. 19세기 중반에 부흥운동을 경험한 영국과 미국의 교회들은 노예 제도에서부터 노동자 권리, 여성 인권 문제에 이르기까지 모든 사회 문제를 거론하고 나섰습니다. 교회는 세상의 빛과 소금이 되어야 한다는 것입니다. 프란시스 쉐퍼, 존 스토트 목사님 같은 분들이 이런 복음주의 기독교 세계관 운동에 큰 기여를 했습니다.

그러나 성령 중심의 교회, 은사주의에서는 기독교 세계관을 익혀 세상 속으로 들어가는 쪽보다는, 세상을 지배하고 있는 어둠의 권세를 파악하고 대치하는 쪽을 강조합니다. 아무리 세상을 개혁하려고 해도 이 세상은 멸망되기로 작정된 곳이라 한계가 있다는 것입니다.

은사주의 교회는 주님의 신부라는 것과 신부는 순결해야 한다는 것, 즉 세상의 때가 묻지 않은 거룩과 순결을 강조합니다. 사도 요한도 "이 세상이나 세상에 있는 것들을 사랑하지 말라"(요일 2:15)라고 했습니다. 복음주의가 세상과 대화하며 세상과 접촉점을 만들어서 거룩한 영향력을 미쳐야 함을 강조하는 데 반해서, 은사주의는 세상과 거리를 두고 단절됨으로써 순결을 지킬 것을 강조합니다. 한 걸음 더 나가서, 은사주의 교회는 주님의 군대로서 세상과 싸워야 함을 강조합니다. 세상의 권세를 잡은 자, 어둠의 세력과 피할 수 없는 영적 전쟁을 치러야 한다는 것입니다.

그러나 우리에게는 양면이 다 필요합니다. 주님도 요한복음 17장의 대제사장 기도에서 '저희가 세상에 있으나 세상에 속하지 아니했다'고 하셨습니다. 배가 물 위에 있지만, 물이 배 안으로 들어오면 안 됩니다. 그러면 배가 가라앉습니다. 마찬가지로 우리도 세상 속에 살아야 합니다. 기독교는 결코 도피하는 신앙이 아닙니다. 그러나 세상이 우리 안으로 들어오지 못하게 해야 합니다. 그러면 우리가 세상을 복음화하는 게 아니라, 세상이 우리를 지배해버립니다. 그러므로 우리는 세상 속에 있으나, 세상에 속하지 않는 균형을 잡아야 합니다. 세상으로부터 도피하지 않으나, 세상에 물들지 않는 거룩한 긴장감을 가지고 사는 것입니다.

## 말씀 사역_ '닫힌 말씀'과 '열린 말씀'

　복음주의 교회는 우리에게 주어진 신구약 성경 66권의 권위를 절대적으로 존중합니다. 하나님이 우리에게 말씀하시는 가장 중요한 수단이 성경이라고 가르칩니다. 목사는 설교할 때 자기가 하고 싶은 말을 하기 위해서 말씀을 이용해서는 안 됩니다. 설교자의 최대 사명은 본문의 의미를 정확하게 파악하고, 마치 예수님이 그 말씀을 새롭게 들려주시는 것처럼 쉽고 분명하게 전달하는 것입니다. 따라서 말씀을 전하는 설교자는 매주 책상에 앉아 땀 흘리며 성경을 연구하는 일을 게을리해서는 안 됩니다.

　어떤 설교자는 자신은 연구하기보다는 기도해서 성령님이 인도하시는 대로 설교한다고 하는데, 얼핏 들으면 아주 영적으로 들리지만 굉장히 위험한 접근법입니다. 물론 저도 주석이나 자료 연구에서 볼 수 없는 성령님의 새로운 음성을 듣고 설교합니다. 그러나 영감으로 듣는 말씀은 주관적이고 빗나가기 쉽습니다. 성경을 제대로 연구하여 설교의 뼈대를 세운 다음, 기도하고 성령의 인도하심을 구하여 살을 입혀야 합니다.

　성도들은 목회자의 설교를 통해서 하나님의 말씀을 듣기도 하지만, 동시에 자신이 직접 말씀을 읽고 묵상함으로써 하나님의 음성을 들을 수 있습니다. 종교개혁이 일어나기 전에는 성직자들만이 하나님의 말씀을 직접 읽었지만, 이제는 성도들이 직접 말씀을 읽고 하나님의 음성을 들을 수 있게 되었습니다. 건강한 교회라면 성도들로 하여금 설교만 의지하는 것이 아니라 자신이 직접 날마다 말씀을 묵상하고 적용할 수 있도록 가르쳐야 합니다. 복음주의 교회는 성경 본문에 충실한 강해설교와 함께 귀납적 성경공부, Q.T 훈련을 체계적으로 가르침으로써 흔들리지 않는 단단한 신앙의 기초를 닦게 했습니다.

그러나 은사주의자들은 성경 말씀이 중요하지만, 하나님이 다른 방법으로도 우리에게 말씀하고 계신다고 가르칩니다. 기도를 통해서, 환경을 통해서, 믿음의 형제자매들을 통해서뿐 아니라 다양한 방법을 통해 '하나님의 음성'을 들을 수 있습니다. 은사주의는 우리 각자가 지금 이 시대에 하나님의 음성을 들을 수 있다고 가르치며, 특히 예언의 은사를 강조합니다.

사도행전 2장 18절에 보면 성령의 시대에 하나님이 "내가 내 영을 내 남종과 여종들에게 부어주리니 그들이 예언할 것"이라고 하셨습니다. 특별히 바울은 고린도 신자들에게 "특별히 예언을 하려고 하라"(고전 14:1)라고 할 정도로 예언의 은사를 귀하게 여겼습니다.

여기서 예언은 우리가 생각하는 앞날이 어떻게 될지를 알아보는, 미래의 길흉화복을 맞추는 점쟁이 같은 것이 아닙니다. 귀에 들리는 어떤 환청 같은 것도 아닙니다. 바울이 말하는 예언(Prophecy)은 '하나님이 마음속에 자연스럽게 떠오르게 하시는 것을 말하는 능력'입니다. 하나님이 내 마음속에, 내 생각 속에 느끼게 해주시는 말씀을 선포하는 것입니다.

고린도전서 14장에 나오듯이 예언을 주신 목적은 교회 공동체가 '서로의 덕을 세우고 권면하며 위로하게 하기 위해서' 즉, 서로에게 힘을 주고, 마음을 치유하며 격려해주기 위해서입니다. 다른 성도가 문득 나를 보면서 생각나는 성경 말씀을 전해주었는데, 그것이 현재 내 상황에 딱 들어맞으며 하나님의 위로와 감동을 느낀다면, 그것이 예언입니다(설교나 상담도 마찬가지입니다). 하나님이 성령의 시대에 방언의 은사와 함께 반드시 주시겠다고 한 은사가 바로 예언의 은사입니다. 기름 부으심이 있는 복음주의는 이런 예언의 은사가 교회 안에서 흐르는 것을 허락합니다.

성경의 명령 가운데 가장 무시되어온 명령 가운데 하나가 "예언을 멸시하지 말고"(살전 5:20)입니다. 참고로 이 말은 "성령을 소멸하지 말며"(살전 5:19) 바로 뒤에 나옵니다. 성령이 활발하게 움직이는 교회는 예언 사역도 활발하게 이루어집니다. 성경의 권위를 인정한다면 오늘날 교회 안에서 예언 사역을 수용해야 합니다. 물론 "하나님의 음성을 들었다"고 하면서 이상한 소리를 하는 사람들도 많았습니다. 예언 사역에는 위험이 따릅니다. 그러나 구더기 무서워서 장 못 담글 수는 없습니다. 확실한 안전장치를 두면 됩니다.

최고의 안전장치는 성경입니다. 가장 권위 있는 하나님의 말씀은 성경이기 때문입니다. 성경을 충실하게 가르치는 곳에서 계시나 예언의 은사가 활발하게 이루어집니다. 계시의 은사는 성경 말씀을 개인의 삶에 바로 적용시킵니다. 세계적인 예언 사역자인 국제기도의 집(IHOP, International House of Prayer)의 마이크 비클은 자신은 예언자라기보다는 성경을 가르치는 사람이라고 말합니다. 실제로 그는 수백 권이 넘는 주석을 보면서, 성경 말씀을 한 구절 한 구절 착실히 연구하고 묵상한 성경학자입니다.

설교와 성경공부에 비해 극적인 예언 사역만을 더 좋아하는 교회는 감정주의에 치우쳐 곧 균형을 잃고 시험에 빠지게 됩니다. 예언의 은

사는 참으로 귀하지만 예언의 말씀을 전하는 사람이 불완전한 인간이기 때문에 예언은 항상 오용될 요소가 있습니다.

계시를 받는 것, 환상을 보는 것, 예언의 말씀을 듣는 것 이상으로 제대로 해석하는 것이 중요합니다. 하나님을 안 믿는 느부갓네살 왕도 환상을 보았습니다. 그러나 오직 하나님의 사람 다니엘만이 그것을 해석할 수 있었습니다. 예언을 제대로 통제하기 위해서, 우리는 성경 말씀의 권위 아래로 들어가야 합니다. 성경을 통해 주신 하나님의 말씀과 예언적 영감을 통해 주신 말씀은 절대 서로 충돌하지 않습니다. 예언의 은사가 아름답게 역사하는 교회는 성경중심적입니다. 그러므로 그 사람의 예언이 진짜인지 아닌지를 테스트하는 중요한 기준은 그것이 성경 말씀과 일치하는가, 그렇지 않은가를 보는 것입니다.

건강한 예언 사역을 위한 또 하나의 안전 장치는 교회 공동체인데, 이것은 마지막 부분에서 다시 한 번 다루도록 하겠습니다. 말씀과 성령의 교회, 기름 부으심이 있는 복음주의는 닫힌 말씀(66권의 성경)과 열린 말씀(지금도 우리에게 예언의 영으로 말씀하시는 하나님의 음성)을 둘 다 추구하는 교회입니다.


## 기도 사역


복음주의가 말씀의 중요성을 세계 교회에 뿌리내리게 했다면, 은사주의의 가장 큰 공로 가운데 하나는 기도운동에 불을 붙인 것입니다. 앞에서 언급했듯이 은사주의는 하나님의 나라가 이미 임했음을 강조합니다. 은사주의의 초자연적인 세계관은 하나님이 일상의 사건들 속에 기적적으로 개입하신다는 사실을 믿습니다. 기도는 하나님의 이런 개입을 가능케 하는 수단입니다. 기도를 통해 하늘의 능력을 다운로드할 수 있다고 믿는 사람의 기도는 불같이 뜨거워질 수밖에 없습니다. 내가 지금 기도하면 병이 낫고, 귀신이 쫓겨나가며, 패배를 승리로 바꾸는 능력이 임한다고 믿기 때문입니다. 이런 역사를 기대하는 마음이 기도에 불을 붙입니다. 또한 영적 전쟁이 한참 진행 중이라고 믿기 때문에, 가장 강한 전투 수단인 기도의 끈을 늦출 수는 없는 것입니다.

주님은 "내 집은 만민이 기도하는 집"(막 11:17)이라고 했습니다. 교회의 모든 모임에서는 회의시간을 줄이고 기도 시간을 늘릴 필요가 있습니다. 교회의 모든 목회자와 리더들은 무엇보다 기도의 모범을 보이는 사람이어야 합니다. 목사, 장로, 집사, 팀장급들은 한 번 기도하면 사람들이 영적인 열기와 권위를 느낄 수 있어야 합니다. 특별히 은사주의는 방언 기도의 불길을 일으키는 데 큰 역할을 했습니다.

방언은 하나님의 은사이기 때문에, 받을 수도 있고 못 받을 수도 있습니다. 방언을 받은 사람은 못 받은 사람을 무시해서는 안 됩니다. 그것은 하나님의 선물이기 때문입니다. 그러나 방언을 하게 되면 더 깊고, 강렬한 기도를 할 수 있게 되는 것은 사실입니다. 저도 방언이 터지면서 기도가 달라졌고, 하나님과 더 깊은 내면의 소통을 할 수 있게 되었습니다. 저는 당신의 기도가 더 뜨거워지길 바라고, 방언으로 많은 기도를 할 수 있기를 바랍니다.

기도하는 사람은 반드시 말씀을 묵상해야 합니다. 기도는 나만 얘기하는 게 아니라 하나님과 대화하는 것입니다. 하나님의 음성은 말씀을 통해서 들립니다. 말씀을 묵상해야 영이 맑아지고, 말씀충만한 사람이 기도해야 하나님이 원하시는 기도를 하게 됩니다. 말씀과 기도는 서로를 날카롭게 해주는 파트너인 것입니다.

## 치유 사역

하나님의 나라가 이미 세상에 임했다고 믿는 은사주의 교회에서는 무엇보다도 열심히 병자들을 치유하는 기도를 합니다.

"너희 중에 병든 자가 있느냐 그는 교회의 장로들을 청할 것이요 그들은 주의 이름으로 기름을 바르며 그를 위하여 기도할지니라 믿음의 기도는 병든 자를 구원하리니 주께서 그를 일으키시리라 혹시 죄를 범하였을지라도 사하심을 받으리라 그러므로 너희 죄를 서로 고백하며 병이 낫기를 위하여 서로 기도하라 의인의 간구는 역사하는 힘이 큼이니라"(약 5:14-16).

주님과 베드로, 사도 바울과 빌립 집사 등이 병든 자들에게 안수하여 많은 병을 고쳐주었습니다. 같은 성령께서 오늘날 우리 안에도 계십니다. 그러므로 교회의 목회자와 리더들은 물론, 모든 교회의 지체들은 병든 자를 위하여 기도해야 합니다. 하나님이 응답해주실 것입니다.

그러나 우리는 동시에 하나님이 고쳐주지 않는 병도 있음을 인정해야 합니다. 예수님도 베데스다 못가 주위에 앉은 수많은 병자들 중에 38년 된 중풍병자만 고쳐주셨습니다. 예수님이 3년 동안 사역하실 때 이스라엘에는 예수님이 고쳐주지 않은 병자들이 고쳐준 병자들보다 훨씬 많았습니다.

또 어떤 사람은 기도해도 병이 낫지 않는 것은 믿음이 부족해서라고 합니다. 그러나 그 큰 믿음의 사람 바울도 자기 몸에 있는 육체의 가시를 위해 기도했으나 치유받지 못했습니다. 대신 하나님은 바울에게 이런 응답을 주셨습니다.

"나에게 이르시기를 내 은혜가 네게 족하도다 이는 내 능력이 약한 데서 온전하여짐이라 하신지라 그러므로 도리어 크게 기뻐함으로 나의 여러 약한 것들에 대하여 자랑하리니 이는 그리스도의 능력이 내게 머물게 하려 함이라"(고후 12:9).

우리는 하나님의 거절까지도 하나님의 선하신 섭리로 알고 받아들일 수 있어야 합니다. 우리가 모르는 하나님의 또 다른 은혜가 있을 것입니다. 이때 복음주의적인 순종과 인내가 필요합니다.

또한 하나님이 치유해주실 것이라고 믿으며 의사의 말을 무시한 채 약을 끊어야 한다고 하는 극단적인 주장을 하는 사람이 있는데, 잘못된 것입니다. 의사나 약은 치유 사역의 원수가 아니라 동지입니다. 약도 의사도 없는 곳에서 베풀어주시는 기적을 하나님은 선진문명국에서는 베풀어주시지 않는 경우가 많습니다(약을 먹을 수 있고, 병원에 갈 수 있기 때문입니다). 우리는 이 땅에 육체를 입고 살고 있고, 의사나 병원은 하나님이 역사하시는 또 하나의 도구입니다.

# 영적 성장의 방법과 과정

은사주의자들은 영적 성장을 이해할 때, 성령세례라는 극적인 순간이나 특별한 구원의 경험 혹은 하나님을 체험하는 일에 초점을 맞춥니다. 복음주의자들과 은사주의자들이 신학적으로 충돌하는 부분은 '성령세례가 회심하여 구원받는 그 순간에 일어나는가 아니면 그 뒤에 따로 일어나는가'입니다. 복음주의자들은 성령세례도 우리가 구원받는 그 순간에 같이 주어지는 것이라고 가르칩니다. 그러나 은사주의자들은 '두 번째 축복'(Second Blessing)이라고 하여 성령세례는 회심 뒤에 따로 또 받아야 하는 것이라고 가르칩니다(참고로 '두 번째 축복'이라는 단어는 감리교의 창시자인 존 웨슬리가 사용한 용어입니다).

정답은 "둘 다 옳다"입니다. 우리가 구원받을 때 주님이 내 안에 들어오십니다. 성령은 예수의 영이기 때문에 구원받을 때 이미 성령이 내게 임한 것입니다. 하지만 그것만으로 끝나는 게 아닙니다. 살아가면서 우리는 또 필요할 때마다 성령의 치유와 능력을 체험할 수 있습니다. 이런 의미에서 이미 받은 성령세례가 있고, 앞으로도 계속 채워지는 성령세례가 있습니다. 복음주의와 은사주의는 각각 다른 측면을 더 강조할 뿐입니다. 둘 다 맞습니다.

우리의 매너리즘에 빠진 신앙을 완전히 뒤흔들어주고, 깨워주는 영적 체험이 필요합니다. 저는 대학교 졸업반 때 목사가 되기로 결심했던 수양회에서 방언을 받았습니다. 또 몇 년 전 안면마비에 걸렸다가 회복된 뒤, 40일 새벽기도 기간의 주일예배 시간에 불같은 성령세례를 체험했습니다. 주님의 환상을 보고 온몸에 능력이 부어지는 것을 체험했습니다. 그 후 제 사역이 완전히 바뀌었습니다. 이렇게 방언이 터지거나, 환상을 보거나, 병이 고쳐지거나 하는 강렬한 영적 체험은 우리 믿음을 새로운 단계로 점프시킵니다.

그러나 지나친 체험 위주의 신앙은 위험합니다. 많은 신자들이 극적인 사건, 한 순간의 강렬한 영적 체험에 중독된 나머지 새로운 체험을 위해 이 교회 저 교회, 이 집회 저 집회를 열심히 찾아다닙니다. 이에 반해서 복음주의자들은 영적 성장이 한 길을 걸으며 오래 꾸준히 복종하는 과정이라고 믿습니다. 그래서 매주일 교회에 출석하고, 매일 조금씩 말씀을 읽고 묵상하며, 새벽기도를 빠지지 않고, 교회에서 맡은 봉사를 꾸준히 해나가는 것을 중요하게 여깁니다. 복음주의자들의 이런 성실함은 은사주의처럼 화끈한 체험은 없어도, 시간이 지나도 꾸준하며 기복이 심하지 않습니다. 그러나 영적 체험을 위험하게만 보는 복음주의 신앙은 자칫 잘못하면 열정과 기쁨이 없는 매너리즘의 신앙으로 빠지기 쉽습니다.

말씀과 성령의 교회는 강렬한 체험과 기적을 인정하지만, 매일 매 순간 성실한 제자의 삶, 순종의 삶을 영적 성장의 근간으로 지켜나가야 합니다.


## 예배

은사주의 운동은 오늘날 교회의 예배 찬양에 엄청난 영향을 미쳤습니다. 복음주의자들은 건전한 교리에 입각한 수많은 찬송가를 지어서 불렀습니다. 은사주의 예배는 그런 믿음의 전통을 가진 찬송가를 보완하면서, 새로운 성령의 감동이 있는 CCM 예배 찬양의 불을 붙였습니다. 하나님과의 친밀한 관계를 갈망하는 젊은 세대의 열망을 대변하는 새로운 예배음악이 탄생했습니다. 종교개혁의 선구자 마르틴 루터가 당시 독일에서 유행하던 대중가요 음악에 신앙적인 가사를 붙여서 찬송가를 만든 것처럼, 은사주의 운동은 팝 음악에 익숙한 1970년대와 1980년대 젊은이들의 음악에 신앙적인 가사를 붙였습니다. 요즘은 고전 찬송가를 현대 음악으로 편곡한 찬양곡들이 점점 늘어나고 있습니다.

복음주의 찬양이 하나님의 위대하심에 초점을 맞추었다면, 은사주의 찬양은 하나님의 친밀함에 초점을 맞추었습니다. 은사주의 예배는 모든 회중을 예배에 참여시켰습니다. 먼저 예배를 위한 기도 팀이 뜨겁게 기도하고, 예배가 시작되면 앞에서 인도하는 싱어들과 청중이 다혼성 코러스가 되어 찬양하게 합니다. 또한 몸을 사용하여 자유롭게 하나님을 찬양하게 하는 예배 환경을 조성합니다. 손을 높이 들고 주님을 찬양하고, 가슴에 손을 대고 주님을 향한 사랑을 고백하며, 자리에서 일어나기도 하고, 박수를 치면서 찬양합니다.

1970년대와 1980년대만 해도 윌로우크릭교회의 빌 하이벨스 목사처럼 구도자들을 위한 예배와 기성 신자를 위한 예배를 따로 구분하는 것이 효과가 있었습니다. 그때 그들은 베이비붐 세대를 겨냥했는데, 이들은 논리적으로 기독교의 진리를 이해하고 싶어했습니다. 그래서 이들을 겨냥한 과거의 복음 전도는 사실을 제시하는 데 초점을 맞췄습니다. 여러 기독교 과학자들이 수집한 복음의 증거물들을 제시하며

"진화론이 아니라 창조론이 사실이다. 무신론이 아니라 기독교가 사실이다"라는 사실을 입증하기 위해 노력했습니다.

그러나 우리 시대의 사람들은 이런 까다롭고 논리적인 설명보다는, 자신들이 직접 진리를 체험하고 싶어 합니다. 이런 사람들에게는 예수님이 하신 것처럼 이야기를 들려줘야 합니다. 성경이 얼마나 장대하고 재미있는 이야기입니까? 살아 있는 말씀 사역을 통해서, 그 이야기의 주인공이신 예수 그리스도를 그들에게 전해주어야 합니다.

또한 이 세대는 하나님을 체험하고 싶어 합니다. 그래서 교회 예배는 하나님의 능력과 임재로 충만해야 합니다. 이를 위해서는 말씀 사역과 함께 뜨거운 기도와 성령 사역이 있어야 합니다. 이렇게 될 때, 하나님의 임재를 구하는 능력 있는 예배가 만들어지고, 불신자들을 참여하게 만드는 참된 예배가 됩니다. 예수님을 안 믿는 사람들도 하나님의 임재가 강렬한 설교와 찬양, 예언의 말씀을 통해 하나님의 임재를 느낄 수 있습니다.

이 세대는 사랑의 이야기를 듣고 싶어 하고, 경험할 수 있는 하나님을 찾고 있습니다. 말씀과 성령의 교회는 바로 이 두 가지를 모두 가능하게 합니다. 기성 신자와 불신자를 다 끌어안을 수 있는 것입니다.


## 소그룹 활동의 유익

소그룹은 정말 중요합니다. 17세기 영국과 미국의 부흥운동의 두 주역으로는 장로교의 조지 휫필드와 감리교의 존 웨슬리를 꼽을 수 있습니다. 그러나 두 사람이 죽은 뒤, 감리교의 경우는 강력한 부흥운동이 계속되었지만 장로교의 부흥운동은 급격히 쇠퇴했습니다. 그 이유는 존 웨슬리는 사람들을 소그룹으로 나누어서 훈련시켰고, 조지 휫필드는 대중 설교만 했기 때문입니다.

교회가 커지면 커질수록, 소그룹들을 활성화시키지 않으면 오래 버틸 수가 없습니다. 그것은 주님이 보여주신 모델이기도 합니다. 가장 이상적인 교회 숫자는 열두 명입니다. 그것이 주님이 시작하신 교회의 숫자였습니다.

소그룹의 중요성에 대해서는 모두가 동의하지만, 복음주의와 은사주의는 소그룹을 활용하는 목적이 서로 달랐습니다. 복음주의는 소그룹을 성경공부와 말씀 적용을 목적으로 사용했습니다. 복음주의는 소그룹 진행시 Q.T 나눔과 제자훈련을 하며 '질문, 반복, 논의, 토론' 등을 통해 학습적 영성 훈련을 시킵니다. 특별히 대학생선교회와 네비게이토 같은 선교단체들이 이런 학습형 소그룹을 활성화시키는 데 크게 기여했습니다. 반면에 은사주의는 소그룹 활동을 할 때, 함께 기도하는 일에 힘썼습니다. 그래서 서로의 병 고침을 위해 중보하는 치유 기도에 힘썼습니다. 또한 은사주의 소그룹에서는 각자가 들은 하나님의 음성을 서로 나누며 격려했습니다.

말씀과 성령의 교회는 소그룹이 말씀을 나누는 곳이면서 동시에 서로 뜨겁게 기도하는 그룹이 될 것을 장려합니다. 함께 모여 서로 기도하지 않는 그룹은 차갑게 메말라가고, 말씀을 중심으로 모이지 않는 소그룹은 방향을 잃고 헤매게 됩니다. 말씀을 나누며 기도하고, 기도 가운데 말씀을 나누는 소그룹을 만들어나가야 합니다.

## 그중에 제일은 사랑

말씀과 성령의 교회를 세워나가기 위해서 복음주의와 은사주의적
요소가 다 필요한데, 여기에 있어서 가장 중요한 것은 사랑의 법칙입
니다.

"내가 사람의 방언과 천사의 말을 할지라도 사랑이 없으면 소리 나
는 구리와 울리는 꽹과리가 되고"(고전 13:1).

그러니까 방언으로 기도하는 것보다 사랑을 실천하는 것이 더 중요
하다는 것입니다. 바울은 "방언을 말하는 자는 자기의 덕을 세우고 예
언하는 자는 교회의 덕을 세우나니"(고전 14:4)라고 하였습니다. 방언이
'하나님과 자신만의 친밀한 언어요, 자신의 덕을 세우는 것'이므로, 방
언의 은사는 개인적으로 열심히 활용하도록 권면했습니다.

통역의 은사를 받은 사람이 옆에서 통역하지 않으면 공중예배 때 회
중 앞에서 방언을 하지 말 것을 권했습니다. 왜냐하면 방언을 하지 못
하는 사람이 시험에 들기 때문입니다. 그래서 바울은 그 누구보다 깊
은 방언기도를 할 수 있었지만, 그것을 개인 기도에만 사용하고 공식
석상에서는 절제했습니다. 우리 교회도 방언 기도를 인정하지만, 교회
의 덕을 세우기 위해서 예배 시간이나 전체 기도 시간에는 자제할 것
을 권하고 있습니다.

예언의 은사도 마찬가지입니다. 예언의 가장 큰 목적이 무엇인지
알아야 합니다. 바울은 "예언하는 자는 사람에게 말하여 덕을 세우며
권면하며 위로하는 것이요 방언을 말하는 자는 자기의 덕을 세우고 예
언하는 자는 교회의 덕을 세우나니"(고전 14:3,4)라고 말했습니다. 그러

므로 자신의 예언을 듣고 성도가 시험 들고 낙심하며, 교회가 혼란스러워지면 그런 예언은 하지 말아야 합니다. 믿음의 형제자매들이 예언을 듣고 고개를 끄덕일 수 있어야 합니다. 내 안에 계신 성령님과 다른 성도 안에 계신 성령님이 같은 분이기 때문입니다. 그래서 바울은 예언의 은사는 다른 형제들의 분별력을 통해서 절제되어야 한다고 말했습니다.

"예언하는 자는 둘이나 셋이나 말하고 다른 이들은 분별할 것이요" (고전 14:29).

하나님의 음성을 듣는 사람은 반드시 공동체 생활을 성실히 하는 사람들이어야 하고, 형제자매들, 특히 영적 리더들의 점검을 받고 겸손하게 순종할 줄 알아야 합니다.

복음주의가 강조하는 말씀 사역도 자칫 잘못하면 서로를 평가하고 공격하는 도구가 될 수 있습니다. 지식의 교만이 얼마나 무섭습니까? 그 누가 다른 형제보다 조금 더 오래 교회를 다녔고, 조금 더 많은 성경 지식을 가졌다고 해서, 그 형제를 무시하고 함부로 평가할 자격이 있겠습니까? 그런데도 오늘날 교회에서는 그런 행동을 많이 하고 있습니다. "나는 무슨 훈련을 마쳤다. 나는 어떤 성경공부 과정을 마쳤다. 그러니까 나는 너보다 한 수 위다"라는 태도로 아직 믿음이 어린 성도를 무시하는 경우가 많습니다. 그래서 교회는 스스로 영적인 고수라고 생각하는 사람들 때문에 시험에 들고 분열이 일어나기 쉽습니다. 우리는 많이 알수록 겸손해야 하고, 우리의 지식을 서로를 사랑하며 교회에 덕을 끼치는 데 사용해야 합니다.

우리가 따뜻한 사랑으로 서로를 품어주는 교회를 만들어갔으면 좋겠습니다. 저는 21세기 한국 교회가 지향해야 할 목회철학은 말씀과 성령이 균형을 이룬 '기름 부으심이 있는 복음주의'라고 굳게 믿습니다. ✱

### 말씀과 성령, 복음주의와 은사주의
성경에서 말하는 좋은 교회는 말씀과 성령이 조화를 이룬 교회입니다(행 4:29-31 참조). 교회에는 말씀을 강조하는 '복음주의 교회'와 성령을 강조하는 '은사주의 교회'가 있습니다. 복음주의는 '기독교적 세계관'을 강조하며 혁명으로 세상을 뒤집는 것이 아니라, 견뎌내는 영성과 인내와 절제의 영성을 가르칩니다. 은사주의는 교회가 주님의 신부로서 순결과 거룩을 지키며 주님의 군대가 되어 세상과 싸우는 공격적이고 개척적인 영성을 가르칩니다.

### 닫힌 말씀과 열린 말씀
복음주의는 신구약 성경 66권의 권위를 절대적으로 존중하며 하나님이 우리에게 말씀하시는 가장 중요한 수단이 성경이라고 가르칩니다. 반면에 은사주의는 하나님이 우리 각자에게 그분의 음성을 들려주신다는 사실을 가르치며 예언의 은사를 강조합니다. 복음주의가 말씀의 중요성을 세계 교회에 뿌리내리게 했다면, 은사주의는 기도운동에 불을 붙였고, 병든 자를 치유하는 기도에 집중했습니다. 말씀과 기도는 서로를 날카롭게 해주는 파트너입니다.

### 복음주의와 은사주의의 완성
복음주의와 은사주의는 각각 다른 측면을 더 강조하는 것일 뿐, 둘 다 맞습니다. 우리에게는 양면이 다 필요합니다. 세상으로부터 도피하지 않으면서 세상에 물들지 않는 거룩한 긴장감이 필요합니다. 말씀과 성령이 조화를 이룬 균형 잡힌 영성을 추구하는 교회는 최고의 안전장치인 성경 말씀의 권위 아래 들어가 교회 공동체의 검증을 받습니다. 성실한 제자의 삶과 순종의 삶을 영적 근간으로 삼아 체험과 기적을 인정하며 뜨거운 기도를 합니다. 말씀과 성령의 교회는 사랑으로 완성됩니다. 우리는 말씀과 성령이 조화를 이룬 균형 잡힌 영성을 추구하며, 서로를 품어주는 따뜻한 교회를 만들어가야 합니다.

# 말씀과 성령의 교회

# 기독교 에센스

초판 1쇄 발행  2014년 3월 10일
초판 20쇄 발행  2024년 12월 27일

지은이  한홍

펴낸이  여진구
편집  이영주 박소영 최현수 구주은 안수경 김도연 김아진 정아혜
책임디자인  마영애 노지현 조은혜 정은혜
홍보 · 외서  진효지
마케팅  김상순 강성민                    마케팅지원  최영배 정나영
제작  조영석 허병용                      경영지원  김혜경 김경희

303비전성경암송학교 유니게 과정
이슬비전도학교 / 303비전성경암송학교 / 303비전꿈나무장학회

펴낸곳  규장

주소  06770 서울시 서초구 매헌로 16길 20(양재2동) 규장선교센터
전화 02)578-0003    팩스 02)578-7332
이메일 kyujang0691@gmail.com                홈페이지 www.kyujang.com
페이스북 facebook.com/kyujangbook          인스타그램 instagram.com/kyujang_com
카카오스토리 story.kakao.com/kyujangbook
등록일 1978.8.14. 제1-22

ⓒ 저자와의 협약 아래 인지는 생략되었습니다.
이 출판물은 저작권법에 의해 보호를 받는 저작물이므로 무단 전재와 무단 복제를 할 수 없습니다.

책값  뒤표지에 있습니다.
ISBN  978-89-6097-336-7 03230

---

## 규 | 장 | 수 | 칙

1. 기도로 기획하고 기도로 제작한다.
2. 오직 그리스도의 성품을 사모하는 독자가 원하고 필요로 하는 책만을 출판한다.
3. 한 활자 한 문장에 온 정성을 쏟는다.
4. 성실과 정확을 생명으로 삼고 일한다.
5. 긍정적이며 적극적인 신앙과 신행일치에의 안내자의 사명을 다한다.
6. 충고와 조언을 항상 감사로 경청한다.
7. 지상목표는 문서선교에 있다.

하나님을 사랑하는 자 곧 그의 뜻대로 부르심을 입은 자들에게는 모든 것이 合力하여 善을 이루느니라(롬 8:28)

규장은 문서를 통해 복음전파와 신앙교육에 주력하는 국제적 출판사들의
협의체인 복음주의출판협회(E.C.P.A:Evangelical Christian Publishers
Association)의 출판정신에 동참하는 회원(Associate Member)입니다.